"十四五"职业教育国家规划教材

网络营销

理论、工具与方法

微课版 第3版

李东进　秦勇　陈爽◎编著

人民邮电出版社

北京

图书在版编目（CIP）数据

网络营销 : 理论、工具与方法 : 微课版 / 李东进,
秦勇, 陈爽编著. -- 3 版. -- 北京 : 人民邮电出版社,
2024. --（职业教育经济管理类新形态系列教材）.
ISBN 978-7-115-65154-9

Ⅰ. F713.365.2

中国国家版本馆 CIP 数据核字第 20246CV974 号

内 容 提 要

本书紧密结合高等职业教育的教学特点和需求，采用项目式编写体例，全面阐述网络营销的策略与方法。全书共分 4 篇，包含 13 个精心设计的学习项目。其中基础篇主要介绍网络营销的含义、内容、网络营销方式的演进、网络营销调研、网络市场与网络消费者行为分析；工具篇主要介绍搜索引擎营销、App 营销、短视频营销、直播营销、网络社交媒体营销；方法篇着重阐述了网络广告营销、网络事件营销、大数据营销、O2O 营销等主流的网络营销方法，并对论坛营销、病毒式营销、网络软文营销、许可 E-mail 营销、二维码营销及场景化营销 6 种网络营销方法进行了简明扼要的介绍；策划篇从实战的角度出发，介绍了网络营销策划的基本方法并分析了 3 个具体的应用案例。

本书语言通俗，体例丰富，注重实务，突出实训，适宜作为应用型本科及各类高等职业院校网络营销课程的教材，也可作为各类成人高等教育的教学用书和企业在职人员的学习用书。

- ◆ 编　著　李东进　秦　勇　陈　爽
  责任编辑　刘向荣
  责任印制　胡　南
- ◆ 人民邮电出版社出版发行　　北京市丰台区成寿寺路 11 号
  邮编　100164　　电子邮件　315@ptpress.com.cn
  网址　https://www.ptpress.com.cn
  三河市君旺印务有限公司印刷
- ◆ 开本：787×1092　1/16
  印张：15.75　　　　　　　　　2024 年 12 月第 3 版
  字数：362 千字　　　　　　　　2024 年 12 月河北第 1 次印刷

定价：56.00 元

读者服务热线：(010)81055256　印装质量热线：(010)81055316
反盗版热线：(010)81055315
广告经营许可证：京东市监广登字 20170147 号

前　言

本书第 1 版于 2017 年 8 月出版，第 2 版于 2021 年 2 月出版。本书自出版以来，因内容全面、知识新颖、理论联系实际、教学资源丰富而受到用书教师和读者的广泛好评。本书于 2023 年入选"十四五"职业教育国家规划教材。截至 2024 年 2 月，本书累计印刷 25 次，被众多高校选为教学用书。在此，我们谨向每一位支持和关心本书的朋友们表示衷心的感谢。鉴于网络营销的发展日新月异，新的营销模式不断涌现，我们在广泛听取本领域专家、用书教师和其他读者意见的基础上开启本书第 3 版的编写工作。

此次再版，我们在保留前两版总体风格和特色的基础上，对本书进行了全面、细致的修订。为更好地适应高等职业教育的教学特点，满足社会对实用型网络营销人才的需求，本书对编写体系进行了优化，由之前的章节式结构改为项目式结构；在每一学习项目的开篇新增学习目标专栏，从知识、技能和素质 3 个方面对学生的学习提出了要求；将开篇案例改为项目情境导入并新增了项目分析专栏。

在教材内容设计和教材特色凝练方面，本次修订做出如下改进。第一，对全书内容进行梳理，以企业网络营销思维模式的演变历程作为编写主线。第二，压缩教材中对相关概念、特征等常识性知识介绍的篇幅，增加更多有关网络营销方法与策略的内容。第三，根据高等职业教育的人才培养要求，依照"理论够用，突出技能"的原则，为每一学习项目设计了综合实训作业。第四，在编写时邀请知名企业的网络营销高管参与教材实践部分的内容设计，以保证教材的实用性，提升学生的实际操作能力和就业能力。第五，凸显价值引领，注重立德树人育新，积极传播中国发展正能量，提升文化自信。

本书的编者以通俗的语言，全面、系统地阐述了网络营销的开展基础、工具与方法运用、推广策略、实施措施等内容。全书分为基础篇、工具篇、方法篇和策划篇，由 13 个具体的学习项目组成。其中基础篇包含网络营销概述、网络市场与网络消费者行为分析两个学习项目，主要介绍网络营销的含义、内容、网络营销方式的演进、网络营销调研、网络市场与网络消费者行为分析；工具篇主要介绍搜索引擎营销、App 营销、短视频营销、直播营销、网络社交媒体营销；方法篇着重阐述了网络广告营销、网络事件营销、大数据营销、O2O 营销等主流的网络营销方法，并对论坛营销、病毒式营销、网络软文营销、许可 E-mail 营销、二维码营销及场景化营销 6 种网络营销方法进行了简明扼要的介绍；策划篇从实战的角度出发，介绍了网络营销策划的基本方法并分析了 3 个具体的应用案例。

本书注重启发式教学和实践教学设计。书中包含学习目标、项目情境导入、项目分析、阅读资料、案例分析、课堂讨论、项目实训、练习题及案例讨论等专栏。此外，针对本书的学习重点和难点，本书的编者还录制了微课视频讲解，读者扫描书中的二维码即可在线学习。

前 言

　　本书提供丰富的教学资源，包含 PPT 授课课件、电子教案、教学大纲、补充教学案例、在线题库、课后习题答案、辅助教学视频、案例讨论参考答案等，并不断更新。为方便分享教学经验，共享知识，本书建立了授课教师 QQ 交流群（网络营销交流群，QQ 号：203026492），欢迎老师们积极加入。

　　本书由李东进、秦勇、陈爽编著，张黎、梁丽军、闫键、刘爽、夏清智、于洁、梁馨月、何天林、王荣也参与了本版的编写工作。我们在编写过程中参考了大量的文献资料，在此谨向相关作者表示衷心的感谢。

　　鉴于编者学识有限，书中难免存在不足之处，敬请各位读者批评指正。

编者

2024 年 11 月于南开园

目 录

目 录

目 录

微课视频目录

第1篇　基础篇

导语： 网络营销是伴随着信息技术高速发展而诞生的一种全新营销模式。与传统营销相比，网络营销具有低成本、跨时空、交互性、整合性、高效率和精准营销等诸多优点，在促进社会经济发展，拉动消费增长，提升消费者购物体验，推动人民生活水平提升等方面发挥着重要的功能。本篇为全书的基础篇，包括两个学习项目，下含 5 个学习任务。通过对本篇的学习，我们能够理解网络营销的含义，了解网络营销的内容，掌握网络营销调研的方法，熟悉网络营销的策略，并对网络市场与网络消费者及其购买行为有一个较为深入的了解。

项目 1
网络营销概述

学习目标

【知识目标】

（1）理解网络营销的含义。

（2）熟悉网络营销的内容。

（3）了解网络营销的发展历程。

（4）熟悉网络营销调研与网络营销策略的概念。

【技能目标】

（1）能够制定网络营销调研方案。

（2）能够撰写高质量的网络营销调研报告。

（3）能够帮助企业制定网络营销策略。

【素质目标】

（1）培养学习网络营销课程的兴趣。

（2）树立正确的网络营销价值观。

（3）培养运用新思维、新方法解决网络营销问题的创新意识。

项目情境导入

在当前移动互联网快速普及、信息技术高速发展，以及各类社交新媒体平台迅猛崛起的背景下，网络营销模式正在加速创新与变革，这使得网络营销形式越来越多样化，网络营销的活动也越来越精准化和互动化。这种变化不仅为企业和品牌商提供了更多触达消费者的通道，提升了用户的转化率，也让消费者在享受便捷服务的同时，获得了更好的购买体验。

例如，字节跳动旗下的抖音和 TikTok 短视频平台，借助自身强大的算力和用户画像技术，能够为客户提供更为精准的广告投放服务。再如，美团通过线下餐饮、外卖、超市等业务的全面覆盖，将用户的线上线下消费融合在一起，打造了新的营销场景。又如，拼多多采用拼团营销模式，通过消费者之间的社交网络联结，不仅促进了产品的销售，还有效提升了平台的用户黏性。

问题：近年来我国网络营销环境发生了哪些变化？这些变化会为我国企业的网络营销活动带来哪些机遇和挑战？

项目分析

网络营销是电子商务重要的具体应用。近年来，网络信息技术的不断进步、消费者价值观的改变以及激烈的商业竞争，促进了网络营销的蓬勃发展。自 2013 年起，我国就一直是全球规模最大的网络零售市场。网络营销在促进我国经济发展的过程中发挥着极为重要的作用。

那么，什么是网络营销？网络营销包含哪些内容？我国网络营销的发展历程经历了哪几个阶段？如何开展网络营销调研活动？如何制定网络营销策略？本项目将对以上问题进行解答。

任务 1.1　初识网络营销

1.1.1　网络营销的含义

基于不同的视角，学者们对网络营销的定义有着不同的解读。综合诸多观点，本书认为网络营销是指以现代营销理论为指导，以国际互联网为基础，利用数字化信息和网络媒体的交互性来满足消费者需求的一种新型的市场营销方式。可见，网络营销的实质仍然是市场营销，是传统的营销方式在网络时代的变革与发展。

延伸学习

网络营销的
理论基础

与传统营销相比，网络营销具有可以降低营销成本、突破市场的时空限制、满足消费者的个性化需求、提供更好的购物体验、实现与消费者的实时互动等优点，因而成为当前最受企业重视的主流营销方式。

📖 阅读资料

我国网络营销的发展阶段

从 1994 年至今，我国网络营销的发展大致可以划分为以下 5 个阶段。

1. 萌芽阶段（1994—1999 年）

1994 年我国接入国际互联网，此时我国的网络营销并没有清晰的概念。1997 年，我国第一个商业性网络广告的出现，逐渐打开了网络营销的大门。1999 年，以阿里巴巴为代表的一批 B2B 网站诞生，极大地推动了网络营销的发展，网络营销开始走向实际应用。

2. 发展应用阶段（2000—2004 年）

2000 年之后，我国的网络营销正式进入实质应用和发展时期。该阶段网络营销的发展主要表现为网络营销服务市场逐步形成，企业网站发展迅速，网络广告形式和应用不断丰富，E-mail 营销市场环境改善，搜索引擎销售向深层次发展，网络销售环境日趋完善。

3. 高速发展阶段（2005—2009 年）

我国的网络营销在高速发展阶段最突出的特点是第三方网络营销服务市场蓬勃兴起，网站建设、网站推广、网络营销顾问等业务均获得了快速发展。在此阶段，网络营销服务市场的规模不断扩大，网络营销的专业水平、人们对网络营销的认识和需求层次持续提升，网络营销资源和网络营销模式不断涌现。

4. 向社会化转变阶段（2010—2015 年）

2010 年之后，我国的网络营销进入全员营销的时代，社会化媒体性质的网络营销蓬勃兴起，建立在移动智能设备基础上的网络营销的重要性不断增强，传统营销模式开始衰落，移动营销模式逐渐崛起。

5. 多元化与生态化阶段（2016 年之后）

2016 年以后，我国的网络营销向开放式转变，传统网络营销模式不断调整和创新，向多元化与生态化模式转变，信息社交化、用户价值、用户生态思维、社会关系资源等成为影响网络营销的主要因素。

资料来源：许耿，李源彬. 网络营销：从入门到精通（微课版）. 北京：人民邮电出版社，2019：4-5.

1.1.2 网络营销的内容

网络营销涉及的范围较广，所包含的内容也较为丰富，主要有网络市场调研、网络消费者行为分析、网络营销策略制定、网络营销流程改进、网络营销管理、网络营销工具与方法的应用、网络营销策划等。网络营销的内容如表 1-1 所示。

表 1-1　网络营销的内容

网络营销的内容	具体描述
网络市场调研	企业通过网络市场调研，系统地收集网络消费者的需求、购买行为、市场趋势、竞争对手情况等多方面的信息，为制定网络营销策略提供可靠依据
网络消费者行为分析	对网络消费者在网络购物及网络服务使用过程中所表现出的行为特征、决策过程、需求动机、心理动机等进行深入分析，以精准掌握目标消费者的消费者行为和需求特征
网络营销策略制定	企业在充分考虑互联网特性、网络产品特征及网络消费者需求特点的基础上，为实现网络营销目标而制定的网络产品策略、网络价格策略、网络渠道策略和网络促销策略
网络营销流程改进	企业对现有的网络营销流程进行监测、分析和优化，以提高网络营销的效率、增强客户体验、降低营销成本，并使网络营销活动更加精准和高效
网络营销管理	为实现企业网络营销目标而采取的一系列计划、组织、领导和控制等管理活动
网络营销工具与方法的应用	通过使用各种网络营销工具，运用多种网络营销方法完成企业网络营销活动
网络营销策划	围绕企业网络营销目标，对营销活动进行策略规划与方案制定

1.1.3 网络营销方式的演进

1. Web1.0 时代的网络营销方式

Web1.0 是第一代互联网，始于 20 世纪 90 年代，主导其发展的是以互联网和信息技术为代表的技术创新。以新浪、搜狐、网易为代表的综合性门户网站和以谷歌、百度为代表的通用搜索网站是 Web1.0 的典型代表。在 Web1.0 时代，用户上网主要是浏览信息与搜索信息，流量和广告是互联网商业模式的核心体现。Web1.0 的网络营销与传统的线下营销在理论上

延伸学习

Web1.0 时代网络营销的主要方式

并无明显差异，消费者仍然扮演"读者"或"听众"的角色，延续着被动的信息接收状态。在 Web1.0 时代，网络营销主要体现为以广告投放为主的网络宣传推广。

在 Web1.0 时代，网络营销的主要方式包括企业网站营销、搜索引擎营销、许可 E-mail 营销、交换链接营销、网络广告营销、BBS 营销等。

2．Web2.0 时代的网络营销方式

Web2.0 是 2003 年之后互联网的热门概念之一，是相对 Web1.0 而言的新一类互联网应用的统称。Web2.0 的核心思想是用户可以主动参与网络内容的制造，而不是被动接收信息。Web2.0 时代的互联网主要有社交网络、博客、论坛等，用户可以主动发布内容、评论他人的内容、分享信息等。相对于 Web1.0，Web2.0 则更注重用户的交互作用，用户既是网站内容的浏览者，也是网站内容的制造者。

延伸学习

Web2.0 时代网络营销的主要方式

Web2.0 时代网络营销的本质是互动，使网民更多地参与信息产品的创造、传播和分享。Web2.0 时代的主要网络营销方式有博客营销、微博营销、微信营销、QQ 营销、RSS 营销、SNS 营销、Wiki 营销等。

3．Web3.0 时代的网络营销方式

Web3.0 是指第三代互联网，也称作"智能互联网"，它是在 Web2.0 的基础上发展而来的，是对 Web2.0 的升级和拓展。Web3.0 的核心思想是使用人工智能来改善互联网的使用体验。Web3.0 时代的互联网可以自动识别用户的需求，并提供相应的信息和服务。

延伸学习

Web3.0 时代网络营销的主要方式

Web3.0 相对于 Web2.0 具有许多优势。首先，Web3.0 可以通过人工智能和大数据分析等技术，更加精准地识别用户的需求和偏好，为用户提供更加个性化的服务。其次，Web3.0 可以通过物联网技术，将网络与现实世界联系起来，实现对实体物品的跟踪和管理。最后，Web3.0 还可以通过智能合约等技术，提高交易的效率和安全性。总之，Web3.0 相对于 Web2.0 具有更强的交互性和协作性，能够更好地满足用户的需求，为用户提供更加便捷和高效的使用体验。

在 Web 3.0 时代，网络营销出现了比较大的变化，集中体现在营销策略与实现手段上的变革，主要营销方式有精准营销、嵌入式营销、Widget（微件）营销和数据库营销。

任务 1.2　掌握网络营销调研的要领

互联网作为一种新的信息传播媒体，因其高效、快速与开放为企业开展营销调研提供了便利途径。企业通过网络开展营销调研可以有效地提高调研效率，因此，目前营销调研中网络营销调研所占的比例越来越高。

1.2.1　网络营销调研概述

1．网络营销调研的概念

网络营销调研是指企业通过互联网开展收集市场信息、了解竞争者的情报以及调查消费者对产品或服务的意见等市场调研活动，以此为网络营销决策提供数据支持和分析依据。网络营销调研的主要任务包括对市场进行可行性研究、分析不同地区的销售机会和潜力、研究影响销售的各种因素（如产品竞争优势、目标消费者心态、市场变化趋势），以及开展网络市场营销效果评估等活动。

2．网络营销调研的内容

网络营销调研主要包括以下 5 个方面的内容。

（1）消费者的需求特征及其变化趋势

消费者的需求特征及其变化趋势是网络营销调研的重要内容。利用互联网了解消费者的需求状况，首先要识别消费者的个人特征，如地址、性别、年龄、职业等。为鼓励消费者填写问卷和保护隐私信息，企业在调研过程中要采取一些技巧，从侧面了解、印证与推测有价值的信息。

（2）企业现有产品或服务的信息

企业可通过网络营销调研了解企业当前所提供的产品或服务的市场地位、消费者反应等，将其与消费者需求相对比，找出差距。企业现有产品或服务的相关信息包括产品供求状况、市场容量、市场占有率、消费者满意度、产品或服务销量变化、消费者建议等。

（3）目标市场信息

目标市场信息主要包括市场容量、产品供求形势、销售份额、市场开发潜力、市场存在的问题、竞争局面等。

（4）竞争对手分析及竞争产品信息

竞争对手分析主要包括分析竞争对手是谁、实力如何、竞争策略是什么、网络营销战略、发展潜力等，关于竞争产品信息则主要了解竞争产品的市场占有率、广告手段、消费者满意度、销量变化等。

（5）市场营销环境信息

市场营销环境是指影响企业营销活动的各种因素的统称，包括政治、法律、经济、文化、地理、人口、科技等宏观环境，以及现有竞争者、潜在的竞争者、替代品、供应商的议价实力和客户的议价实力等微观环境。企业通过网络营销调研获得准确的市场环境信息，有助于其更好地把握市场机会并规避不利的外部威胁。

3．网络营销调研的优势与不足

网络营销调研是企业通过互联网开展的调研活动，与传统市场调研相比具有较为显著的差异，其中既有优势，也有不足。网络营销调研的优势与网络营销调研的不足分别如表 1-2 和表 1-3 所示。

表 1-2　网络营销调研的优势

网络营销调研的优势	具体描述
经济、高效	网络营销调研不受时空限制，无需派出专人实地调查，信息收集和录入通过网上用户终端即可完成，调研效率较高
准确、及时	网络营销调研的受访者多数是对调研内容感兴趣的人，回答问题时更可能是经过认真思考和亲身体验的，调研的结果较为可靠。网络信息传播迅速，企业可以及时获得调研信息
易于接受	网络营销调研的方式简便，而且一般采用匿名方式保护被调查者隐私，因而更易于被调研对象接受

表 1-3　网络营销调研的不足

网络营销调研的不足	具体描述
覆盖范围有限	网络营销调研会因某些地方网络未普及而无法进行，导致调研的覆盖范围有限
对象缺乏代表性	网络营销调研通常采用在线问卷、社区讨论等形式进行。不常使用互联网或社交媒体的消费者就可能被排除在调研样本之外，从而导致调研对象缺乏代表性
过程难以控制	网络的虚拟性使得调研人员难以控制调研过程，导致调研结果出现偏差

由于网络营销调研存在以上不足，因此营销管理者在进行市场调研之前要先考虑调研范围是否适用网络营销调研。

1.2.2　网络营销调研的过程

1. 确定调研目标

确定调研目标是网络营销调研的首要任务。调研目标既不可过于宽泛，也不能过于狭窄，要明确地界定调研目标并充分顾及网络调研成果的实效性。在确定调查目标时，企业应考虑现有消费者或潜在消费者是否是互联网用户；企业的网络消费者群体规模是否足够大，是否具有代表性等一系列问题，以保证网络营销调研结果的有效性。

2. 制订调研计划

制订可行的调研计划包括确定资料来源、营销调研的对象、调查方法、抽样方案，以及规划调研进度和经费预算等。

（1）确定资料来源。企业首先应考虑为实现调研目标需要哪些类型的资料，是一手资料还是二手资料。

（2）确定营销调研的对象。网络营销调研的对象主要分为企业面向的消费者或潜在消费者、企业的竞争对手、企业的合作者和行业内的中立者 4 类，前两类是调研中经常选择的对象。

（3）确定调查方法。网络营销调研经常使用的方法有网络问卷调查法、网络讨论法、网络观察法、网络文献法等，企业应根据实际情况选择其中的一种或多种。

（4）确定抽样方案，包括抽样单位、样本规模及抽样程序等。抽样单位是抽样的目标总体。样本规模则涉及调研结果的可靠性，因此样本数量需足够大，并包括目标总体范围内所能发现的各类样本。而在制定抽样程序时，企业应尽量采用随机抽样。

（5）规划调研进度及经费预算。在网络营销调研计划中，规划调研进度及经费预算是对调研时间和调研经费的预先安排与筹划，旨在确保调研工作按计划有序进行，并合理预估所需费用，以保障调研工作的顺利完成。

3. 收集信息

互联网没有时间和空间限制，企业可以在全国甚至全球范围内收集信息。网络信息丰富且繁杂，企业需要采用合适的调研方法才能收集到所需信息，如通过搜索引擎收集二手信息，通过在线问卷调查、在线访谈等方法收集一手信息。

4. 分析信息

在网络营销调研中，信息分析非常重要，它直接关系到信息的使用和企业的决策。调研者如何从数据中提炼与调查目标相关的信息，会直接影响最终的调研结果。这一阶段调研者需要具有耐心细致的工作态度，善于归纳总结，去粗取精，去伪存真。同时，调研者分析资料时还需要掌握相应的数据分析技术和借助先进的统计分析工具。常用的数据分析技术包括交叉列表分析、概括分析、综合指标分析和动态分析等，而目前国际上较为通用的分析软件有 SPSS、SAS 等。

阅读资料

SY 网"体验口碑营销"中的数据调研

SY 网是一个专门提供免费的试用品给用户试用的平台。用户在 SY 网进行注册，即可免费领取企业提供的试用品。用户在试用某个产品或服务后可以提交试用心得，供企业获取市场和用户数据。

SY 网在为消费者提供产品试用、评论分享、折扣优惠等体验的同时，也为企业提供品牌推广、获取销售线索、市场调研、建立用户俱乐部等全方位的营销推广服务。

SY 网主打的旗号是"体验口碑营销"，是指企业以用户为中心，让潜在消费者亲身体验其产品或服务，产生好感，形成购买和口碑传播。这种营销方式不仅可以为试用产品选择适合的消费者，而且能够通过对申请使用者的信息分析，为企业提供市场调研数据，有助于企业在今后的营销中有的放矢。同时，SY 网鼓励试用者在获得试用体验机会后对产品进行评价和反馈，帮助企业改善产品。

5. 撰写调研报告

撰写调研报告是整个网络营销调研活动的最后阶段。调研报告通常包括标题、摘要、目录或索引、正文、结语、附录等部分。

（1）标题

标题是对调研报告本质内容的高度概括。一个适当的调研报告标题不仅能直接反映报告的核心思想和基本内容，还会因为它揭示的内容引发读者强烈的阅读欲望。所以，标题要开宗明义，做到直接、确切、精练。

（2）摘要

摘要是对本次网络营销调研情况的简明扼要的说明，主要用高度概括的语言介绍此次调研的背景、目的、意义、内容、方法和结论等。

（3）目录或索引

调研报告如果内容较丰富，页码较多，从方便阅读对象的角度出发，应当使用报告目录或索引，将报告文本的主要章、节、目及附录资料的标题列于报告之前，在报告目录中写明章、节、目的标题及号码和页码。

（4）正文

正文是调研报告陈述情况、列举调查材料、分析论证的主体部分。在正文部分，报告必须真实、客观地阐明全部有关论据，包括提出问题、引出结论、论证的全部过程及与之相联系的各种分析研究的方法。

此外，正文的内容结构也要精心安排，基本要求是结构严谨、条理清楚、重点突出。为了做到这一点，调研者需要将调查得到的数据、材料、图表、观点等进行科学分类和做符合逻辑的安排。

（5）结语

结语是调研报告的结束部分，没有固定的格式。一般来说，这部分内容是对正文的概括和归纳，是对调研报告主要内容的总结。有的结语会强调报告所论及问题的重要性，以提示阅读者关注；有的结语会提出报告中尚未解决的问题，以引起重视；有的结语则和盘托出解决问题的办法、建议或措施。无论是哪种结语，其结论和建议都会与正文的论述紧密对应。

（6）附录

附录是对正文内容的必要补充，是用以论证、说明或进一步阐述正文内容的某些资料，如调查问卷、调查抽样细节、原始资料的来源、调研获得的原始数据图表（正文一般只列出汇总后的图表）等。

撰写调研报告不应简单堆砌数据和资料，而应在科学分析数据后，整理得出相应的有价值的结果，为企业制定营销策略提供依据。在撰写调研报告前，调研者应首先了解报告阅读者期望获得的信息及希望看到的报告形式。调研报告要清晰明了、图文并茂。调研者在写作的过程中还要注意语言规范，以保证调研报告的准确性。

1.2.3　网络营销调研的方法

1. 网络问卷调查法

网络问卷调查法在网络营销调研中应用最为广泛。网络问卷调查法是调查者将其所要获取的信息设计成调查问卷发布在互联网上，由访问者通过网络填写问卷并提交的一种调查形式。

网络问卷调查法

调查问卷一般包括卷首语、问题指导语、问卷的主体及结束语 4 个组成部分。其中，卷首语用来说明由谁执行此项调查、调查目的和调查意义。问题指导语即填表说明，用来向受访者解释怎样正确地填写问卷。问卷的主体包括问题和选项，是问卷的核心部分。问题的类型分为封闭型问题（问题后有若干备选答案，受访者只需在备选答案中做出选择即可）、开放型问题（只提问题，不设相关备选答案，受访者有自由发挥的空间）和半封闭型问题（在采用封闭型问题的同时，再附上开放型问题）3 类。结束语用来表达对受访者的感谢，或承诺提供一些奖品、优惠等。

网络调查问卷的发布是将设计好的调查问卷发布在互联网上，邀请受访者参与调查。常见的网络调查问卷的发布方式有以下几种。

（1）网站（页）发布

网站（页）发布即将设计好的问卷展示在网站的某个网页上，这要求问卷要有吸引力并易于回答。发布方法可以是在网站上添加调查问卷的标志或链接文字，使访问者通过单击链接进入问卷页面，并完成问卷的填写。例如，华为在其官网的花粉俱乐部发布了调查问卷链接，以供访问者填写，如图 1-1 所示。

（2）弹出式调查

调查者在网站上设计一个弹出窗口，当访问者进入网站时，自动弹出窗口，请求访问者参与问卷调查。若访问者有兴趣参与，单击窗口中的"是"按钮，就可以在新窗口中填写问卷并在线提交。调查者可以在网站上安装抽样软件，按一定的抽样方法自动抽取受访者。这类似于传统调查中的随机拦截式调查，并且可采用跟踪文件的方式避免访问者重复填写问卷。

图1-1 华为官网上发布的调查问卷链接

（3）E-mail调查

E-mail调查是将问卷直接发送到受访者的个人电子邮箱中，邀请受访者主动参与调查，填写并回复邮件。这类似于传统调查中的邮寄问卷调查，需要调查者收集目标群体的电子邮箱地址作为抽样样本。该类调查的不足之处在于，许多受访者对通过E-mail发送的问卷调查不感兴趣，可能会忽略或删除这些邮件，从而导致响应率降低。另外，一些电子邮件服务提供商的垃圾邮件过滤器可能会误判调查邮件为垃圾邮件，从而阻止调查邮件进入受访者的收件箱。这会导致问卷的可见度和可达性降低，进而影响回收率和数据质量。

（4）讨论组调查

讨论组调查是指在相关的讨论群组中发布问卷，邀请受访者参与调查。该调查也属于主动型调查，但在新闻组和电子布告栏系统（Bulletin Board System，BBS）上发布时，调查者应注意调查内容与讨论组主题的相关性，否则容易引发受访者的抵触情绪，从而无法完成调研。

（5）专业的问卷调查平台

专业的问卷调查平台功能强大，能够为用户提供全面的问卷调查解决方案，提供的服务包括问卷设计、问卷发布、数据采集、统计分析、生成报表和报告等。例如，问卷网提供多种精品调查问卷模板，支持微信、微博、QQ等多种发布模式，能自动生成专业的分析报告。问卷网的市场营销调研问卷模板如图1-2所示。

再如，问卷星提供大量问卷调查模板，统计分析报告和原始答卷可免费下载，还支持手机填写，多渠道（QQ好友、QQ群、QQ空间、微信好友、微信群、朋友圈、发送问卷二维码、群发短信邀请、群发邮件邀请）推送问卷、收集答卷和红包抽奖，大大提高了调研的便利性和受访者的参与热情。

图 1-2　问卷网的市场营销调研问卷模板

2.　网络讨论法

网络讨论法是互联网上的小组讨论法，它通过新闻组、邮件列表讨论组、BBS 或互联网中继聊天（Internet Relay Chat，IRC）、网络会议等方式进行讨论，从而获得资料和信息。

延伸学习

网络讨论法的
实施步骤

3.　网络观察法

网络观察法，即实地调查法在互联网上的应用，是一种对网站的访问情况和用户的网络行为进行观察和监测的调研方法。网络观察法具有直接性、情境性与及时性等优点，但也存在一些弊端：其一，该方法只能反映客观事实的发生过程，而不能说明其原因；其二，观察者在某种程度上会影响被观察者，使调查结果带有主观性和片面性；其三，调查时间较长，费用偏高。

4.　网络文献法

网络文献法是利用互联网收集二手数据的调研方法，主要借助搜索引擎、网络社区、新闻组和 E-mail 等途径收集资料。

（1）利用搜索引擎收集资料

搜索引擎是自动从互联网收集信息，经过一定整理以后，将信息提供给用户进行查询的系统。搜索引擎是互联网上使用最普遍的网络信息检索工具。当前，许多的企业、非营利组织、国际组织等已经建立并使用自有网站，使用搜索引擎查询信息越来越方便快捷。

（2）利用网络社区收集资料

网络社区是指包括 BBS、贴吧、公告栏、群组讨论等形式在内的网上交流空间。同一主题的网络社区集中了具有共同兴趣的访问者，他们在社区里获取信息，寄托情感，使网络社区具有很强的用户黏性，这也为网络二手资料的收集提供了方便。

（3）利用新闻组收集资料

新闻组是一个基于网络的计算机组合，这些计算机被称为新闻服务器。不同的用户通过一些软件可连接到新闻服务器上，阅读其他人的消息并参与讨论。用于访问新闻组的软件有微软的 Outlook Express（OE）等。

（4）利用 E-mail 收集资料

通过 E-mail 收集资料具有成本低、便利快捷等优点。利用 E-mail，企业可以收到企业外部主体（如用户、供应商和分销商等）发送给企业的邮件，也可以收到企业在一些相关的知名网站注册订阅的相关邮件信息；许多 ICP（Internet Content Provider，网络内容服务商）为保持与用户的沟通，也定期给企业用户发送 E-mail，发布自己的最新动态和有关产品或服务的信息。

阅读资料

互联网时代调研的方式方法发生了革命性变革

互联网技术的发展使在线收集数据信息成为可能，在线调查、网上问卷调查、发送电子邮件、社交工具互动、智能搜索、大数据抓取信息等方式，极大地拓宽了信息收集的渠道，缩短了调研的时长，大大提升了调研的便捷性、经济性和准确性。

在调研范围上，网络调研可以跨区域、跨群体进行调研。调查者可以收集到来自各个地域的信息。传统的调研往往局限于特定区域内，而互联网使跨区域、跨群体调研的大规模调研成为可能。

在调研形态上，综合性调研成为重要方式。传统的调研一般以文字形式进行，而大数据技术具有数据庞大、类型多样、速率极高、效度较准、综合性强的优势，运用于网络调研则可以从多渠道获取相关信息，可以综合政治、经济、社会发展状况，收集相关言论，采用文字、图片、视频等各种形式，运用大数据技术对各个渠道、各种形式的信息进行系统性整合，从而形成全维立体化的调研成果。

在调研时间上，长时段调研得以实施。现实社会，人们对于许多问题的观察、认识往往并非一次性调研就可以得出结论，而是需要做连续、动态的调研。互联网技术可以通过程序设置，对网络空间进行长时段、动态调研，从而使调研的连续性大大增强。

资料来源：学习时报，有改动。

1.2.4　网络营销调研的策略

1. 提高网络营销调研的参与度

在传统的营销调研中，调查者可以采用不同的抽样方法来选择调研对象，通过调查区域的选择、职业类型的判断、年龄阶段的界定等各类标准有针对性地选取样本。网络营销调研则不同，调查者难以决定谁将成为网站的访问者，难以确定调研对象的群体范围。因而，如何吸引较多的访问者成为网络营销调研的关键问题。

所以，网络营销调研者应采取一些手段激励用户参与调研。例如，网络营销调研者通过在网站提供免费咨询服务等，增加注册、登录网站的用户数量，并激励用户填写网站上的调查问卷，参与网站互动活动，从而达到市场调研的目的。某制药企业网站就通过开设健康咨询栏目，向访问者介绍医药常识，以吸引更多有健康知识需求的人登录网站。网络营销调研者也可以通过适当的物质奖励，如在网站发放优惠券、试用品等，鼓励访问者完成问卷或参与讨论，提高网络调研的参与度。例如，知名日化企业宝洁公司经常在其官网上推出试用活动，只要注册成为会员即可在线申请付邮试用，但会员在试用之后需要按要求提交试用报告。图 1-3 所示为宝洁公司网站推出的试用活动截图。

图 1-3　宝洁公司网站推出的试用活动截图

最后，网络营销调研者通过访问者的注册信息或其他途径获得消费者或潜在消费者的电子邮箱地址，可以通过电子邮件与其联系，向他们发送有关产品、服务的问卷或其他调研相关信息，并请求他们回复。网络营销调研者可以根据受访者回复的信息，了解消费者的消费心理及消费行为的变化趋势，并据此调整企业的市场营销策略。

2. 改善网络问卷调查效果

（1）精心设计在线问卷。

网络问卷调查是网络营销调研中最常用的方式，其中在线问卷的质量直接影响调研的结果，因此企业应根据调研目标精心设计问卷。设计在线问卷时，网络营销调研者应确保表述清晰、问题排序策略合理、提问方式富有艺术性，并巧妙设置有奖问卷的奖项。同时，网络营销调研者需避免

延伸学习

网络问卷设计应
注意的问题

提出具有诱导性的问题，尽量减少专业术语的使用，还要防止设计出复合型题目，以确保问卷的准确性和有效性。

此外，问卷设计完成后，应征求多方意见，认真进行修改、补充和完善。最好先在小范围内进行调查试验，听取受访者的意见，看问卷是否符合设计的初衷与调查的需要，从而保证问卷调查的实际效果，避免出现大的失误。

（2）充分利用网络的多媒体手段

网络信息的传递是多维的，它能将文字、图像和声音有机组合在一起，传递多感官的信息，使受访者身临其境般地感受产品或服务。借助多媒体、超文本格式文件，受访者可以深度体验产品、服务与品牌。产品的性能、款式、价格、名称和广告页等市场调研中重点涉及的内容也是消费者比较关心的因素。通过不同方式、不同的组合进行测试，网络营销调研者可以更清楚地分辨哪种因素对产品来说是最重要的，哪些产品对消费者而言是最有吸引力的。

电商平台计算机数码产品的市场竞争激烈，但A平台却能在激烈的竞争中一枝独秀，笔记本电脑的在线市场份额占比超过了75%，也就是说线上每售出4台笔记本电脑，至少有3台笔记本电脑来自A平台。这是A平台计算机数码"行业第一"实力的证明，更是用户对A平台信任的体现。

这一切都离不开A平台用户直连制造商（customer to manufacturer，C2M）对用户需求的探索。早在C2M的摸索阶段，A平台就采取多种调研方法对不同行业的用户需求进行深入调研，从而全面把握了用户的真正需求。

问题：为深入了解不同行业的用户对笔记本电脑的需求，A平台可采取的调研方法有哪些？在完成调研之后，A平台还需做好哪些工作以满足用户的需求？

任务 1.3　熟悉网络营销的策略

网络营销策略是指开展网络营销的企业为实现营销目标而采取的对企业内部要素（包括生产要素、经营要素等可控要素）的把握和利用，一般包括网络营销的产品策略、网络营销的价格策略、网络营销的渠道策略和网络营销的促销策略4个方面，下面分别进行介绍。

1.3.1　网络营销的产品策略

1. 网络营销中的产品

（1）实体产品。实体产品是指具有物理形态的，人们可以通过视觉和触觉直观感受到的产品。网络营销是市场营销方式的一种，从理论上说任何一种实体产品都可以通过这种方式进行交易，但在实践中仍有少数产品因物流成本太高等因素而不适合在网上销售。

（2）虚拟产品。虚拟产品是指基于数字技术创造的非物质性产品，通常以数字形式存在，如软件、游戏、电子书籍、音乐、视频等。虚拟产品可以快速复制、传播和分发，不受时间和空间限制。相比于实体产品，虚拟产品更适合在网上销售。

2. 网络营销产品策略的内容

企业的营销活动以满足消费者需求为中心，而消费者需求的满足只能通过提供某种产品或服务来实现。因此，产品是企业营销活动的基础，产品策略直接影响和决定着企业营销活动的成败。网络营销的产品策略主要包括新产品开发策略、产品生命周期策略、产品组合策略、品牌策略等。

网络营销的产品策略与传统营销的产品策略所应用的基本理论是一致的，不同之处在于企业在制定网络营销的产品策略时需要加入互联网思维。例如，企业在新产品研发过程中可以充分利用网络平台的互动性，倾听消费者的心声，甚至可以邀请消费者共同参与新产品的研发、设计过程。此外，在电子商务时代，产品的生命周期更短，更新换代更快，这对企业制定的网络营销产品策略提出了新的挑战。

1.3.2 网络营销的价格策略

1. 网络营销的产品价格特征

与传统营销的产品价格相比，网络营销的产品价格具有如下特征。

微课堂

网络营销的价格
策略

（1）低价位。网络经济是直接经济，因为减少了交易的中间环节，所以能够降低所销售产品的价格。另外，由于网络信息的共享性和透明性，消费者可以方便地获得产品的价格信息，因此要求企业必须以尽可能低的价格向消费者提供产品或服务。

（2）消费者主导定价。消费者主导定价是指消费者通过充分的市场信息来选择购买或定制自己满意的产品或服务，同时以最小代价（购买费用等）获得这些产品或服务。在网络营销过程中，消费者可以利用网络的互动性与卖家就产品的价格进行协商，这使得消费者主导定价成为可能。

（3）价格透明化。网络营销的产品价格是完全透明的。网络消费者足不出户，轻点鼠标即可查询同一产品不同商家的报价信息，如果商家的定价过高，产品将会很难销售出去。下面通过图 1-4 进行说明。

图 1-4 京东商城图书报价页面

从图 1-4 中可以看出，页面中不仅展示了《广告学：理论、方法与实务》在京东商城的价格走势，还给出了升序排列的全网价格信息。消费者能够迅速对比出最低报价，并做出购买决策。

2. 网络营销的定价策略

（1）免费定价策略。面对浩瀚无边的网络信息海洋，注意力无疑是最为珍贵的资源。因此，经济学家提出了"注意力经济""眼球经济"的概念。很显然，免费是吸引消费者注意力的一大利器。

免费定价是指企业将产品或服务的全部或部分无偿提供给消费者使用的定价方式。免费定价策略主要有 4 种形式：完全免费、限制免费（一定时间内或一定次数内免费，如网络杀毒服务）、部分免费（部分内容免费、部分内容收费，如研究报告数据）和捆绑式免费（消费者购买某一产品或者服务时，商家赠送其他产品或服务，如买手机赠送充电器等；商家将两个或多个产品捆绑在一起销售，而其中一个产品或服务的价格是零）。从成本的角度分析，免费定价策略适合复制成本几乎为零的数字化产品和无形产品。例如，奇虎360将旗下360安全卫士、360杀毒软件等安全产品免费提供给互联网用户，以达到吸引用户的目的，并在此基础上推出网络增值服务以获取利润，通过"免费+增值"的商业模式获得了巨大的成功。

（2）新产品定价策略。新产品定价策略关系到新产品能否顺利地进入市场，能否在市场立足以及能否为目标消费者所接受和认可等，因此制定正确的新产品定价策略至关重要。在网络营销实践中，可供选择的新产品定价策略主要有撇脂定价策略、渗透定价策略和满意定价策略这3种。

（3）折扣定价策略。折扣定价策略是指企业对现行定价做出一定的调整，直接或间接地降低价格，以吸引消费者，提高销量。折扣定价策略可采取以下几种形式：一是数量折扣，目的是鼓励消费者多购买本企业的产品；二是现金折扣，旨在鼓励消费者按期或提前付款，以加快企业资金周转；三是季节折扣，主要是为鼓励中间商淡季进货或消费者淡季购买。此外，还有功能折扣和时段折扣等形式。折扣定价策略是网络营销中经常采用的一种价格策略，其实质是一种渗透定价策略。

（4）差别定价策略。差别定价是指企业按照两种或两种以上不反映成本费用的比例差异的价格销售某种产品或服务。差别定价有以用户为基础的差别定价、以产品改进为基础的差别定价、以地域/位置为基础的差别定价和以时间为基础的差别定价这四种形式。差别定价的形式如表1-4所示。

表1-4　差别定价的形式

差别定价的形式	示例
以用户为基础的差别定价	同一地区工业用电、农业用电、居民用电、餐饮用电价格各不相同
以产品改进为基础的差别定价	普通护眼灯定价为148元/个，增加15元成本安装带有调光功能的开关后定价为198元/个
以地域/位置为基础的差别定价	某手机新品上市，在国内定价为5 499元/部，在海外市场定价为998美元/部；演唱会每张门票VIP区定价为8 000元，前排定价为3 000元，后排定价为1 000元，站台票定价为300元
以时间为基础的差别定价	某健身房单人健身定价周一至周五上午为10元/小时，下午为12元/小时，晚上为20元/小时；周六日价格加倍

（5）拍卖定价策略。网上拍卖是指网络服务商利用互联网技术平台，让产品所有者或某些权益所有人在其平台上开展以竞价、议价方式为主的在线交易模式。实施拍卖定价策略具有一定的风险，因为这样做可能会破坏企业原有的营销渠道和定价策略。比较适合采用拍卖定价策略的是企业的库存产品或二手产品。当然，如果企业希望通过拍卖展示引起消费者的关注，这种定价方式也适用于部分新产品。

（6）定制定价策略。定制定价是指企业为消费者定制产品制定的价格。采用这种定价策略，每一个产品的价格会因消费者的独特需求而不同。例如，计算机组装企业根据消费者的指定配置来提供产品，每台计算机的定价由配置的高低来决定。

（7）使用定价策略。所谓使用定价，是指消费者只需根据使用次数进行付费，而不需要完全购买产品。企业采取这种定价策略有助于吸引消费者使用产品，增加市场份额。使用定价策略比较适合虚拟产品，如计算机软件、音乐、电影、电子出版物和电子游戏等。

（8）品牌定价策略。品牌是影响产品定价高低的重要因素，企业如果具有良好的品牌形象，就可以给产品制定较高的价格。例如，名牌产品采用"优质高价"的策略，既能增加盈利，又能让消费者在心理上获得极大的满足。

3. 网络营销价格调整策略

网络营销的环境复杂多变，为了更好地适应环境变化，企业需要适时对价格进行调整。价格调整可能是企业主动发起的，也可能是企业被动为之的，但不管怎样，其形式无外乎降价和提价两种。

（1）降价

降价是企业在网络营销过程中经常采用的手段。产品降价的原因很多，不仅包括外部环境因素，也包括企业内部环境因素。例如，企业的生产能力过剩，市场需求不足，导致库存积压；原材料成本下降，企业劳动生产率提高，促成生产成本下降；企业对现有的市场地位不满意，为了从竞争者手里夺取更多的市场份额，率先发起降价攻势；竞争者降价或采取变相降价的策略，企业为了应对而被动降低产品的价格。

（2）提价

虽然提价常常会遭到客户、经销商，甚至本企业销售人员的反对，同时还要承受市场竞争力减弱、政府干预的压力，但现实中部分企业还是会提高产品的价格。企业提价未必都是为了追求利润的增长，有时也是迫于通货膨胀以及原材料、人工成本及税负上涨等的压力。

企业实施网络营销价格调整策略一定要慎重，一旦降价或提价不当，可能给企业带来一定程度的损失。

1.3.3　网络营销的渠道策略

1. 网络营销渠道概述

营销渠道是使产品从企业流通至消费者的通道。从事网络营销的企业熟悉网络营销渠道的结构，分析、研究不同网络营销渠道的特点，合理地选择网络营销渠道，无疑会大大促进产品的销售。

企业既可采取网络直接渠道也可采取网络间接渠道开展营销活动，两者各有利弊，下面分别进行介绍。

2. 网络直接渠道

网络直接渠道又称网络直销，是指开展网络营销的企业不经过任何中间商而直接通过网络将产品销售给消费者的营销模式。

（1）网络直接渠道的优点。①降低产品售价。由于没有中间商赚差价，网络直销可以有效地降低交易费用，从而为企业降低产品售价提供保障。②及时获取消费者的反馈信息。开展网络直销的企业可以通过网络及时了解消费者对产品的意见和建议，并可针对这些意见和建议改进产品质量或提高服务水平。

（2）网络直接渠道的缺点。网络直接渠道的缺点主要是由于企业自身能力有限，企业很难建立能吸引消费者关注的销售平台，因而销量有限。当前我国企业自建的销售网站不计其数，然而除个别行业和部分特殊企业，大部分网站的访问者寥寥无几，营销效果平平。

3．网络间接渠道

网络间接渠道又称网络间接销售，是指开展网络营销的企业通过网络中间商将产品销售给消费者的营销模式。

（1）网络间接渠道的优点。①可以利用网络中间商的强大分销能力迅速覆盖市场并提高产品销量。②提高交易的成功率。网络中间商的规范化运作，可以降低交易过程中的不确定性，从而提高交易的成功率。

（2）网络间接渠道的缺点。网络间接渠道的缺点也很明显，如企业容易受制于中间商，市场反馈信息不如网络直接渠道通畅，中间商的存在提高了产品的售价，进而削弱了企业的竞争力。

1.3.4　网络营销的促销策略

1．网络促销的概念及特点

（1）网络促销的概念。促销是企业为了激发消费者的购买欲望，影响他们的消费行为，促进产品销售而进行的一系列宣传报道、说服、激励、联络等促进性工作。企业的促销策略实际上是各种不同促销活动的有机组合。与传统促销方式相比，基于互联网的网络促销有了新的含义和形式，它是指企业利用现代化的网络技术向虚拟市场传递有关产品或服务的信息，以激发需求，引起消费者的购买欲望和购买行为的各种活动。

（2）网络促销的特点。①虚拟性。在网络环境中，消费者的消费行为和消费理念都发生了巨大的变化。因此，网络营销者必须突破传统实体市场和物理时空观的局限，采用全新的思维方式，调整自己的促销策略和方案。②全球性。虚拟市场将所有的企业，无论其规模大小，都推向了全球市场。传统的区域性市场正在被逐步打破，因此，企业开展网络促销活动所面对的将是一个全球化的大市场。③发展变化性。这种促销方式建立在计算机与现代通信技术的基础之上，将随着这些技术的不断发展而改进。

2．网络营销的促销形式

传统营销的促销形式主要包括广告、公共关系、人员推销和销售促进等方式。与之相比，网络营销的促销形式更为丰富，除了上述方式之外，还包括拼团砍价促销、电子邮件、网络软文、O2O 等。所有这些网络促销方式，本书将在后续章节中详细介绍。

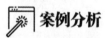 **案例分析**

卫龙辣条的网红营销

网络时代，从来就不缺"网红"。曾经常出现在学校小卖店里的辣条、面筋和辣片等也出了一个"网红"品牌——卫龙。"80 后""90 后"对卫龙的记忆包括两个阶段，第一个阶段是童年时购买的各种零食，经常被成年人认为是"垃圾食品"，第二个阶段就是近几年，卫龙已经从各种品牌的辣条中脱颖而出，与其他"网红"合作，更换包装、开设天猫店、推出多种口味，变身"高端"零食。卫龙已经成为一种潮流，已经从学生蔓延到白领。在麻辣零食界，卫龙好比可乐界的可口可乐、薯片界的乐事。

1．找准消费者人群

新媒体时代是品牌营销最"坏"的时代，稍不留神就坏事传千里。同时，这也是最好的时代，企业利用网络可以精准地找到营销对象，使一个产品快速走红。卫龙的成功在很大程度上是因为其营销团队找准了营销对象。辣条的消费者多为"90后"，他们擅长解构事物，富有个性，讨厌传统和一成不变，喜欢的事物没有固定的套路，随时会将注意力从一个事物转移到另一个事物。直接、感性、有趣与口语化是他们喜欢的沟通方式。认清了"90后"喜欢什么，卫龙的营销就成功了一半。

2. 全方位线上营销

网络平台是多元化的，"90后"喜欢通过社交媒体（包括微博、微信和 QQ 空间等）获得信息。社交媒体同时也是网络信息的发源地，是"网红"走红的平台，甚至也成为电视、报刊等平面媒体的信息采集地。从 2013 年起，网络上开始出现辣条表情包或者关于辣条的段子。卫龙的营销团队敏锐地抓住了这一点，继而在网络上投放更多的表情包，并与微博段子手合作，让微博段子手通过段子和表情包"隐秘"地推荐品牌。这种营销方式的效果是显著的，在"90后"的文化圈子里，卫龙一跃变成辣条的代名词。"硬推广"对"90后"并不奏效，这种隐藏在段子里的广告才是主流。这一阶段的推广无比重要，它为日后网民自发传播关于卫龙的表情包和段子奠定了基础。此外，卫龙还开通了官方微博和微信公众号，在两个平台上尽显幽默气质。但是，卫龙在这两个平台上均存在信息发布不及时和缺乏维护的问题，这也是其营销过程中的一个缺憾。

3. 与草根网红合作

卫龙产品价格便宜，符合大众口味。从诞生起，卫龙就与"草根"二字紧密相关。在卫龙的新媒体营销中，与草根"网红"的合作也成为一个亮点。卫龙曾邀请"网红"张某到卫龙位于漯河的车间进行网络直播，以展示卫龙车间的卫生安全，收获了大量粉丝的关注。

案例分析：卫龙辣条之所以能够成为网红级别的食品，离不开精准的目标市场定位、全方位的线上营销、与草根网红的成功合作。卫龙摒弃了传统的市场推广方式，将目光转向了微博等社交媒体平台，通过与用户直接互动的方式，成功地将自身打造成一个段子手、一个网红。卫龙辣条的每一次营销活动都能成为网民们津津乐道的话题。对于消费者而言，卫龙已然成为一个 IP，成为辣条的代名词，甚至可以代表如今年轻人的生活方式。卫龙辣条的网络营销启示我们，在当今的网络时代，为建立与消费者的密切关系，企业的营销策略也要不断创新。

项目实训

【实训主题】了解网络营销的不同思维模式

【实训目的】通过实训，提升学生的自主学习能力、问题分析能力，加深学生对网络营销思维模式演变的认识。

【实训内容及过程】

（1）阅读相关文献，了解网络营销思维模式演进的历程。

（2）解读并总结不同时期占据主导地位的网络营销思维模式的特点。

（3）列举不同思维模式在网络营销实践中的典型应用。

（4）在前期研究的基础上，填写表格 1-5。

表 1-5　网络营销思维模式的比较

网络营销思维模式	模式解读	特点	典型应用
技术思维模式			
运营思维模式			
全员营销思维模式			
社会化思维模式			
碎片化思维模式			
场景思维模式化			
大数据思维模式			

【实训成果】

请根据以上内容写作《网络营销思维模式的比较》。

练习题

一、单选题

1. 网络营销的实质是（　　　），是传统的营销方式在网络时代的变革与发展。

    A. 精准营销   B. 体验营销

    C. 个性化营销   D. 市场营销

2. （　　　）的核心思想是用户可以主动参与网络内容的制造，而不是被动接收信息。

    A. Web1.0   B. Web2.0   C. Web3.0   D. Web4.0

3. 在网络营销调研中应用最为广泛的方法是（　　　）。

    A. 网络讨论法   B. 网络问卷调查法

    C. 网络观察法   D. 网络文献法

4. 网络营销调研的首要任务是（　　　）。

    A. 制订调研计划   B. 收集资料   C. 确定调研目标   D. 撰写调研报告

5. （　　　）是指企业对现行定价做出一定的调整，直接或间接地降低价格，以争取消费者，提高销量。

    A. 撇指定价策略   B. 渗透定价策略

    C. 折扣定价策略   D. 差别定价策略

二、多选题

1. 网络促销的特点包括（　　　）。

    A. 现实性   B. 虚拟性   C. 全球性   D. 地域性

    E. 发展变化性

2. 网络营销的策略包括（　　　）。

    A. 价格策略   B. 渠道策略   C. 促销策略

    D. 产品策略   E. 定位策略

3. 以下属于 Web1.0 时代的网络营销方式的是（　　　）。

    A. 企业网站营销　　　　　　　　　B. 搜索引擎营销

    C. 许可 E-mail 营销　　　　　　　 D. 微博营销

    E. BBS 营销

4. 利用网络文献法收集资料，可通过哪些途径进行（　　　）。

    A. 搜索引擎　　　　　　　　　　　B. 网络社区

    C. 新闻组　　　　　　　　　　　　D. E-mail

    E. 网络问卷

5. 网络营销调研的内容包括（　　　）。

    A. 消费者的需求特征　　　　　　　B. 企业现有产品或服务的信息

    C. 目标市场信息　　　　　　　　　D. 竞争对手分析及竞争产品信息

    E. 市场营销环境信息

三、名词解释

1. 网络营销　　2. Web 2.0　　3. 网络营销调研　　4. 网络问卷调查法

5. 网络营销策略

四、简答及论述题

1. 与传统营销相比，网络营销具有哪些优点？

2. 网络营销的内容主要包括哪些方面？

3. Web3.0 相对于 Web2.0 的优势是什么？

4. 试论述网络营销产品的价格特征。

5. 试论述网络营销调研的策略。

案例讨论

返乡创业：让农产品走进城市家庭

农产品最怕"藏在深山无人知"，如果缺乏畅通的销售渠道，再优质的农产品也难以走出乡村。返乡创业者小朱决心搭建城市与农村的桥梁，通过网络营销方式，借助"互联网+"的春风，让农户手中的特色生态农产品走进城市家庭。

在返乡之前，小朱在大城市打拼。有一次小朱将老家土特产带到公司，没想到大受欢迎，同事们鼓励他将家乡的土特产卖到城市，让更多的城市消费者也有机会体验。同事的鼓励激发了小朱的创业激情，多番市场调研之后，小朱将想法付诸了行动。2021 年 6 月，小朱与几位志同道合的年轻人从城市回到农村，开启返乡创业的历程。

在创业初期，小朱就遇到了不少困难和挑战。村民们对他的"合作社+农户"的方式缺乏信任，许多村民不相信电商平台能将农产品卖出去，因而拒绝与其签订产销合同。但小朱并不气馁，他相信随着时间的推移，成功的案例会说服这些心存疑虑的村民们。

在小朱创业刚好 3 个月时，当地有位养殖户因缺乏市场意识和销售渠道，家里喂养的土鸡、土鸭没办法卖出去，正打算低价甩卖给商贩。小朱得知消息后主动上门与其签订了产销合同，并通过网络渠道将鸡鸭全部销售出去了，帮助该养殖户挽回了经济损失。这一成功案例很快扩散开来，小朱开始得到大家的信任，加入合作社的农户越来越多，小朱的创业终于步入了正轨。

经过两年的创业实践，小朱决定采用"互联网+公司+合作社+农户"的模式，正式成立了自己的电子商务有限公司。该公司寄托着小朱的梦想——建立城市与农村的桥梁，将农户手中高品质的农副产品直接卖到城市家庭，帮助农民致富，也方便城市居民享受到好的产品。

思考讨论题：

1. 开展农产品网络营销要注意哪些问题，有哪些难点？
2. 请你结合本案例谈谈如何借助网络营销来实现乡村振兴。

项目 2
网络市场与网络消费者行为分析

学习目标

【知识目标】

（1）理解网络市场的含义。

（2）熟悉网络市场的演变历程与发展现状。

（3）熟悉我国网络用户现状及网络消费者的需求特点和趋势。

（4）熟悉影响网络消费者购买决策的因素。

（5）掌握网络消费者购买决策的过程。

【技能目标】

（1）能够根据所学知识描绘我国网络消费者画像。

（2）能够根据目标消费者的需求特点为企业制定网络营销策划方案。

（3）能够根据所学知识为企业制定目标市场营销策略。

【素质目标】

（1）树立正确的网络消费观。

（2）培养以消费者为中心的网络营销理念。

（3）提升洞察网络消费者行为变化趋势的能力。

项目情境导入

临近寒冬气温骤降，大一新生小康决定为自己添置一件羽绒服。小康打开手机，连上移动数据后登录了拼多多 App。进入 App 后，他发现拼多多 App 首页上有数款保暖御寒的商品推荐。原来，拼多多 App 通过小康平常的搜索内容、消费风格等，采用了大数据技术，贴心地为小康推荐了数款保暖衣物。

经过比较，小康在拼多多上的一家服装旗舰店看中了一款心仪的羽绒服，通过与客服沟通后，他下单并通过多多支付完成了付款。很快，拼多多 App 就发出提示消息，告诉小康他所购买的羽绒服已经发货，并显示了快递公司和运单号等信息，同时还提醒小康，他可通过拼多多 App 实时查看快递的位置。

第二天下午，小康接到了快递员的电话，对方已经到达他的宿舍楼门口，让小康出来取快递。此时小康并不在宿舍，于是在电话里告诉快递员，将快递包裹放在宿舍旁的丰巢快递柜中。不一会儿，小康收到了一条短信，短信内容为有编号×××××的包裹放入丰巢快递柜××-××柜，提醒他及时拿取。晚上，小康扫描快递柜上的二维码，对应的柜门直接弹开，小康顺利地拿到了快递包裹。回到宿舍后，小康试穿了羽绒服，确认没有问题后，他在拼多多App上确认收货，并评价了该商品。

问题：结合上述材料，请你谈谈对网络消费者的购买决策过程及购买行为特点的认识。

项目分析

企业了解网络市场的发展现状，认识其类型和功能，有利于企业更好地把握网络消费者的需求。在网络时代，消费者的需求特点和购买行为发生了较大的变化，呈现出新的特点。以消费需求为例，网络消费者更注重个性化消费及便利性消费，对价格更敏感，追求消费的超前性等。因此，企业必须要在充分了解消费者需求和购买行为特点的基础上开展网络营销活动。

那么，什么是网络市场？网络市场有哪些分类？网络市场的发展经历了哪些阶段？当前的网络市场呈现出哪些特点？我国的网络市场和发展现状如何？当前我国网络消费者的需求特点是什么？今后的发展趋势怎样？影响网络消费者购买决策的因素有哪些？网络消费者的购买行为可划分为哪几个阶段？各阶段有何特点？本项目将对以上问题进行解答。

任务 2.1 认识网络市场

2.1.1 网络市场的含义与分类

1. 网络市场的含义

网络市场是参与商品交易的各方以现代信息技术为支撑，以互联网或移动互联网为媒介，实现信息沟通、交易谈判、合同签订、买卖交易以及售后服务等各种市场职能的交易平台。它具有实现资源合理流动、促进交换、快速反馈、直接导向四大功能。

2. 网络市场的分类

按照交易的主体来分，当前的网络市场主要分为企业对消费者（Bussiness to Consumer，B2C）、企业对企业（Bussiness to Bussiness，B2B）、消费者对消费者（Consumer to Consumer，C2C）、企业对政府（Business to Government，B2G）等多种类型。其中，企业对企业的网络市场也称企业电子采购平台，具有代表性的平台有阿里巴巴、慧聪网和中国化工网等。但一般网络消费者最为熟悉的还是企业对消费者及消费者对消费者这两大市场，其中天猫商城和京东商城是 B2C 的典型代表，淘宝网则是最大的 C2C 平台。

按照在消费决策链上崛起的位置划分，网络市场可分为两大类。一类是崛起于消费决策链下游的电商平台——传统电商平台，该类电商平台基于货架式购物模式崛起（如阿里巴巴、京东、拼多多等）；另一类是崛起于消费决策链上游的电商平台——新兴电商平台，该类电商平台基于内容驱动购物需求模式崛起（如抖音、快手、小红书等）。传统电商平台与新兴电商平台的划分如图 2-1 所示。

图2-1 传统电商平台与新兴电商平台的划分

21世纪是网络市场高速发展的时代，网络市场高效、便捷、低成本的优势吸引了越来越多的企业积极参与。

2.1.2 网络市场的演变与现状

1. 网络市场的演变

从网络市场交易的方式和范围来看，网络市场经历了3个发展阶段。

第一个阶段，生产者内部的网络市场。该阶段的基本特征是工业界内部为缩短业务流程和降低交易成本，采用电子数据交换系统形成的网络市场。20世纪60年代末，西欧地区和北美地区的一些大企业利用电子方式进行数据、表格等信息的交换，两个贸易伙伴之间依靠计算机直接通信传递包含特定内容的商业文件，这就是所谓的电子数据交换（Electronic Data Interchange，EDI）。后来，一些工业集团开发出用于采购、运输和财务应用的标准，但这些标准仅限于工业界内的贸易，如生产企业的EDI系统。这个系统可以将订货、生产和销售过程贯穿起来，从而形成生产者内部网络市场的雏形。

第二个阶段，国内的、全球的生产者网络市场和消费者网络市场。企业使用国际互联网向国内的或全球的消费者提供产品或服务，其发展的前提是个人计算机（Personal Computer，PC）的普及和网络技术的发展。这一阶段的基本特征是企业在互联网上建立一个站点，将企业的产品信息发布在网上供所有消费者浏览，或销售数字化产品，或通过网上产品信息的发布来推动实体化产品的销售。从市场交易方式的角度来讲，这一阶段也可称为"在线浏览、离线交易"的阶段。

第三个阶段，信息化、数字化、电子化的网络市场。这是网络市场发展的最新阶段，其基本特征是虽然网络市场的范围没有发生实质性的变化，但网络交易方式却发生了根本性的变化，即由"在线浏览、离线交易"演变成了"在线浏览、在线交易"。这一阶段的到来取决于电子货币及电子货币支付体系的开发、应用、标准化，以及其安全性和可靠性的提升。

视野拓展

新电商兴起

"新电商"是随着新一代信息技术发展，以用户为中心，对传统电商"人""货""场"进行链路重构而产生的电商新形态。新电商是相对以货架电商为代表的传统电商而言的，以平台货架的形式呈现商品或服务。新电商是一个总称，泛指电子商务领域出现的各类创新模式和业态，如直播电商、内容电商、社交电商、移动电商、新零售、兴趣电商、信任电商、C2M（用户直连制造商）、即时零售等。

新电商作为数字经济和实体经济深度融合的产物，借助新一代数字技术赋能，引发了生产模式、流通模式和消费模式的深刻变革，在推动经济社会高质量发展、带动产业转型升级、释放消费潜力、创造高品质生活等方面发挥着不可替代的作用。

2．我国网络市场的现状

近年来，我国电子商务市场持续扩大，电子商务交易额持续增长，网上零售额不断创出新高，实物商品网上零售额已占社会消费品零售总额的近三成。2011—2022年全国网上零售额如图2-2所示。

网络消费作为数字经济的重要组成部分，在促进消费市场蓬勃发展方面正在发挥日益重要的作用。另外，电子商务不仅推动了消费市场的发展，也在创造就业机会方面发挥了重要的作用。

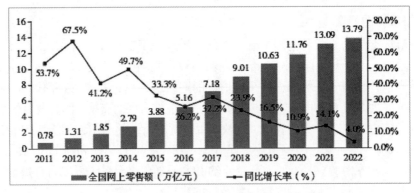

图2-2　2011—2022年全国网上零售额

资料来源：国家统计局

整体来看，近几年实物商品网上零售额增速呈不断下降趋势，这是由于我国电子商务市场经过20多年的高速发展，用户流量红利不断减少所致。但长期来看，市场潜在需求依然较大，从以增量为主转向增量与存量并重阶段，新发展模式探索提速。同时，新兴流量渠道/平台不断壮大，进一步加剧了巨头间的竞争激烈程度。2018—2023年我国实物商品网上零售市场规模及增速如图2-3所示。

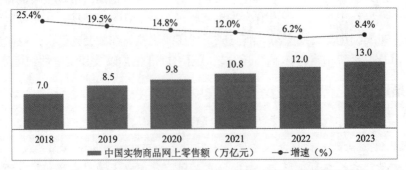

图2-3　2018—2023年我国实物商品网上零售市场规模及增速

资料来源：艾瑞网

在政策支持方面，我国的《政府工作报告》提出要引导大型平台企业降低收费，减轻中小商户负担，这对提振电子商务领域市场主体信心，以及扩大服务市场规模起到了积极的促进作用。近年来，我国电子商务服务业的营收规模，包括电商交易平台服务和各种支撑服务、衍生服务领域业务在内，都在不断增长，显示出了良好的发展态势。2011—2022 年我国电子商务服务业营收规模如图 2-4 所示。

图 2-4　2011—2022 年我国电子商务服务业营收规模

资料来源：中华人民共和国商务部.中国电子商务报告 2022[M].中国商务出版社，2023.

总体来看，现阶段我国电子商务在促消费、稳外贸、扩就业，以及带动产业数字化转型等方面做出了积极贡献，成为稳定经济增长和实现高质量发展的重要动能。

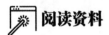 **阅读资料**

电子商务助力创造就业和改善民生

电子商务催生了多样化的就业领域和职业类型，创造了一批新的职业形态，丰富了劳动者的职业选择。近年来，以电商主播、外卖骑手、快递小哥、网约车司机等为代表的新就业形态劳动者数量激增，电子商务在一定程度上成为就业的稳定器和蓄水池。随着数字经济与实体经济深度融合，产业数字化步伐加快，电子商务相关职业将更好地发挥就业容量大、种类多样、层次丰富、进出灵活等优势，成为吸纳青年等重点群体创业就业的主阵地、提升居民劳动收入的新渠道，助力创造就业和改善民生。有关部门将从增强群体发展的可持续性、改革现有劳动力市场制度安排以及强化权益保障等方面实施相关举措，完善电子商务相关职业设置，加强电子商务灵活就业人员劳动保障，优化就业公共服务，为电子商务领域高质量充分就业提供有力支持。《中华人民共和国职业分类大典(2022 版)首次标识 97 个数字职业，并将"电子商务服务人员"提升为职业小类。在此基础上，电子商务职业体系将逐步完善，高度专业化和细分化的新职业不断涌现，相关职业标准、技能培训和能力认定服务跟进，促进更多劳动者在电子商务领域实现就业。电子商务相关新职业将进一步激发劳动者的积极性、主动性和创造性，推动劳动者学习新知识、掌握新技能、增长新本领，电子商务平台企业也将更好发挥吸纳和拓宽灵活就业渠道的先行者作用。

资料来源：中华人民共和国商务部.中国电子商务报告 2022[M].中国商务出版社，2023.

任务 2.2　熟悉网络消费者及其购买行为

2.2.1　我国网上用户现状

1．我国网上用户规模

从用户规模上来看，我国网民规模接近 11 亿人，网络普及率近 80%。庞大的用户基础为我国的互联网行业提供了巨大的市场和商机。在 2010 年之前，我国的网民规模与互联网普及率一直呈高速增长趋势，但近年来，这两项指标的增长率都明显下降，均低于 5%。这种变化趋势是由当前我国互联网已经较为普及的现状所决定的，因此未来我国网民规模与互联网普及率的增长会进一步放缓。

2020 年 3 月至 2023 年 12 月我国的网民规模与互联网普及率如图 2-5 所示。

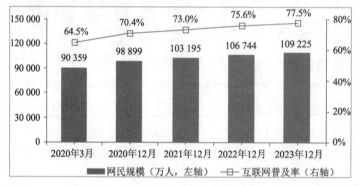

图 2-5　2020 年 3 月至 2023 年 12 月我国的网民规模与互联网普及率

资料来源：中国互联网络信息中心发布的《第 53 次中国互联网络发展状况统计报告》。

随着移动互联网的兴起，我国越来越多的用户通过智能手机、平板电脑等移动终端接入互联网。截至 2023 年 12 月，我国 10.92 亿网民中使用手机上网的比例为 99.9%。近年来，我国手机网民规模及其占整体网民比例如图 2-6 所示。

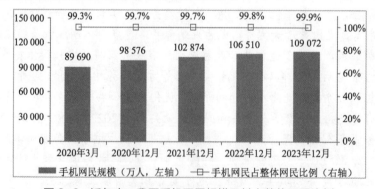

图 2-6　近年来，我国手机网民规模及其占整体网民比例

资料来源：中国互联网络信息中心发布的《第 53 次中国互联网络发展状况统计报告》。

统计数据表明，在过去几年手机网民规模激增之后，潜在手机网民已被大量转化，未来由非手机网民向手机网民转化的网络用户将极为有限。但我国非网民规模依然庞大，这其中老年人居多，60 岁及以上非网民群体占比较高。非网民群体无法接入网络，在出行、消费、就医、办事等日常生活中遇到不便，无法充分享受智能化服务带来的便利。非网民向网民转化，仍有潜力可挖。电子商务企业需要依靠创新类移动应用来推动非网民向手机网民转化，以提升手机网民的规模。

2. 我国网上用户结构特征

（1）性别结构。我国网上用户的性别比例与整体人口性别比例基本一致，男女比例接近，男性略多于女性，与整体人口中男女比例基本一致，显示出较为均衡的性别分布。

（2）年龄结构。近年来，我国网络用户的年龄分布越来越均衡。值得注意的是，这两年我国 50 岁以上的网络用户群体占比在持续提高，反映出互联网进一步向中老年群体渗透的趋势。

截至 2023 年 12 月，我国网民的年龄结构如图 2-7 所示。

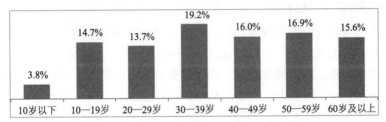

图 2-7　我国网民的年龄结构

资料来源：中国互联网络信息中心发布的《第 53 次中国互联网络发展状况统计报告》。

（3）城乡结构。我国网上用户主要分布在城镇地区，但农村地区网民规模正在不断扩大。城镇网民占比高，这可能与城镇地区的经济发展水平、基础设施建设和教育资源等因素有关。随着农村互联网的普及和基础设施的改善，农村地区的网民规模也在逐步增加。

2022 年 12 月及 2023 年 12 月，我国网民城乡结构如图 2-8 所示。

图 2-8　我国网民城乡结构

资料来源：中国互联网络信息中心发布的《第 53 次中国互联网络发展状况统计报告》。

阅读资料

大山蜂语：两兄弟的网红致富经

大山里走出的两兄弟，成了"网红蜂农"。在成为直播网红之前，麻功佐是个女装网店老板，生活在大城市的他经常会想起家乡松阳横樟村的样子：这是一个被苍翠山林围绕的宁静山村，也曾是包拯后裔避世隐居的地方，清冽的溪水穿村而过，经常有大白鹅在溪水里摇摇摆摆地走着……

麻功佐也常想起作为"蜂农"的父亲，就在这片美丽的大山里养蜂，土蜂蜜特别甜。终于在 2014 年，麻功佐决定回乡当"蜂农"，通过网络销售渠道把家乡的土蜂蜜卖出去。麻功佐说动了当过消防员的表弟张俊杰，兄弟俩一同踏上了返乡养蜂之路。2017 年被称为我国"短视频元年"，2018 年麻功佐和张俊杰的土蜂蜜生意已经做得红火，他们开始尝试通过短视频和直播，分享家乡美景。短视频的风口来得迅猛，两人粉丝迅速增长到 200 万人以上。粉丝们喜欢看着这群生活在乡村的年轻人穿梭在山林溪水间，分享和大自然的故事：采蜂蜜、采野果、挖笋、钓鱼……沉浸式的观感也带动了土蜂蜜等农特产的销售。

表弟张俊杰成为"带货主播"，蜂蜜的销售额已经突破 1 500 万元，表哥麻功佐因此成为浙江省农村青年致富带头人标兵、青年养蜂能手，2023 年他不但将土蜂蜜卖到了全国甚至国外，也成了当地许多乡村电商优质农特产品的供应商。

3. 个人互联网应用发展状况

当前我国个人互联网应用呈现出蓬勃发展的态势。随着互联网，尤其是移动互联网的普及，以及各类网络应用程序的出现，即时通信、网络视频、网络购物、网络支付以及网络直播等应用深受用户喜爱，并持续推动相关产业的创新发展。同时，5G 和人工智能等新技术的引入，为个人互联网应用带来了更多可能性，预示着行业将迎来更多的变革与进步。我国个人互联网应用状况如表 2-1 所示。

表 2-1　我国个人互联网应用状况

应用	2023 年 12 月用户规模/万人	2023 年 12 月网民使用率	2022 年 12 月用户规模/万人	2022 年 12 月网民使用率	用户规模增长率
网络视频（含短视频）	106 671	97.7%	103 057	96.5%	3.5%
即时通信	105 963	97.0%	103 807	97.2%	2.1%
短视频	105 330	96.4%	101 185	94.8%	4.1%
网络支付	95 386	87.3%	91 144	85.4%	4.7%
网络购物	91 496	83.8%	84 529	79.2%	8.2%
搜索引擎	82 670	75.7%	80 166	75.1%	3.1%
网络直播	81 566	74.7%	75 065	70.3%	8.7%
网络音乐	71 464	65.4%	68 420	64.1%	4.4%
网上外卖	54 454	49.9%	52 116	48.8%	4.5%
网约车	52 765	48.3%	43 708	40.9%	20.7%
网络文学	52 017	47.6%	49 233	46.1%	5.7%
在线旅行预订	50 901	46.6%	42 272	39.6%	20.4%
互联网医疗	41 393	37.9%	36 254	34.0%	14.2%
网络音频	33 189	30.4%	31 836	29.8%	4.3%

资料来源：中国互联网络信息中心发布的《第 53 次中国互联网络发展状况统计报告》。

2.2.2　网络消费者的需求特点和趋势

网络消费是一种全新的消费方式，与传统的消费方式相比，网络消费需求呈现如下的特点和趋势。

1. 向个性化消费的回归

在手工业时代，由于生产条件的限制，企业难以实现商品的大规模标准化生产，消费者所获得的商品往往是定制化的，体现了鲜明的个性化消费特征。然而，随着工业革命的兴起，机器生产逐渐替代了手工制造，现代化工厂也取代了传统的手工作坊。这种工业化和标准化的生产模式，导致个性化消费需求在大量低成本、同质化的商品中逐渐被忽视。

尽管如此，消费者对个性化的追求却从未停止。随着互联网技术的广泛普及和现代制造技术的飞速发展，现代企业已经具备了满足消费者这种个性化需求的能力。因此，在网络时代背景下，个性化消费逐渐成为市场的主导趋势。这不仅体现了消费者对自我表达和独特性的追求，也反映了现代市场对多元化和定制化的高度适应。

2. 消费需求的差异化明显

消费需求的差异是始终存在的，但当前网络消费者之间的需求差异比任何一个时期都要明显。这是因为网络营销没有地域的界线，消费者可能来自本国市场，也可能来自某一个国家或地区。地域、民族、宗教信仰、收入水平以及生活习俗上的差异造就了网络消费者较大的需求差异。因此，从事网络营销的企业要想取得成功，就应该针对不同消费者的需求差异，采取有针对性的方法和措施。

3. 消费者获取的商品信息更加充分

消费主动性的增强来源于现代社会的不确定性和人类追求心理稳定和平衡的欲望。网络消费者在做出购买决策之前，可以通过互联网主动获取欲购买商品的信息并进行比较，从而做出最佳的购买决策。

4. 对购买方便性的需求与对购物乐趣的追求并存

购买便利性是影响消费者购买行为的一个重要原因。一般而言，消费者的购买成本除了货币成本，还有体力成本、精力成本等。网络为消费者提供了便利的交易平台，也促使消费者对便利性有了更高的追求。此外，现代人生活方式的改变，使人与人之间面对面的沟通越来越少，为保持与社会的联系，减少心理孤独感，人们愿意花费大量的时间进行网络社交。因此在网上购物，消费者除了能够满足购物需求，还能排遣寂寞。

5. 价格是影响消费心理的重要因素

互联网经济是直接经济，由于大量中间环节的减少以及销售终端费用的下降，网上销售的绝大多数商品的价格通常低于线下售价，这也是吸引消费者网上购物的重要原因。

6. 网络消费需求的超前性和可诱导性

电子商务构建了一个全球性的虚拟大市场，在这个市场中，先进和时尚的商品会以较快的速度与消费者见面。具有创新意识的网络消费者很容易接受这些新商品。从事网络营销的企业应充分利用自身优势，采用多样化的促销手段来激发网络消费者的新需求，提高他们的购买兴趣，进而将潜在需求转化为实际购买行为。

案例分析

老字号企业借助电商"潮起来"

享誉百年的老字号品牌，绝大多数是中国非物质文化遗产，是商业文明与传统文化共同铸造的"国家宝藏"。大数据时代呼啸而至，老字号品牌该如何生存，是一个无法回避的重大课题。近年来，老字号品牌频频与电商平台接轨，用"新电商+老字号"的发展逻辑，为品牌发展注入了新鲜活力。

常言道"酒香不怕巷子深"，但是受风俗习惯、媒介传播、地区差异等诸多因素的影响，部分老字号品牌如果只专注于线下销售，也会出现"酒香也怕巷子深"的问题。对于老字号品牌而言，进驻电商平台，一方面可以拓宽销售渠道，通过线上线下两手抓来提高销量；另一方面也能借助电商平台跨地域性、覆盖面广、传播速度快的特性，解决"酒香也怕巷子深"的问题。对于电商平台而言，老字号本身就是"金字招牌"，久经沉淀延续至今的老字号品牌的入驻，能够在无形中提高消费者对平台及其产品的信任感和认可度，从而增加平台浏览量，提高平台下单率，助力平台获得更大竞争力。

老字号品牌皇上皇根据19～25岁消费者的需求推出了广式腊肠腊肉自热煲仔饭。不插电，不用火，15分钟生米变成腊味饭。Q弹爽口的米饭，香而不腻的腊肠、腊肉，鲜美的酱油和辣脆的萝卜粒，让消费者惊呼"方便"。喜欢广东口味的消费者、离乡追梦的广东青年能够通过电商平台随时品尝到"家的味道"。

案例分析

老字号代表着产品的品质，是企业历久弥坚的初心，是大国工匠精神的结晶；老字号也承载着一代人的记忆，包含着曾经触手可及的亲切熟悉，更包含着如今远在他乡的来之不易。当伴随互联网共同成长起来的年轻一代消费者成为未来的消费主力时，老字号也要跟上大数据时代线上销售的潮流，实现企业的年轻化、时尚化，把握好传承与创新之间的平衡，在保证产品质量的同时，根据消费者的需求不断推陈出新，通过改良自身接轨现代消费潮流。

2.2.3 影响网络消费者购买决策的因素

网络消费者的购买决策除了受个人因素，如个人收入、年龄、职业、学历、心理、对网络风险的认知等因素的影响之外，还受到网购商品的价格、购物的便利性、商品的选择范围、商品的时尚性与新颖性等因素的影响。

1. 消费者的个人因素

网上购物与传统购物方式相比，具有鲜明的特点。要实现网上购物，消费者需要一定的软硬件基础，同时消费者也需要具备一定的网络知识。一般来说，年轻的、高学历的、高收入的、对网络风险有正确认知（受消费者网络知识、学历、职业等因素影响）的消费者更倾向于在网上购物。不过随着网络的不断普及，越来越多的消费者加入了网购的群体。

2. 商品的价格

一般来说，价格是影响消费者心理及行为的主要因素，即使在今天消费者收入普遍提升的时代，价格的影响仍然是不可忽视的。只要商品价格降幅达到消费者的心理预期，消费者通常就会迅速采取购买行动。网络的开放性和共享性使得消费者可以第一时间方便地获得众多不同商家最新的报价信息，因而在同类商品中价格占优势的商家更能得到网络消费者的青睐。

3. 购物的便利性

购物的便利性是影响网络消费者购物的重要因素之一。这里的便利性是指消费者在购物过程中能够节省更多的时间成本、精力成本和体力成本。在网购模式下，消费者可以坐在家中与卖家达成交易，足不出户即可获得所需的商品或服务。网上购物顺应了现代社会消费者对便利性的追求，因而为越来越多的消费者所接受。

4. 商品的选择范围

商品的选择范围也是影响消费者购物的重要因素。在网络平台上，消费者挑选商品的范围大大拓展。网络为消费者提供了多种搜索工具，借助搜索工具，消费者可以方便快速地获得所需商品的信息，通过比较和分析，消费者很容易做出最终的购买决策。

5. 商品的时尚性与新颖性

追求商品的时尚性与新颖性是许多网络消费者重要的购买动机。这类网络消费者特别重视商品的款式、格调和流行趋势，他们是时髦的服饰、新潮的数码商品的主要购买者。因此，时尚、新颖的商品更能激发这类网络消费者的购买欲望。

2.2.4　网络消费者的购买行为过程

与线下购买行为类似，网络消费者的购买行为在实际购买之前就已经开始，并且延长到购买后的一段时间，有时甚至是一个较长的时期。网络消费者的购买行为过程大致可分为诱发需求、收集信息、比较选择、购买决策和购后评价等不同的阶段。

📽 微课堂

网络消费者的购买
行为过程

1. 诱发需求

网络消费者购买行为的起点是诱发需求，即消费者在内外部因素刺激下产生的对某种商品或服务的购买欲望。这是消费者做出购买决策的基本前提。

开展网络营销的企业需要了解消费者的现实需求和潜在需求，了解消费者在不同时间段产生这些需求的程度，了解这些需求是由哪些刺激因素诱发的，进而采取相应的促销手段（如网络广告、打折、赠品、口碑传播等）去吸引更多的消费者，激发他们的需求。

2. 收集信息

需求被唤起之后，每个消费者都希望自己的需求能得到满足。所以，收集信息、了解行情成为消费者购买行为过程的第二个阶段。在这个阶段，消费者的主要工作就是收集商品的有关资料，为下一步的比较选择奠定基础。

消费者在网上购买的过程中，主要通过互联网收集商品信息。与传统购买方式不同，消费者在网上进行购买信息的收集具有较大的主动性。一方面，消费者可根据已了解的信息，通过互联网跟踪查询；另一方面，消费者又在网上浏览中寻找新的购买机会。

3. 比较选择

比较选择是购买行为过程中必不可少的阶段。消费者对通过各种渠道收集而来的资料进行比较、分析、研究，从而了解各种商品的特点及性能，从中选择最为满意的一种。一般来说，消费者的综合评价主要考虑商品的功能、质量、可靠性、样式、价格和售后服务等。通常，消费者对一般消费品和低值易耗品较易选择，而对耐用消费品的选择比较慎重。

由于在网上购物不直接接触实物，因此网络消费者对商品的比较主要依赖于企业对商品的描述，包括文字表述、图片展示和视频介绍等。企业对商品的描述不充分，就不能吸引众多的消费者。如果企业对自己的产品过分夸张地描述，甚至带有虚假的成分，则可能永久地失去消费者。因此，每个从事网络营销的企业都必须认真考虑并准确把握宣传分寸。

4. 购买决策

网络消费者在完成对商品的比较选择后，便进入购买决策阶段。购买决策是指网络消费者在购买动机的支配下，从两件或两件以上的商品中选择一件满意商品的过程。

购买决策是网络消费者购买活动中最主要的组成部分，基本上反映了网络消费者的购买行为。与传统购买方式相比，网络消费者的购买决策主要呈现以下两大特点。

一是网络消费者理智动机所占比重较大，而感情动机所占的比重较小。这是因为网络消费者在网上寻找商品的过程本身就是一个思考的过程。网络消费者有足够的时间仔细分析商品的性能、质量、价格和外观，从而从容地做出自己的选择。

二是网上购买受外界影响较小。网络消费者通常是独自上网浏览、选择，受身边人的影响较小。因此，网上购物的决策较之传统的购买决策要快得多。

网络消费者在决定购买某种商品时，一般需要具备以下 3 个条件。第一，对企业有信任感；第二，对支付有安全感；第三，对商品有好感。

因此，树立企业形象，提升支付的安全保障，改善商品物流方式以及全面提高商品质量，这是每个参与网络营销的企业必须重点抓好的 4 项工作。

5. 购后评价

消费者购买商品后，往往通过对自己的购买行为进行检验和反省，重新考虑这种购买是否理性、效用是否满意、服务是否周到等问题。这种购后评价往往决定了消费者今后的购买动向。

课堂讨论

当前，直播电商创造了一个又一个销售神话，以至于越来越多的商家开启了直播带货。然而，与直播带货高销量相对应的是居高不下的退货率。一些经营服装的直播电商抱怨，他们直播间的日退货率是 25%～30%，促销期间可能会高达到 40%～50%，时尚类女装甚至会超过 60%。

问题：请从网络消费者行为的角度对这一现象进行解读。

项目实训

【实训主题】网络消费者用户画像构建

【实训目的】通过实训，掌握网络消费者画像构建的方法，探讨如何利用消费者画像开展网络营销活动。

【实训内容及过程】

（1）确定某一特定的网络消费群体（如老年消费者、大学生消费者、女性消费者等）为画像构建对象。

（2）通过网络调查，收集与该网络消费群体相关的人口统计特征、生活方式特征、线上及线下行为特征、社交行为特征等数据。

（3）对调研数据进行分析，构建该消费群体的画像。根据构建的消费者画像，分析目标消费群体的需求和痛点，挖掘潜在的市场机会。结合产品或服务的特性，探讨如何根据消费者画像制定针对性的网络营销策略，如个性化推荐、精准广告等。

（4）将实训过程、方法和结果整理成一份详细的实训报告。报告中应包括数据收集与处理的详细描述、消费者画像的构建过程、消费者画像分析结果以及根据消费者画像提出的网络营销策略建议。

【实训成果】

请根据以上内容写作《网络消费者用户画像构建报告》。

练习题

一、单选题

1. 网络市场发展的第一个阶段是（　　　）。

　　A. 生产者内部的网络市场

　　B. 国内的、全球的生产者网络市场和消费者网络市场

　　C. 信息化、数字化、电子化的网络市场

　　D. 以上均不正确

2. 2022 年，全国网上零售额达（　　　）万亿元。

　　A. 5.16　　　　　　B. 10.63　　　　　　C. 13.79　　　　　　D. 23.81

3. 截至（　　　），我国网民规模达 10.79 亿人。

　　A. 2021 年 12 月　　B. 2022 年 6 月　　C. 2022 年 12 月　　D. 2023 年 6 月

4. 信息化、数字化、电子化的网络市场属于网络市场演变的（　　　）阶段。

　　A. 第一个　　　　　B. 第二个　　　　　C. 第三个　　　　　D. 第四个

5. 下列选项中不属于网络消费的需求特点的是（　　　）。

　　A. 价格是影响消费心理的重要因素

　　B. 对购买方便性的需求与对购物乐趣的追求并存

　　C. 消费需求的差异化明显

　　D. 消费者需求逐渐趋同

二、多选题

1. 下列有关我国网上用户结构特征的描述，正确的有（　　　）。

　　A. 我国网上用户主要分布在城镇地区

  B. 我国网上用户的性别比例与整体人口性别比例基本一致

  C. 截至 2023 年 12 月，我国网民中 30 ~ 39 岁群体占比最高

  D. 当前我国互联网进一步向中老年群体渗透

  E. 我国农村地区的网民规模在不断减少

2. 截至 2023 年 6 月，我国各类互联网应用用户规模排名位居前三的有（ ）。

  A. 网络直播   B. 即时通信

  C. 网络视频（含短视频）   D. 短视频

  E. 网络支付

3. 能够造成网络消费者需求差异较大的因素有（ ）。

  A. 地域   B. 民族

  C. 宗教信仰   D. 收入水平

  E. 生活习俗

4. 网络消费者在决定购买某种商品时，一般必须具备的 3 个条件是（ ）。

  A. 对物流有信任感   B. 对企业有信任感

  C. 对支付有安全感   D. 对自己的判断力有信心

  E. 对商品有好感

5. 网络消费者的购买行为过程包括（ ）。

  A. 诱发需求   B. 收集信息

  C. 比较选择   D. 购买决策

  E. 购后评价

三、名词解释

1. 网络市场   2. 电子数据交换   3. 购买决策   4. 购后评价

四、简答及论述题

1. 从网络市场交易的方式和范围看，网络市场经历了哪 3 个发展阶段？

2. 网络市场的功能主要体现在哪几个方面？

3. 试论述网络消费的需求特点和趋势。

4. 试论述网络消费者的购买行为过程。

5. 试论述影响网络消费者购买决策的主要因素。

案例讨论

Z 世代的消费行为趋势

  酱香拿铁以及茅台跨界的破圈，以 Z 世代为代表的年轻人的消费力再次成为社会关注的热点。

  通常来说，"Z 世代"是指在 1995 年至 2009 年出生的人，他们又被称为网络世代、互联网世代，统指受到互联网、即时通讯、智能手机和平板电脑等科技产物影响很大的一代人，约有 2.51 亿人。

  Z 世代群体出生在中国国力不断提升的年代，他们的爱国情怀和民族自豪感亦无比强烈，乐于投身社会为国家奉献自己的力量。他们对国货有着更为强烈的包容性和支持意愿，

国潮文化以其独具特色的识别性受到了他们的认可与追捧，从而使"Z世代"群体将国潮文化推崇为先锋青年的流行时尚。他们热爱二次元，特立独行的同时也想在自己所偏好的社群中展现自己，"粉丝经济"在他们的带动下也变得更加壮大。

根据南都湾财社2023年11月17日发布的《2023年度Z世代消费趋势洞察报告》，62.31%的受访者月收入低于5 000元，超八成受访者每月支出在5 000元以下。购物方式方面，绝大多数受访者偏好在线购物占比89.01%，有56.54%的受访者表示每月在线购物4～10次。信息获取渠道方面，互联网广告是Z世代受访者主要的信息获取渠道，占比84.82%。其次，社交平台上行业先锋带货推荐是受访者获取商品信息的另一大渠道，占比54.45%。

DT研究院和美团外卖联合发布的《当代青年消费报告》也显示，Z世代在消费上更加理性。65.4%的受访者认同"量入为出，消费应该量力而行"，47.8%的受访者认为消费时"不浪费，需要多少买多少"。在理性消费主义理念的支持下，为了让每分钱都花得"物有所值"，约有63.6%的Z世代受访者在购物前会做攻略，51.0%的Z世代受访者会主动寻找商品的优惠券，49.0%的Z世代受访者会选择与人拼单购买商品。

思考讨论题：

请思考并讨论Z世代年轻人的主要消费特点是什么？这些特点对于希望开展网络营销的企业来说，有哪些重要的启示和建议？

第 II 篇　工具篇

导语： 在当今数字化时代，网络营销已成为企业获取市场份额、提升品牌影响力的重要手段。掌握有效的网络营销工具，有助于企业在激烈的市场竞争中赢得优势。本篇主要阐述五种主流的网络营销工具——搜索引擎营销、App 营销、短视频营销、直播营销以及网络社交媒体营销，并深入分析它们的运作流程、使用技巧与应用策略。通过对本篇的学习，我们可以掌握如何有效利用这些网络营销工具开展营销活动，从而实现企业的营销目标。

项目 3
搜索引擎营销

学习目标

【知识目标】

(1) 掌握搜索引擎的含义与分类。

(2) 了解搜索引擎的作用与工作流程。

(3) 理解搜索引擎营销的含义。

(4) 掌握搜索引擎营销的特点。

(5) 熟悉搜索引擎营销的主要模式。

【技能目标】

(1) 掌握搜索引擎的使用技巧。

(2) 能够根据企业实际情况为其制定搜索引擎营销策划方案。

(3) 能够对搜索引擎营销的效果进行客观评估。

【素质目标】

(1) 培养学习搜索引擎营销的兴趣。

(2) 树立正确的搜索引擎营销理念。

(3) 遵纪守法,依法依规开展搜索引擎营销活动。

项目情境导入

2023 年上半年,搜索引擎企业相继推出生成式人工智能搜索服务。微软将 ChatGPT 与搜索引擎整合推出"新必应",首次展示了生成式人工智能在搜索领域的应用实践和发展前景;百度推出"文心一言"并整合到搜索服务中;360 搜索发布"360 智脑"并向公众开放产品测试。除传统搜索引擎企业,电子商务等领域的互联网企业也积极开发相关产品,如京东将生成式人工智能技术融入"言犀"平台,提供的智能知识库等服务可以满足企业员工业务检索、信息获取等场景的需求。

在用户体验方面,基于生成式人工智能的搜索引擎通过交互问答,可以展示经过推理整合的结果,为用户提供了更人性化的互动、更多样化的内容、更高效的信息收集方式。随着模型可靠性逐步改善,未来将大幅提升用户搜索服务的使用体验。在企业营销方面,生成式人工智能将带来搜索引擎推荐算法的创新,可以辅助企业策划营销活动和创作文案,帮助搜索营销市场实现新发展。数据显示,发布生成式人工智能产品后,微软第一、二季度含搜索在内的广告营收同比分别增长 10%和 8%,百度在线营销和云服务等市场的潜在客户数量 3 月同比增长超过 400%。

资料来源：中国互联网信息中心.《第52次中国互联网络发展状况统计报告》.

问题：近年来搜索引擎营销的方式发生了哪些变化？技术进步对搜索引擎营销有何重大影响？

项目分析

搜索引擎是一种重要的网络营销工具，近年来电商巨头们不断加大投入布局搜索引擎行业。例如，百度依托搜索引擎入口，不断优化算法，提供文字、短视频等富媒体内容，持续改进信息流产品；字节跳动发展移动端搜索产品，涵盖旗下信息流、短视频、问答等产品的内容，同时抓取全网资源，为用户提供综合搜索服务。此外，人工智能技术也在不断推动搜索引擎产品创新和服务质量的提升，为搜索引擎营销插上了腾飞的翅膀。

那么，什么是搜索引擎？它有何特点？它的工作流程是什么？何谓搜索引擎营销？搜索引擎营销的任务是什么？搜索引擎营销的模式有哪些？本项目将对以上问题进行解答。

任务 3.1 认识搜索引擎

3.1.1 搜索引擎的含义与分类

1. 搜索引擎的含义

搜索引擎是指根据一定的策略，运用特定的计算机程序，从互联网上搜集信息并对信息进行组织和处理，以供用户检索查询的系统。搜索引擎的概念主要涵盖两个方面的内容：一方面，搜索引擎是由一系列技术支持构建的网络信息在线查询系统，它具有相对稳定的检索功能，如关键词检索、分类浏览式检索等；另一方面，这种查询系统借助不同网站的服务器，协助网络用户查询信息，并且该服务是搜索引擎的核心服务项目。

2. 搜索引擎的分类

目前，在网络上运行的搜索引擎为数众多，按照不同的分类标准，它们可分为不同的类型。例如，根据搜索内容划分，搜索引擎可以分为大型综合类搜索引擎、专用搜索引擎、购物搜索引擎等；按照使用端的不同，搜索引擎可以分为 PC 端搜索引擎和移动端搜索引擎等；从工作原理的角度对搜索引擎进行分类，搜索引擎又可分为分类目录式搜索引擎、全文检索式搜索引擎、元搜索引擎和集成搜索引擎等。

3.1.2 搜索引擎的作用

搜索引擎作为互联网的基础应用，是网民获取信息的重要工具。中国互联网络信息中心发布的《第52次中国互联网络发展状况统计报告》显示，截至2023年6月，我国搜索引擎用户规模达8.41亿人，较2022年12月增长3 963万人，占网民整体的78.0%。在各类互联网应用用户中，搜索引擎排名第5。

对企业而言，搜索引擎主要具有如下作用。

一是作为市场信息发现的工具。搜索引擎是一种重要的市场信息发现工具,企业对搜索引擎的利用能力,决定了企业的信息发现和市场运作能力。通过搜索引擎,企业可以搜索的信息主要包括供货商和原材料资源信息,市场供求、会展及其他商务信息,设备、技术、知识等信息,组织、人才及咨询信息等。

二是作为信息传播的工具。随着网民人数的增加,更多人将在网络上进行搜索作为获取信息的首选方式,而任意一个搜索请求,都可能查到数以万计的内容。由于搜索引擎所采用的搜索技术、信息分类方式等有所不同,这将影响信息查询的效率。搜索能力通常会受到 3 个方面的影响:①所选搜索引擎链接的信息资源数量和信息资源范围;②所设想的关键词与系统预设的信息资源分类方式的一致性;③系统自身技术水平和信息搜索能力。高效的站内搜索可以让用户快速、准确地找到目标信息,从而更有效地促进产品或服务的销售。企业对网站访问者的搜索行为开展深度分析,有助于进一步制定更为有效的网络营销策略。

3.1.3 搜索引擎的工作流程

了解搜索引擎的工作流程对日常搜索应用和网站提交推广都会有很大的帮助。搜索引擎的工作流程可分为以下几个步骤。

1. 抓取网页

每个独立的搜索引擎都有特定的网页抓取程序,该程序被称为蜘蛛(Spider)。搜索引擎蜘蛛访问网站页面时,类似于普通用户使用的浏览器。蜘蛛会跟踪网页中的链接,连续地抓取网页,即爬行。蜘蛛发出页面访问请求后,服务器返回超文本标记语言(HyperText Markup Language,HTML)代码,蜘蛛把收到的代码存入原始页面数据库。搜索引擎为了提高爬行和抓取的速度,会使用多个蜘蛛分布爬行。

蜘蛛会先访问网站根目录下的 robots.txt 文件,如果文件禁止搜索引擎抓取某些文件或目录,蜘蛛将遵守协议,不抓取被禁止的网站。与浏览器相似,搜索引擎蜘蛛也有标明身份的代理名称,站长可以在日志文件中发现搜索引擎的特定代理名称,从而辨识搜索引擎蜘蛛。

2. 索引

搜索引擎抓取到网页后,还需要做大量的预处理工作才能提供检索服务。其中,最重要的就是提取关键词,建立索引数据库。索引是将蜘蛛抓取的页面文件分解、分析,并以巨大表格的形式存入数据库的过程。在索引数据库中,网页文字内容及关键词的位置、字体、颜色等相关信息都有相应的记录。

3. 搜索词处理

用户在搜索引擎界面输入关键词,单击"搜索"按钮后,搜索引擎即对搜索词进行处理,包括中文分词处理、去除停止词、指令处理、拼写错误纠正、整合搜索触发等。搜索词的处理过程必须十分迅速。

4. 排序

对搜索词进行处理后,搜索引擎程序便开始工作,从索引数据库中找出所有包含搜索词的网页,并且根据排名算法计算出哪些网页应该排在前面,然后按照一定格式返回搜索页面。

任务 3.2 熟悉搜索引擎营销的含义与特点

3.2.1 搜索引擎营销的含义

搜索引擎营销（Search Engine Marketing，SEM）是基于搜索引擎平台，通过一整套的技术和策略系统，利用人们对搜索引擎的依赖和使用习惯，在人们检索信息时尽可能将营销信息传递给目标用户的一种营销方式。搜索引擎营销要求以最少的投入获得来自搜索引擎最多的访问量，并获取相应的商业价值。用户利用搜索引擎进行信息搜索是一种主动表达自己真实需要的方式，因此搜索与某类产品或某个品牌相关的关键词的用户，就是该产品或该品牌的目标受众或潜在目标受众，这也是搜索引擎应用于网络营销的基本原理。

搜索引擎营销得以实现的基本过程是，企业将信息发布在网站上使其成为以网页形式存在的信息源，企业营销人员通过免费注册搜索引擎、交换链接或付费的竞价排名、关键字广告等手段，使企业网站被各大搜索引擎收录到各自的索引数据库中。这样，当用户利用关键词进行检索（对于分类目录则是逐级目录查询）时，检索结果中就会罗列相关的索引信息及其链接，用户根据对检索结果的判断，选择有兴趣的信息并单击进入信息源所在网页，从而完成企业从发布信息到用户获取信息的整个过程，如图 3-1 所示。

图 3-1 搜索引擎营销信息传递的过程

3.2.2 搜索引擎营销的特点

搜索引擎营销的实质就是通过搜索引擎工具，向用户传递他们所关注对象的营销信息。与其他网络营销方法相比，搜索引擎营销有以下特点。

1. 用户主动创造"被营销"的机会

搜索引擎营销与其他网络营销方法的不同点主要在于，营销机会是用户创造的。以关键词广告为例，它平时在搜索引擎工具上并不存在，只有当用户输入关键词时，它才在关键词搜索结果中出现，即用户主动创造了"被营销"的机会。

2. 以用户为主导

搜索引擎检索出来的是网页信息的索引而不是网页的全部内容，所以搜索结果只能发挥引导作用。在搜索引擎营销中，使用什么搜索引擎、通过搜索引擎检索什么信息完全由用户自身决定，在搜索结果中单击哪些网页也取决于用户的判断。搜索引擎营销这种以用户为主导的特性，极大地减少了营销活动对用户的干扰，完美契合了网络营销的基本思想。同时，比起随便单击广告条的人，搜索者的访问更有针对性，从而使搜索引擎营销产生更好的营销效果。

3. 按效果付费

搜索引擎营销是按照点击次数来收费的，而展示则是不收费的。这意味着企业的广告只有被网络用户检索到并单击后才会产生费用，而用户的单击则代表着其对该广告展示的产品或服务具有一定的需求。因此，这种付费方式更为合理、科学，能够有效避免企业广告费的无效投入。

4．分析统计简单

企业在与搜索引擎建立业务联系后，可以很方便地从后台看到每天的点击量、点击率，有利于企业分析营销效果，从而优化营销方式。

5．用户定位精准

搜索引擎营销在用户定位方面表现突出，尤其是搜索结果页面的关键词广告，可以与用户检索所使用的关键词高度相关，从而提高营销信息被关注的概率，最终达到增强网络营销效果的目的。

除此之外，门槛低、投资回报率高、动态更新随时调整、广泛使用等都是搜索引擎营销的显著特点。

需要注意的是，搜索引擎营销的效果表现为网站访问量的增加而不是销售量的提升，其使命是获得访问量，访问量是否可以最终转化为收益则受到多重因素的影响。

课堂讨论

小梁同学的爸爸老梁经营着一家劳保用品工厂，主要生产防尘口罩和工作手套。该工厂规模中等，产品质量尚可，以前80%的产品销售给附近的某大型机械制造集团，一直不愁销路问题。但最近该机械制造集团开始实施供应链改革，劳保用品的采购一律要通过公开招标的方式。小梁家的产品因报价稍高而遗憾落标，工厂的销售顿时陷入困境。小梁了解情况后，建议爸爸通过开展搜索引擎营销打开销路。老梁觉得儿子的建议有道理，加之目前也没有更好的解决办法，于是接受了该建议并授权小梁负责实施。

如果你是小梁，你会如何做开展搜索引擎营销活动？

任务 3.3　熟悉搜索引擎营销的主要模式

搜索引擎营销追求高性价比，力求以较少的投入获得较大的来自搜索引擎的访问量，并产生商业价值。搜索引擎营销的模式主要有以下几种。

3.3.1　登录分类目录

网站登录搜索引擎的方法比较简单，只需要按照搜索引擎的提示逐步填写即可。比较常用的搜索引擎登录有百度网站登录等。图 3-2 所示为百度网站登录界面。

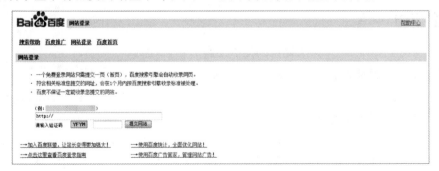

图 3-2　百度的网站登录界面

通常搜索引擎登录审核需要提供网站名称、网站地址、关键词、网站的描述和站长联系方式等信息。大部分的搜索引擎是要对所收到的信息进行人工审核的。管理员在收到用户提交的信息后会访问网站，判断用户所提交的信息是否属实，以及所选择的类别是否合理，并决定是否收录该网站。登录审核通过后，搜索引擎数据库更新后会显示收录信息。

搜索引擎登录有免费登录和付费登录。

1. 免费登录分类目录

免费登录分类目录是传统的网站推广手段。目前多数重要的搜索引擎都已开始收费，只有少数搜索引擎可以免费登录。搜索引擎的发展趋势表明，免费搜索引擎登录的方式将逐步退出网络营销舞台。

2. 付费登录分类目录

付费登录分类目录与免费登录分类目录相似，只是用户缴纳费用后才可以获得在网站登录的资格。一些搜索引擎提供的固定排名服务通常也是在收费登录的基础上展开的。

3.3.2 搜索引擎优化

所谓搜索引擎优化，是指通过对网站栏目结构和网站内容等基本要素的优化设计，提升网站对搜索引擎的友好度，使得网站中尽可能多的网页被搜索引擎收录，并且在搜索中获得较好的排名效果，从搜索引擎的自然检索中获得尽可能多的潜在用户。

具体来说，企业可以采取以下优化措施。

1. 关键词优化

延伸学习

关键词的常见类型

用户在搜索引擎中检索信息都是通过输入关键词来实现的，选择关键词是整个网站登录过程中最基本也是最重要的一步，是我们进行网页优化的基础。然而，选择关键词并非一件轻而易举的事，要考虑诸多因素，如关键词与网站内容的关联性、词语间组合排列的合理性、与搜索工具要求的符合度、与热门关键词的区分度等。选择关键词应该注意：仔细揣摩潜在客户的心理，设想其查询有关信息时最可能使用的关键词；挑选的关键词必须与企业自身的产品或服务有关；根据企业的业务或产品的种类，尽可能选取具体的词作为关键词，而避免以含义宽泛的一般性词语作为主打关键词；选用较长的关键词，较长的关键词包含更多的信息，因而更容易被搜索引擎所发现；分析错拼词，很多人在搜索时会犯拼写错误，通过分析错拼词，企业可以更好地理解用户的搜索目的。

延伸学习

关键词的挖掘工具：百度指数

百度指数是指百度搜索引擎推出的一项互联网数据服务，是重要的关键词挖掘工具。百度指数能够直观反映用户对某个关键词的搜索热度。开展网络营销的企业可以借助百度指数获取各种关键词在百度上的搜索量、搜索趋势等数据，以此来分析用户需求、行业热点等。

例如，如果需要了解一天大概有多少人搜索"新能源汽车"这个关键词以及相关的一些数据，用户只需要在百度指数搜索框中输入"新能源汽车"，即可得到图3-3所示的结果。

这个搜索结果涵盖了移动端和 PC 端的用户，还有与"新能源汽车"相关的需求图谱、舆情洞察和人群画像。

图 3-3　在百度指数中搜索"新能源汽车"的结果页面

2.　网站栏目结构优化

网站栏目结构作为网站内容的骨架，对于提高用户体验、促进搜索引擎优化（SEO）和增强网站整体价值具有重要作用。一个清晰、简洁、易于导航的栏目结构能够使用户快速找到所需信息，从而提高用户满意度和留存率。优化后的栏目结构有助于搜索引擎爬虫更高效地抓取网站内容，提高网站在搜索引擎中的排名。

例如，一家在线书店的网站栏目结构可能包括"首页""图书分类"（如小说、科技、自助等）、"作者""购物车"和"联系我们"等。为了优化这一结构，网站可以考虑以下几点：

（1）将最受欢迎或最新上架的图书放在首页显著位置；

（2）根据图书销量和用户评价调整图书分类的排序；

（3）在"作者"页面提供作者介绍和作品列表，方便用户查找特定作者的作品；

（4）在"购物车"页面提供一键结算和多种支付方式，提升用户购物体验。

知识链接

如何优化网站栏目结构

简洁明了：避免过多的层级和复杂的分类，保持结构简洁，方便用户迅速获取所需信息。

逻辑清晰：确保栏目之间的逻辑关系清晰，方便用户理解和导航。

易于搜索：为栏目设置合理的关键词和描述，便于搜索引擎和用户检索到相关内容。

更新和维护：定期检查和更新栏目结构，确保其与网站主题和内容保持一致。

3.　网站页面优化

网站页面优化是指通过对网站的首页、栏目页、专题页、内页等进行优化，以提高网站在搜索引擎中的排名，吸引更多的用户访问网站，提升网站的用户体验和转化率。网站页面的优化直接与用户体验和搜索引擎的抓取效果相关，并影响最终的销售效果。网站页面的优化方法如表3-1所示。

表3-1　网站页面的优化方法

优化类型	优化方法
页面标题优化	保持标题的独特性与准确性，提升标题的吸引力；控制标题字数，以适应搜索引擎的显示要求；避免在标题中堆砌关键词，保持语句通顺
页面描述优化	网站描述是指网页头部的description标签，用一段文字来介绍网站主要内容。描述网站内容时，应当突出网站的特色内容，语言流畅通俗易懂
页面关键词优化	页面关键词主要是用来描述一个网页的属性。关键词要与网页核心内容相关，并且是用户通过搜索引擎检索的常用词语
H标签	H标签是HTML网页中对文本标题进行着重强调的一种标签，有\<h1\>~\<h6\>6种不同的级别，用来呈现页面内容的层级。为了突出目标关键词，在使用H标签时应在\<h1\>标签或\<h2\>标签中包含关键词，但只能使用一次。其他层级的H标签对搜索引擎优化的影响较小，应少用
图片alt属性	图片alt属性是HTML中img标签的一个属性，主要用于对网页上的图片进行描述。优化图片alt属性可以提高网站的可访问性、用户体验和搜索引擎排名。优化图片alt属性需要综合考虑图片内容、用户需求和搜索引擎规则，以提高网站的可访问性、用户体验和搜索引擎排名

4. 内部链接优化

网站的内部链接简称网站内链，是指在一个网站域名下的不同内容页面之间的互相链接，内链可以分为通用链接和推荐链接。合理的内链布局有利于提高用户体验和搜索引擎蜘蛛对网站的爬行索引效率，利于网站权重的有效传递，从而增加搜索引擎的收录与提升网站权重。内部链接的优化方法如表3-2所示。

延伸学习

网站内链优化的
作用

表3-2　内部链接的优化方法

优化方法	具体描述
建立网站地图	网站地图是一个包含所有网站页面链接的列表，可以帮助搜索引擎更好地了解网站的结构和内容，提高网站的可访问性和搜索引擎排名
使用关键词链接	在网站内部链接中使用关键词，可以帮助搜索引擎更好地理解网站的内容
使用锚文本	在网站内部链接中使用锚文本，可以帮助搜索引擎更好地理解链接的内容
避免死循环和死链接	死循环和死链接会影响用户体验和搜索引擎抓取，需要避免
控制内部链接的数量	不要过度使用内部链接，以免干扰用户浏览和搜索引擎抓取
保证链接的有效性	定期检查内部链接的有效性，确保链接指向的页面存在并且内容有价值

5. 外部链接优化

外部链接优化是指通过建立高质量的外部链接，提高网站在搜索引擎中的排名和权重，从而吸引更多的流量和潜在客户。外部链接优化可以从以下几个方面着手：第一，尽量保持外部链接的多样性；第二，寻找高权重的资源网站、行业相关网站和新闻门户网站等高质量的外部链接；第三，加强社交媒体营销，社交媒体是获得高质量外部链接的重要途径之一。

6. 网站内容优化

很多人认为只要进行了搜索引擎优化就可以提升营销效果，实际上对于网络营销而言，基于网站内容的推广才是搜索引擎营销的核心。网站内容推广策略是搜索引擎营销策略的具体应用，高质量的网站内容是网站推广的基础。网上的信息通常并不能完全满足所有用户的需要，每增加一个网页的内容，就意味着为满足用户的信息需求付出了一点努力。因此，网站内容推广策略的基本出发点是可以为用户提供有效的信息和服务，无论用户通过哪种渠道访问网站，都可以获得尽可能详尽的信息。

阅读资料

搜索引擎优化效果评估的指标

1. 搜索引擎排名

观察网站在各大搜索引擎中的排名，排名越靠前，说明搜索引擎优化效果越好。

2. 关键词排名

关注网站在主要关键词搜索结果中的排名。如果网站在相关关键词搜索结果中排名靠前，则说明搜索引擎优化效果较好。

3. 反向链接数量

反向链接（Backlink）是指其他网站指向某网站的链接。在搜索引擎优化中，反向链接是非常重要的因素之一，被视为其他网站对某一网站内容的认可和推荐。如果一个网站有很多高质量的反向链接，搜索引擎会认为这个网站的内容是有价值的，从而提升其在搜索结果中的排名。

4. 网站流量

网站流量指通过搜索引擎或其他渠道访问网站的人数。企业通过观察网站流量的变化情况，可以评估搜索引擎优化的效果。

5. 站点转化率

站点转化率通常用于描述用户访问网站后，进行特定操作（如购买、注册、下载等）的比例。站点转化率越高，说明搜索引擎优化的效果越好。

3.3.3　关键词广告

关键词就是用户在搜索框中输入的文字，其形式多样，可以是中文、英文或中英文混合体，可以是一个字、两个字甚至是一句话。按照搜索目的不同，关键词大致可以分为导航类关键词、交易类关键词和信息类关键词。

关键词广告

关键词广告是当用户利用某一关键词进行检索时，在检索结果页面会出现的与该关键词相关的广告内容，如图 3-4 所示。由于关键词广告是在发生特定关键词检索时才出现在搜索结果页面的显著位置，所以其针对性比较高，被认为是性价比较高的网络营销模式，近年来成为搜索引擎营销中发展较快的一种营销模式。

用户通过关键词在搜索引擎中查找相关信息，这些相关信息能否被检索到与关键词的选择、使用直接相关。搜索引擎通过分析用户关键字、词、句的内容，种类和频率，可以直接分析用户的搜索行为，揭示用户的兴趣所在。

关键词广告的形式比较简单，不需要复杂的广告设计过程，因此极大地提高了广告投放的效率。同时，较低的广告成本和门槛使得个人店铺、小企业也可以利用关键词广告进行推广。关键词广告通常采用点击付费计价模式，企业只为点击的广告付费。

图3-4　百度关键词广告示例截图

关键词广告通常采用竞价排名的方式，是将出价高的关键词排在前面，这为经济实力较强而且希望排名靠前的网站提供了方便。企业可以方便地对关键词广告进行管理，并随时查看流量统计。传统的搜索引擎优化中缺乏关键词流量分析手段，并不能准确统计所有访问者来自哪个搜索引擎，以及使用的关键词是什么。而付费的关键词广告可以提供详尽的流量统计资料和方便的关键词管理功能，企业可以根据自身的营销策略更换关键词广告。

此外，基于网页内容定位的网络广告是关键词广告的进一步延伸，其广告载体不仅是搜索引擎搜索结果网页，也可以延伸到合作伙伴的网页。

案例分析

一个村庄与世界的互联

江西婺源县篁岭村是一个山清水秀的江南小乡村，这里远离城市的污染和喧嚣，空气纯净，地肥水美，风景如画。土生土长的篁岭人的祖辈以务农为生，靠天吃饭，老百姓的生产、生活条件也很艰苦。与外界相比，这里显得落后、闭塞，人们虽然拥有宝贵的旅游资源，却依然守着金饭碗过着苦日子。

2009年，婺源县乡村文化发展有限公司正式成立，怀揣光大篁岭之梦的曹锦钟成为公司的副总裁。公司成立之初，通过传统的宣传推广方式，篁岭村吸引了一些游客。但游客的数量远远没有达到曹锦钟的预期，而且大部分游客都来自江西本地及附近的几个省区市，这与把篁岭推向全国、推向世界的设想存在巨大差距。因此，找到切实有效的宣传推广方式成为公司的当务之急。

要让更多的人知道篁岭，就要让更多的人搜索到篁岭，而提到搜索，曹锦钟和公司首先想到的是百度搜索引擎。于是该公司尝试与百度搜索引擎进行合作，而这次合作让公司业绩得到了迅速提升。曹锦钟介绍，在与百度搜索引擎合作之后，该公司网站流量由每天的300人增加到900人，咨询电话由50个增加到200个，两年间就使篁岭景区的游客量和经营业绩翻了三番。

业绩的突飞猛进让每一个篁岭人都感到无比兴奋。然而走在景区中，曹锦钟又发现了一个有趣的现象，以前游客来景区带的多是相机，现在却是人手一个手机或者平板电脑，拍好照片后直接上传。这让他有了新的思考，即利用移动互联网的变化来提升篁岭景区的品牌知名度。

在移动互联时代，更好地抓住手机移动端的客户，将成为篁岭景区未来品牌营销的优势和成功的保障。因此婺源县乡村文化发展有限公司与百度搜索引擎进一步合作，开发手机移动客户端。游客可以通过手机搜索，快速找到景区的详细旅行攻略，并进行网络订票。自驾游的客人还可以通过地图软件直接导航到景区。

对于百度搜索引擎推广和移动推广带来的两次提升，曹锦钟很感慨："对于我们来说，百度搜索引擎就是一个万能的工具，它不仅让有需求的客户找到我们，而且我们也可以通过它去掌握更多的信息资源。"

篁岭从一个普通村庄到现在和全世界互联，实现了质的飞跃，给游客带来了科技化、人性化、智能化的国际化景区游览体验。更重要的是，篁岭老百姓的生活得到了巨大的改善。

案例分析：篁岭景区通过与百度搜索引擎的合作，大大提高了网站的搜索排名和流量。SEO 是一种提高网站在搜索引擎结果中排名的策略，对于吸引潜在游客和提高景区知名度非常有效。通过关键词优化和内容质量的提升，篁岭景区的搜索排名得到提高，从而吸引了更多的游客。篁岭景区与百度搜索引擎的成功合作，不仅提升了景区知名度，也使百度搜索引擎的用户体验得到了提升。这种合作是一种双赢的策略，双方都可以从对方的优势中获益。

3.3.4　搜索引擎营销产品深度开发

随着互联网技术带来的信息爆炸，用户对于信息的需求更加个性化。传统的搜索引擎大而全的信息内容与用户更加准确、深度的内容需求形成矛盾。因此，内容与用户精准连接并提升用户的搜索体验，成为现有搜索引擎产品功能突破的关键。

百度进一步加强搜索引擎的信息分发能力，与百度内容产生循环互补效应，以搜索引擎技术和手机百度 App 信息流为基础，通过"搜索+推荐"的方式分发百家号等自有内容和联盟内容，提升内容与用户的适配度和广告的转化能力。搜索引擎信息分发能力升级的背后是实时的匹配计算与动态建模，而这些功能依赖的是搜索引擎丰富的用户标签积累、自然语言处理以及深度学习等技术的应用。搜索引擎技术基因成为信息分发能力升级的关键因素。

谷歌正在加强移动搜索引擎对于信息、用户、服务之间的连接作用。例如，根据用户搜索食品的请求来前置食谱等相关信息，并且与周边餐厅的线下服务相结合提供 O2O 服务。在移动互联网时代，用户获取信息更加碎片化与场景化，搜索引擎将通过用户的搜索行为，将用户的需求与实体服务相结合，激活搜索引擎。

搜狐旗下的搜狗科技有限公司推出的搜狗知音引擎，是搜狗在"自然交互+知识计算"的人工智能战略下，自主研发的新一代智能语音交互系统。搜狗知音引擎集成了搜狗领先的语音识别、对话问答、机器翻译、语音合成等多项核心技术，为用户提供人机交互的完整解决方案。

搜狗知音引擎是一款主打语音交互技术的手机搜索引擎，可以做到识别速度更快、纠错能力更强、支持更加复杂的交互以及更加完善的服务能力。该技术致力于使人机交互更加自然，不仅"能听会说"，还具有"能理解会思考"的能力。

除了自有产品，如搜狗输入法、搜狗 AI 硬件、搜狗搜索、搜狗地图、搜狗百科等之外，搜狗知音引擎还在车载、智能家居、可穿戴设备等多样化应用场景上落地，与小米、海尔、创维、魅族、蔚来等多家企业合作，为行业和个人用户提供优质可靠的语音交互服务。未来，搜狗知音引擎将在物联网（Internet of Things，IOT）场景中得到更为广泛的应用，帮助用户实现万物语音互联的智慧生活。

延伸学习

如何进行搜索引擎营销

第一步，了解产品或服务针对哪些用户群体。例如，25～35岁的男性群体；规模为50～100人的贸易企业。

第二步，了解目标群体的搜索习惯。例如，目标群体习惯使用哪些关键词来搜索目标产品。

第三步，目标群体经常会访问哪些类型的网站？不同类型的网站如图3-5所示。

图3-5　不同类型的网站

第四步，分析目标用户最关注产品的哪些特性。例如品牌、价格、性能、可扩展性、服务优势等影响用户购买的主要特性。

第五步，竞价广告账户及广告组规划（创建Google及百度的广告系列及广告组，需要考虑管理的便捷性以及广告文案与广告组下关键词的相关性）。图3-6所示为Google广告规划。

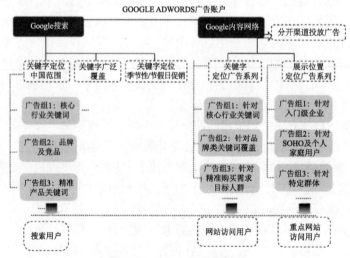

图3-6　Google广告规划

第六步，相关关键词的选择。我们可以使用谷歌关键词分析工具以及百度竞价后台的关键词分析工具，这些工具都是以用户搜索数据为基础的，具有很高的参考价值，百度竞价后台的关键词分析工具如图 3-7 所示。

图 3-7　百度竞价后台的关键词分析工具

资料来源：百度文库。

项目实训

【实训主题】熟悉百度搜索引擎

【实训目的】通过实训，熟悉百度搜索引擎的各项服务功能，掌握百度搜索引擎的使用技巧。

实训一：熟悉百度搜索引擎的各项服务功能

【实训内容及过程】

（1）以小组为单位，成立任务团队。

（2）通过文献研究、了解百度搜索引擎的各项功能。

（3）使用百度搜索引擎，体验各项服务内容。

【实训成果】完成百度搜索引擎的服务使用体验表（见表 3-3）的填写。

表 3-3　百度搜索引擎的服务使用体验表

百度搜索引擎服务项目	服务内容与功能	使用体验

填表说明：如因需要付费等问题无法使用某项服务，请注明原因。另外，根据服务项目的多少确定表格大小，表格内容不受本表格的限制。

实训二：熟悉百度搜索引擎的使用技巧

【实训内容及过程】

（1）通过文献学习，初步了解百度搜索引擎的使用方法。

（2）确定要搜索的关键词，完成常规搜索。

（3）分别尝试使用双引号搜索、括号搜索、加号搜索、减号搜索、限定字符搜索、限定域名搜索、限定 url 搜索、限定文档类型搜索、百度的高级语法"intitle、site、inurl"等搜索技巧进行关键词搜索。

（4）对比使用以上搜索技巧后发生的搜索结果的变化情况，撰写总结。

（5）在班级微信群分享总结，同学间进行讨论。

【实训成果】

请根据以上内容写作《百度搜索引擎的使用技巧总结》。

练习题

一、单选题

1. 根据（　　）的不同，搜索引擎可以分为大型综合类搜索引擎、专用搜索引擎、购物搜索引擎等。

  A. 使用端　　 B. 工作原理　　 C. 搜索内容　　 D. 使用原理

2. 搜索引擎工作流程的第一步是（　　）。

  A. 索引　　 B. 抓取网页　　 C. 搜索词处理　　 D. 排序

3. 用户在搜索引擎中检索信息都是通过输入（　　）来实现的，选择关键词是整个网站登录过程中最基本也是最重要的一步，是我们进行网页优化的基础。

  A. 产品词　　 B. 关键词　　 C. 地域词　　 D. 品牌词

4. 以下有关搜索引擎营销特点的描述错误的是（　　）。

  A. 以用户为主导　B. 按效果付费　C. 分析统计复杂　D. 用户定位精准

5. （　　）要尽量保持多样性，其类别有博客、论坛、新闻、分类信息、贴吧、知道、百科、相关信息等。

  A. 内部链接　　 B. 外部链接　　 C. 全方位链接　　D. 以上均不正确

二、多选题

1. 从工作原理的角度对搜索引擎进行分类，可将其分为（　　）。

  A. 分类目录式搜索引擎　　 B. 专用搜索引擎

  C. 集成搜索引擎　　 D. 全文检索式搜索引擎

  E. 元搜索引擎

2. 搜索引擎优化的方法包括（　　）等。

  A. 登录分类目录　　 B. 关键词优化

  C. 内部链接优化　　 D. 外部链接优化

  E. 网站页面优化

3. 关于搜索引擎的作用，说法正确的有（   ）。

   A. 作为市场信息发现的工具

   B. 作为信息传播的工具

   C. 企业对搜索引擎的利用能力，决定了企业的信息发现和市场运作能力

   D. 由于搜索引擎所采用的搜索技术、信息分类方式等会有所不同，这将影响信息查询的效率

   E. 搜索能力通常不会受到所选搜索引擎链接的信息资源数量和信息资源范围的影响

4. 通常搜索引擎登录审核需要提供（   ）等。

   A. 网站名称   B. 网站地址

   C. 关键词   D. 网站的描述

   E. 站长联系方式

5. 按照搜索目的不同，关键词大致可以分为（   ）。

   A. 产品类关键词   B. 导航类关键词

   C. 交易类关键词   D. 地域类关键词

   E. 信息类关键词

三、名词解释

1. 搜索引擎   2. 搜索引擎营销   3. 关键词广告   4. 网站页面优化

5. 外部链接优化

四、简答及论述题

1. 搜索引擎营销有哪几种主要模式？

2. 搜索引擎营销的特点主要有哪些？

3. 如何做好网站栏目结构优化？

4. 试论述搜索引擎营销得以实现的基本过程。

5. 试论述网站内部链接优化的方法。

案例讨论

两则百度搜索引擎营销投放案例

某口腔医院规模大，技术力量先进，通过创建多个账户，在百度上进行搜索引擎营销推广，获得了一批精准客户、医院的知名度也有了明显提升。

该医院的搜索引擎营销竞价推广选择百度搜索引擎是对各方面因素进行综合考虑的结果。百度平台大，对用户有较强的汇聚力和吸引力，曝光率高，可有效引导潜在用户。

经过 3 个月的投放，该口腔医院的推广数据整体质量有了很大提升，展现量从之前的924 次/周下降到 397 次/周，但点击率由之前的不到 20%增加到 58%。再结合来医院预约客户的成本对比，虽然搜索引擎营销投放比单纯的搜索引擎推广在成本上增加了 25%，但医院整体形象有了较大提升，且客户预约数量有了明显增长。

通过百度搜索引擎营销竞价推广，该口腔医院实现了客户的大幅度增长。

此外，某综合类大型招聘网站也通过百度搜索引擎营销竞价推广优化关键词排名，实现了预算的合理化安排。

该网站的注册用户量大，覆盖范围达全国重点一、二、三线城市。同时，该招聘网站的职业类型多种多样，覆盖各行各业，几乎包含所有的劳动力就业范围。

用户和就业范围广虽然意味着流量入口的多样化，但也制造了管理难题。全国各城市的人才需求量各有不同，因此网站需要有针对性地调整投放预算。

例如，北上广深等一线城市，行业选择多，同时也有其他的招聘网站与该网站竞争。所以，为了获得更好的排名，该网站在这些城市的投放预算需要明显高于二、三线城市。

针对这一特点，该网站开设多个百度账户，并根据城市建立推广计划，优化关键词排名。

之后，营销者先根据地域列出关键词图表，并将其复制到其他城市。在推广单元上，营销者依据关键词词性和词义分组。例如，"品牌词+上海""招聘网站名称+上海+职业""上海+品牌疑问词"等。一般而言，地域词、品牌词、疑问词、通用词是重点词，可以将词性类似的关键词放入一个推广单元。

无论是口腔医院还是大型招聘网站，它们都通过百度搜索引擎营销竞价推广实现了各自的目标。这两个案例虽然在具体实施细节上有所不同，但均体现了搜索引擎营销的有效性和灵活性。从提升医院的知名度和客户预约数量，到优化招聘网站的关键词排名和预算管理，搜索引擎营销都发挥了关键作用。总的来说，虽然不同行业和企业的情况各有差异，但搜索引擎营销的核心投放策略和数据分析思路是相通的，都可以为企业的发展提供强大的助力。

资料来源：渠成.全网营销实战[M].北京：清华大学出版社，2021,105～106.

思考讨论题：

结合案例，请谈谈搜索引擎营销推广的策略。

项目 4
App 营销

学习目标

【知识目标】

（1）理解 App 营销的概念。

（2）了解 App 营销的特点。

（3）熟悉 App 营销模式的分类。

（4）熟悉 App 营销的方法。

（5）掌握 App 营销的技巧。

【技能目标】

（1）能够根据企业实际情况为其开展 App 营销提供建议。

（2）具备 App 营销推广的能力。

（3）能够全面、客观地分析企业 App 营销效果。

【素质目标】

（1）建立 App 营销思维模式。

（2）提升对 App 营销的学习兴趣。

（3）培养利用 App 营销服务消费者的意识。

项目情境导入

近年来，随着人们对健康需求的不断提升，健身行业获得了蓬勃的发展。为解决健身行业的痛点，克服传统健身房费用高昂、时间固定及地点受限的弊端，"HW" 智能健身 App 应运而生。

HW 智能健身 App 的主要目标是吸引广大健身爱好者，尤其是那些希望在家就能有效锻炼的人群。HW 智能健身 App 提供了个性化的健身计划、实时教练指导、社区互动等功能，旨在为用户提供一站式的健身服务。

在营销策略方面，HW 智能健身 App 采取了如下策略：一是与健康食品品牌、运动装备品牌等进行合作，通过联合营销活动，增加 App 的曝光度。例如，用户在购买合作品牌的运动装备时，可以获得该 App 的优惠券或免费体验资格。二是在抖音、微博等社交媒体平台上发起 "HW 健身挑战赛"，鼓励用户分享自己的健身视频，并设置话题标签。参与的用户有机会获得该 App 内的虚拟奖品或实物奖励。三是根据用户反馈，不断优化该 App 的功能，提高用户体验。例如，增加语音指导功能，方便用户在锻炼时能够专心于动作；推出定制化健身计划，满足不同用户的需求。四是推出会员制度，提供高级健身计划、优先参加线下活动、专属教练指导等特权。通过限时折扣、邀请好友注册等方式吸引用户购买会员。

经过一系列营销活动，HW智能健身App的下载量、活跃用户数和用户满意度均取得了显著增长。合作伙伴推广和社交媒体挑战活动为该App带来了大量新用户；用户体验优化则提高了用户黏性，使用户更愿意长期使用该App；会员制度的推出则为该App带来了稳定的收入来源。

问题：为什么HW智能健身App能够获得成功？其营销策略对我们有哪些启示？

项目分析

互联网的发展深刻改变了人们的消费习惯，推动消费者逐渐从传统的线下实体店购物转向便捷的网络购物。随着移动网络的广泛普及和智能终端产品的不断迭代更新，网络购物的重心已从PC端转向移动端。因此，各大电商企业纷纷推出移动端App，使得App营销成为网络营销的又一风口。

那么，什么是App？什么是App营销？App营销有哪些特点？App营销有哪些模式？如何开展App营销？可借鉴的App营销实例有哪些？本项目将对以上问题进行解答。

任务 4.1　认识 App 营销

4.1.1　App 营销的概念

App是英文单词Application的简写，是指在智能手机上安装的应用程序。而App营销则是指企业利用App将产品、服务等相关信息展现在消费者面前，利用移动互联网平台开展营销活动。因为智能手机相对于传统计算机而言操作方式较为简便快捷，即使对计算机不熟悉的人，也能够快速、熟练地使用智能手机，这促进了App的快速发展。

App包含图片、文字、视频、音频等元素，同时相对于网页端具有信息精练、清晰的特点，所以受到越来越多人的欢迎。

例如，京东借助App的超高人气开展各项电子商务活动，推出了京东超市、京东金融、京东到家、京东农场等一系列App，全方位拓展业务领域。这些App将京东的营销从网页端拓展到移动端，不仅方便了老用户的使用，也帮助京东发展了更多的新用户。京东到家App如图4-1所示。

图 4-1　京东到家 App

4.1.2　App 营销的特点

和其他营销方式相比，App营销具有以下特点。

1. App 营销的推广成本低

App 营销的推广成本比较低，企业只需开发一个适合本企业的 App 投放到应用市场，在初期投入少量的推广费用，供用户安装使用。

2. 用户对 App 的使用持续性强

好的 App 在应用市场上的下载数量排名靠前，能够赢得更多更好的用户口碑，形成良性互动，使企业的 App 营销顺利开展。App 的使用体验好有利于形成用户黏性，同时用户还可能向身边的人推荐，更好地实现企业营销。

3. 销售人员利用 App 促进销售活动

除了针对消费者的 App，企业还有专为销售人员开发的辅助销售类 App。销售人员可以利用这类 App 进行商品库存、物流等信息的查询，从而更好地服务消费者，促进企业销售活动的开展。

4. App 包含的信息全面而广泛

App 中的信息展示形式多样，既有图文形式又有视频形式。App 中可展示详细的商品和售后等服务信息，以及消费者对商品的各种评价。借助以上信息，消费者可以全面、客观地了解企业和产品信息，从而做出购买选择。

5. 企业可以通过 App 来提升企业形象

企业可以通过 App 来传递优秀的企业文化、所承担的社会责任、以消费者为中心的经营理念等信息，潜移默化地影响用户，让用户使用 App 时接受企业的价值观，从而提升企业在用户心中的形象。

6. App 营销灵活度高

用户可以通过手机应用市场、企业网站推送和扫描二维码等多种方式下载企业的 App。企业可以随时在 App 中推送最新的商品信息、促销优惠、针对消费者的互动活动、针对老用户的回馈服务等。

7. 企业可以利用 App，通过大数据技术实现精准营销

大数据、云计算等信息技术已被应用到我们日常生活的方方面面。用户的每一次查询浏览、每一次点击关注、每一次购买行为都会被大数据记录。企业通过大数据分析，能对消费者的购买偏好、喜欢的颜色款式、能接受的价格、习惯使用的支付方式等信息进行精准定位，在消费者再次打开 App 时推送符合其审美喜好的相关商品，实现精准营销。企业还可以在 App 的用户界面中提供丰富的个性化信息，针对每一位用户提供符合其偏好的促销信息、优惠礼券、个性服务等，让营销效果最大化。

8. 企业利用 App 可以实现与用户的互动

企业可以利用 App 实现与用户的互动，从而提高用户的参与度和品牌忠诚度。例如，企业通过 App 向用户发送消息通知，使用户及时获取企业最新动态和优惠活动。又如，企业可以通过用户在 App 上的搜索历史和购买记录等数据，向用户推荐个性化的产品或服务，从而提升用户体验。此外，企业还可以在 App 中开发一些具有互动性的小游戏，吸引用户参与，增加用户黏性。如拼多多 App 上的多多果园、多多牧场、多多赚大钱、多多爱消除等不同类型的游戏。多多果园游戏、多多牧场游戏分别见图 4-2 和图 4-3。为了玩好拼多多

上的游戏，用户需要完成电商平台的任务，以便获得加速得到拼多多赠品的机会，同时拼多多平台也通过这种方式增强了用户黏性。

图 4-2　多多果园游戏

图 4-3　多多牧场游戏

4.1.3　App 营销模式的分类

App 营销模式大致可分为植入广告模式、用户参与模式和内容营销模式这三类，下面分别进行介绍。

1. 植入广告模式

植入广告模式是最简单的一种 App 营销模式，App 开发者可以直接将广告嵌入 App。用户打开 App 后，在首页或者相应的界面中就能看到广

微课堂

App 营销的模式

告内容。如果用户对广告感兴趣，可以点击广告了解详细内容，参与企业的营销活动；如果用户对广告不感兴趣，可以直接点击关闭按钮或者跳过广告。企业可以在下载量大的 App 中植入广告，以增加受众。但广告内容本身吸引人才是最重要的，精美的广告有时会使对产品本不感兴趣的用户成为潜在消费者。同时，企业要注意将广告投放到与自身产品或服务相关联的 App 中。例如，华为音乐 App 拥有许多青年用户，其中有许多音乐发烧友，他们对高品质的音响产品有较高的需求，因此在该 App 上比较适合投放与之相关的产品。图 4-4 所示为华为音乐 App 上的耳机广告。图 4-5 所示为华为运动健康 App 上的健身课程广告。

图 4-4 华为音乐 App 上的耳机广告　　图 4-5 华为运动健康 App 上的健身课程广告

2. 用户参与模式

App 营销的用户参与模式是指企业将自身开发的 App 发布到各大应用平台，供用户下载使用（见图 4-6）。用户参与模式 App 可进一步划分为网站移植类 App 和品牌应用类 App 两种。网站移植类 App 可以使用户获得等同于网页版的使用体验，虽然这类 App 中的信息可能不及网页端的信息全面详细，但用户可以迅速抓取重要信息。例如，天猫 App 页面简洁而信息全面，页面下方的天猫首页、购物车、个人页面等几个重要导航按钮完全可以满足用户的需要。品牌应用类 App 需要用户使用 App 来完成购买或消费，有的 App 甚至没有对应的网页版，这是因为其需要结合一部分手机功能来使用。例如，哈啰用户只有开启手机的位置服务功能，打开 App 对自己进行定位，才能搜索周围的共享单车进行使用。

用户参与模式具有很强的互动性。例如，天猫 App 在每年的"双 11"购物节期间推出"红包雨"等互动小游戏，用户点击手机屏幕上掉落的红包就能抢到相应的购物优惠券，同时还能将活动的链接在社交软件中进行分享，从而使更多的人看到这个活动。哈啰会在用户骑行结束后给用户发红包，用户可以通过微信将链接分享到朋友圈或分享给特定朋友，同时自己也可以领到一张骑行优惠券供下次使用，还可以吸引新用户通过链接页面中的下载按钮直接下载安装哈啰 App。由此，哈啰通过用户的分享达到了营销推广的目的。哈啰首页快照如图 4-7 所示。

3. 内容植入模式

App 营销的内容营销模式是指运营方通过优质内容吸引精准客户和潜在客户，以实现既定的营销目标。这种 App 营销模式通过在 App 上针对目标用户发布符合用户需求的图片、文字、动画、视频、音乐等以激发用户的购买欲望。在采用这种营销模式时，企业需要对目标用户进行精准定位，并围绕目标用户策划营销内容。例如，有一款叫作"汇搭"的 App，用户可以在其中搭配自己喜欢的服装，并与其他用户分享搭配经验。汇搭提供在线服装搭配工具，用户可以使用该工具查看自己已经购买的服装的款式、搭配服装的效果、搭配服装的价格等。此外，汇搭还具有在线销售功能，用户可以在该平台上购买搭配好的服装，也可以根据自己的需求进行搭配。这可谓是一种商家、消费者双赢的营销模式。

图 4-6　应用市场上的各种 App

图 4-7　哈啰首页快照

 **案例分析**

瑞幸咖啡 App 运营模式

瑞幸咖啡是一家体验式咖啡连锁店，它的发展受益于移动互联网技术的不断进步。随着消费者对高品质咖啡的需求日益增加，瑞幸咖啡利用其移动应用程序（App）创新的运营模式，改变了传统咖啡连锁店的经营方式，获得了高速的成长。

首先，瑞幸咖啡 App 的最大特点是可以实现在线下单和外卖送达。消费者可以通过瑞幸咖啡 App 在线下订单，实现自助点餐、支付、查看订单状态等功能，而且，消费者可以通过瑞幸咖啡 App 轻松寻找瑞幸咖啡店铺的位置，查看咖啡种类、口味和价格，并了解会员计划和优惠信息等。这种便利的消费方式吸引了许多忙碌的现代城市人群，尤其是年轻人。另外，瑞幸咖啡 App 还会通过直接推送营销活动信息来吸引消费者。消费者下单后，配送员可根据用户需求，通过瑞幸咖啡 App 将所选产品送到用户手中。

其次，瑞幸咖啡 App 还具有一定的社交和互动功能。它允许消费者将瑞幸咖啡店的位置和饮用咖啡的体验分享到社交媒体上，以达到通过社交媒体推广品牌的目的。此外，该App 还提供了一些用户互动的功能，如用户可以在线投票选择新口味、留下评论、建议和反馈等。

最后，瑞幸咖啡 App 还设有积分兑换功能和优惠券兑换功能，目的是激励消费者持续使用该 App。积分可以兑换咖啡和其他商品，优惠券则可以用于下一次购买。

案例分析：

瑞幸咖啡 App 的运营模式在消费者体验、社交和互动、忠诚度和品牌知名度等方面，充分体现了移动互联网的应用程序的特点及潜力。通过这种模式，瑞幸咖啡成功地吸引了消费者的注意力，实现了高速的发展。预计未来，利用移动互联网技术开发的其他应用程序也有望重塑传统行业的商业模式，创造更具互动性和社会性的消费体验。

任务 4.2　掌握 App 营销的技巧

4.2.1　把用户放在首位

在 App 营销中，企业要把用户放在首位，不断提高产品或服务的质量，让用户用得放心；企业还要做好客服关怀，让用户用得顺心。企业要以用户为中心，产品或服务主要围绕用户的体验来进行设计。用户带着愉悦的心情体验产品，自然会产生购买意愿。要做到把用户放在首位，企业就需要挖掘用户的根本需求。

把用户放在首位就是要针对用户的根本需求提供产品或服务。只有站在用户的角度和立场思考问题，找到用户的根本需求，企业才能提供让用户满意的产品或服务。企业可以通过以下几种方法找到用户的根本需求。

一是通过搜索引擎。企业如果想了解用户对某一产品最关心的问题是什么，可以在百度等搜索引擎中输入产品名称，搜索引擎会自动匹配一些常见的搜索关键词。

二是站在用户的角度审视产品。企业要把自己当成产品的用户，用挑剔的眼光审视自己的产品，努力发现产品的缺点，以便解决用户的痛点。

三是从市场中寻找用户的需求。产品获得成功要求企业有敏锐的洞察力发现市场中的"蓝海"。

四是邀请资深用户参与产品设计。资深用户的影响和作用不容小觑，他们是对产品有强烈喜爱、认同企业理念和价值观的积极用户，邀请他们参与产品的调研、设计、试用、修改，会产生正向的粉丝效应。

通过市场发现用户的根本需求，把用户放在首位，是 App 营销的出发点。这样才能形成差异，让产品脱颖而出，赢得用户的喜爱。

4.2.2　注重 App 品牌建设

品牌是一种识别标志、一种精神象征、一种价值理念，是企业产品或服务品质的核心体现。企业在开展 App 营销时，必须加强品牌建设工作，通过塑造卓越的品牌形象来赢得消费者的信赖，并以此保持长久的竞争优势。

在 App 营销中，品牌的核心价值体现在 App 的使用价值、情感价值、文化价值和核心优势这四个方面。

App 的使用价值是 App 营销的基础。一个功能强大、对用户友好的 App 能够解决用户的实际问题，满足他们的需求，是吸引用户下载和使用的基本因素。在 App 营销中，企业应突出展示 App 的实用性和便捷性，使用户明确了解到这款 App 能为他们带来哪些实际帮助。

情感价值是 App 营销的关键要素。通过设计富有创意的 App 界面、有趣的用户互动环节，以及推送有价值的营销信息，企业可以与用户建立情感联系，有效提升用户黏性和活跃度，进而促进品牌的口碑传播。开展 App 营销的企业要深入用户的内心，使其获得满意的情感体验。例如，M 公司的使命是始终坚持做"感动人心、价格厚道"的好产品，让每个人都能享受科技带来的美好生活。这一点配合其新品发售时别出心裁的营销策略，吸引了大批年轻的粉丝，这些人深度认同 M 公司的理念，成为 M 产品的忠实用户。

文化价值可以为 App 增添独特的魅力。企业在 App 中融入民族和地域的文化元素，不仅能够体现品牌的个性和特色，还能引发用户的文化共鸣，提升品牌的认知度和吸引力。例如，企业在 App 中设置与民族文化相关的主题、活动或内容，可以让用户在使用 App 的同时感受到浓厚的文化氛围。

核心优势是 App 在竞争激烈的市场中脱颖而出的关键。企业可以从 App 的功能创新、用户体验优化、安全保障等方面入手，打造独特的竞争优势。在 App 营销中，企业应明确并强调这些核心优势，提高用户黏性。

4.2.3 实施借力营销

站在巨人的肩膀上才能看得更远。移动互联网时代，市场竞争激烈，借力营销往往能事半功倍。

1. 找到合适的搭档，优势互补

合作是非常好的方式，不同领域的企业可以在 App 中联合，利用双方的用户群体进行引流，产生"1+1>2"的效果。

视野拓展

伊利公司的借势营销

伊利公司在 2022 年北京冬季奥运会期间的借势营销案例堪称业界典范，其营销策略紧密围绕奥运主题，展现了品牌的活力与温度，实现了品牌与奥运的深度融合。

2017 年 8 月，伊利成为 2022 年北京冬奥会和冬残奥会官方唯一乳制品合作伙伴，也是中国唯一同时服务夏季奥运会和冬季奥运会的乳制品企业。成为冬奥会官方合作伙伴后，伊利积极将自身的品牌营销和产品营销融入冬奥会推广中。

在营销创意上，伊利巧妙地运用了"100 天后见"的概念，推出了品牌宣传片。宣传片以一位名叫李福来（谐音"立 flag"）的姑娘为主角，她立下在 100 天减到 100 斤的目标，并以此话题传递"世上 99%的事，都能在 100 天内干出来"的积极信息。伊利以此鼓励大家用 100 天去实现自己的小梦想，与冬奥梦想同步冲刺。这种创意方式既符合奥运精神，又贴近消费者的日常生活，具有很强的感染力，很容易激起消费者的共鸣。

此外，伊利还通过一系列线下活动，与消费者建立更紧密的联系。例如，伊利在奥跑日前夕招募伊利奥跑团（伊利为这次营销活动而特别创建的一个团体名称）成员，通过 H5 互动、官方微博、微信和网络新闻等方式进行活动预热。在奥跑日当天，伊利通过微博行业先锋、微博段子手等对奥跑团的照片及趣图进行实时传播，引发广泛关注。奥跑日结束后，伊利又通过营销媒体微信进行传播，对品牌营销进行拔高升级。这些活动不仅提升了伊利的品牌形象，也增强了消费者对品牌的认知和信任。

在整个 2022 年北京冬奥会、冬残奥会营销周期中，伊利通过线上媒介的高位布局和线下卖场的深度渗透，实现了品牌传播的全方位覆盖。伊利全面占位#北京冬奥会#话题，从启幕到收官，霸榜冬奥会奖牌榜 17 天，与中国队历史性夺金时刻同框，占据社交热搜传播制高点。这种全方位的营销策略不仅让伊利公司在北京冬奥会期间大放异彩，也为伊利带来了可观的销售业绩和市场份额的增长。

借力营销还要注意以下几个问题：一是两个企业的 App 能够实现连通，或者借力企业的 App 能获得流量开放入口。例如，哈啰可以在支付宝第三方服务中直接找到，而支付宝"交通出行"中骑单车一项默认直接链接到哈啰；二是两个企业的业务领域可以形成优势互补，即借力企业的业务领域是被借力企业尚未涉及但感兴趣并愿意进行投入的领域，双方开展合作能够使借力企业能获得可观的流量，被借力企业则可以扩大自己的业务版图。三是需要广泛推广，企业可以不局限于一款合作 App，在市场竞争激烈的情况下，企业要善于发现商机。

2. 利用名人效应

名人的影响力要远远大于一般人，他们的一言一行都会受到公众和媒体的关注，尤其对其粉丝群体会产生巨大的宣传推动效应。企业根据所在行业及产品特色，可以邀请有影响力的名人代言 App，以起到良好的广告效应。例如，某青年影视明星被邀请作为百度 App 超级蜕变代言人，吸引了许多年轻人的关注。

4.2.4　高度重视差异化与创新

在当前激烈的竞争环境下，企业的 App 营销必须高度重视营销活动的差异化与创新。这不仅是市场竞争的必然要求，也是推动企业持续发展的核心动力。

差异化是企业保持 App 营销竞争优势的关键。在 App 营销中，差异化体现在多个层面，如 App 产品差异化、用户体验差异化、App 功能设置差异化等。企业需深入研究市场和用户，找准定位，确保自己的 App 在某些方面的绝对优势，从而形成独特的品牌形象和市场地位。例如，企业可以通过私人定制的方式在用户体验方面实现差异化，包括为不同的用户提供不同的服务，为某些 VIP 用户定制个性化的 App 首页、App 会员界面等。

创新是企业发展的永恒主题，企业要时刻将创新理念融入 App 营销之中。在 App 推广创新方面，企业可以借助新媒体对 App 进行广泛传播，运用互动式营销吸引用户关注等。在用户体验创新方面，企业可以通过不断优化 App 界面设计和交互流程，根据用户反馈和使用习惯进行调整，以提升用户操作的便捷性。同时，企业通过用户画像和数据分析，为用户提供定制化的内容推荐和服务，并结合不同场景为用户提供一站式服务体验。在服务模式创新方面，企业可以利用人工智能技术提供客服服务，快速响应用户的问题和需求，进一步提升企业的服务质量。在技术应用创新方面，企业可将各种新技术应用到 App 营销之中，如应用区块链及时提升 App 营销的安全性等。

任务 4.3　分析 App 营销应用实例

近年来，越来越多的 App 涌向市场，导致 App 同质化问题严重。如何做到在众多的同类 App 中脱颖而出，成为企业亟待解决的问题。下面分别介绍 3 款近年快速崛起的 App，希望能够给我们带来一些有益的启示。

4.3.1　拼多多 App 营销实例

拼多多创立于 2015 年 4 月，是一家致力于为广大用户提供物有所值的商品和有趣的互动购物体验的"新电子商务"平台。

拼多多通过创新的商业模式和技术应用，对现有商品流通环节进行重构，持续降低社会资源的损耗，在为用户创造价值的同时，有效推动了农业和制造业的发展。

拼多多的商业模式其实并不复杂，就是一种网上团购的模式，以团购价来销售某件商品。用户可以将拼团的商品链接发送给好友邀请其拼团购买，如果拼团不成功，拼多多会自动退款。许多人会在朋友圈、微信群转发拼多多团购的链接，这就使拼多多通过社交网络实现了一次裂变。

拼多多剑走偏锋，瞄准了被淘宝、京东忽略的三、四、五线城市人群，以低价吸引用户的关注。这样的超低价策略使得很多对价格敏感的人开始使用拼多多 App。

调研发现，拼多多有以下 3 类典型人群：

（1）没有网购经验的人群；

（2）在其他网购平台消费过，但未形成购买习惯的人群；

（3）使用其他网购平台满足不了需求的人群。

其实无论是天猫还是京东，满足的都是比较追求品质的人群的需求，但拼多多关注的是"能用就行"的基本需求。

拼多多的商业模式很简单：电商拼团、砍价。

与京东、淘宝等网购平台不同，拼多多的拼团购买能够让用户获得更优惠的价格，所以大部分人不会选择单独购买。付款后用户可以一键分享拼团，链接到微信等社交平台上，从下单到支付，再到最后离开拼单页面，每一个步骤都在暗示、引导用户分享。在完成拼团之后，用户还有机会获得团长免单券，这也是变相鼓励分享。这种看似简单的分享、拼团砍价模式，就是拼多多崛起的关键。

通过降价这种直接的方式，拼多多鼓励用户将 App 推广给更多的人，用户省了钱，拼多多获得了新用户，实现了双赢。

拼多多的拼团砍价模式通过结合拼团和砍价两种机制，实现了流量的精准裂变和商品的有效推广。这种模式不仅满足了消费者对低价商品的需求，还提高了销售效率和用户黏性，是拼多多取得成功的重要因素之一。

为了吸引更多商家入驻，拼多多采取了多种策略，如免除佣金和提供免费首页展示等，这些优惠措施成功地吸引了大量商家涌入。因此，从运营的角度评价，拼多多是成功的。

课堂讨论

拼多多的营销案例对我们有哪些启示？

4.3.2　小红书 App 营销实例

小红书是年轻人的生活方式展示平台和消费决策入口，于 2013 年在上海创立，致力于让全世界的好生活触手可及。在小红书上，用户通过短视频、图文等形式标记生活中的点滴。截至 2023 年 1 月，小红书的用户数超过 3.5 亿人，"90 后"及"00 后"是小红书的主要用户群体。在小红书社区，用户通过文字、图片、视频笔记的分享，记录了这个时代年轻人的正能量和美好生活。小红书旗下设有电商业务，通过机器学习对海量信息和用户进行精准、高效的匹配。2017 年 12 月 24 日，小红书被《人民日报》授予代表中国消费科技产业的"中国品牌奖"。2019 年 6 月 11 日，小红书入选"2019 福布斯中国最具创新力企业榜"。2019 年 11 月 5 日，小红书再次亮相中国国际进口博览会，并与全球化智库（Center for China and Globalization，CCG）共同举办"新消费—重塑全球消费市场的未来形态"论坛。

从 2013 年一份红遍网络的海外购物攻略，到如今集内容、电商、社交等功能于一体，吸引不同的年轻人纷纷在此标记日常生活的多元化社区平台，小红书以社区为阵地，不断拓展内容分享的种类和边界，构建起难以复制的商业闭环。

小红书在创立之初，是为了解决国人海淘、出国购物时信息不对称的痛点。早期，小红书邀请了很多旅居美国、日本、新加坡等地的人士撰写购物攻略。由于商品种类繁多、购物信息更新速度太快，小红书于 2013 年年底完成第一次转型，鼓励用户自己生产内容，以实现信息的多元化和高频迭代。

打开小红书 App 的首页，一篇篇图文并茂的笔记在记录购买心得、分享使用体验的同时，也搭建起小红书真实而多样的商品口碑数据库，成为用户购买决策中极为重要的一环。

目前，小红书社区每天产生数十亿次的笔记曝光，内容覆盖时尚、护肤、彩妆、美食、旅行、影视、读书、健身等各个领域。平台通过海量标注的数据及机器学习的方式进行内容分发，实现"千人千面"的精准匹配，以提升用户黏性和活跃度。

小红书能突出重围是因为踩对了 3 个时间点。一是海外购物，也就是背后的消费升级；二是移动互联网，小红书从一开始就发力移动端社区，顺应了潮流趋势；三是赶上了国家对跨境电商的政策支持。

课堂讨论

结合本案例，请你谈谈生活方式类 App 是如何开展营销活动的？

项目实训

【实训主题】App 的设计、开发与推广

【实训目的】通过实训，掌握 App 的设计、开发与推广策略。

【实训内容及过程】

（1）授课教师发布实训任务，要求同学们以小组为单位设计并开发一个简单的购物 App，主要功能包括浏览商品、搜索商品、购买商品、查看购物车、个人信息管理以及订单查看等。

（2）班级同学以小组为单位组建任务实训团队，并确定成员分工。

（3）各实训团队进行充分的市场调研和用户需求分析，确定 App 的核心功能和特色功能。

（4）各实训团队选择 App 设计网站，使用合适的开发框架和工具，实现 App 的各项功能。

（5）各实训团队进行严格的测试，确保 App 的稳定性和安全性，并发布到各大应用商店，进行市场推广。

（6）撰写实训报告，交由授课教师批阅。

【实训成果】

请根据以上内容写作《××App 的设计、开发与推广报告》。

练习题

一、单选题

1. App 营销主要以（　　）为主要传播平台，直接向目标受众定向和精确地传递个性化即时信息。

    A. 计算机   B. 手机   C. 微博   D. 互联网

2. App 营销的（　　）是指企业将自身开发的 App 发布到各大应用平台，供用户下载使用。

    A. 用户参与模式   B. 私人定制模式

    C. 植入广告模式   D. 内容植入模式

3. 植入广告需要通过用户对广告的（　　）来实现用户向消费者的转化。

    A. 内容   B. 品质   C. 趣味性   D. 点击

4. 哈啰 App 在用户完成骑行任务后，鼓励用户将平台奖励的骑车优惠券分享到朋友圈或分享给指定人，从而使更多的人使用哈啰。这种 App 营销模式属于（　　）。

    A. 线上营销模式   B. 名人代言的 App 营销方式

    C. 植入广告模式   D. 用户参与模式

5. App 营销的技巧包含多个，但（　　　）不是 App 营销推崇的技巧。

    A. 把用户放在首位　　　　　　　　B. 注重品牌建设

    C. 专注于自身的领域　　　　　　　　D. 高度重视差异化和创新

二、多选题

1. App 营销的特点主要包括（　　　）。

    A. 推广成本低　　　　　　　　　　B. 使用持续性强

    C. 开发周期短　　　　　　　　　　D. 增强用户黏性

    E. 可实现精准营销

2. 常见的 App 营销模式主要有（　　　）。

    A. 植入广告模式　　　　　　　　　B. 口碑相传模式

    C. 线下推广模式　　　　　　　　　D. 名人代言模式

    E. 用户参与模式

3. 企业可以通过下列哪些方法找到用户的根本需求（　　　）。

    A. 通过搜索引擎　　　　　　　　　B. 寻找市场中的"蓝海"

    C. 通过走访调查　　　　　　　　　D. 站在用户的角度给产品挑毛病

    E. 邀请粉丝参与设计

4. 在 App 营销中，品牌的核心价值体现在哪几个方面？（　　　）

    A. App 的使用价值　　　　　　　　B. App 的情感价值

    C. App 的文化价值　　　　　　　　D. App 的服务价值

    E. App 的核心优势

5. 下列有关 App 营销的说法正确的有（　　　）。

    A. 企业可以通过 App 来传递企业文化、企业的社会责任、企业理念等企业价值信息

    B. 植入广告模式是最简单的一种 App 营销模式

    C. 在 App 营销中，要把用户放在首位

    D. App 营销需要注重品牌建设

    E. 想在同质化的 App 中脱颖而出，必须采用模仿策略

三、名词解释

1. App　　2. App 营销　　3. 植入广告模式　　4. 内容植入模式

四、简答及论述题

1. 企业如何利用 App 实现与用户的互动？

2. 借力营销需要注意哪几个方面的问题？

3. App 营销的技巧主要有哪些？

4. 试论述 App 营销模式中的内容植入模式。

案例讨论

饿了么的 App 营销

现代生活节奏的加快，使得点外卖成为许多人生活的常态。而伴随着互联网科技的发展，方便快捷的外卖 App 则彻底颠覆了传统的电话订外卖的模式，成为外卖市场的主流。

饿了么在 2008 年创立于上海，经过多年的发展，目前已经是我国主流的本地生活平台之一。饿了么能取得如此地位，与其精准的 App 营销不无关系。

在成立之初，饿了么对目标市场的定位就非常明确，选择将大学校园作为业务开展的切入点和重点。一方面，大学人口集中，食堂虽然价格低廉，但是无法满足学生对就餐的多样性和可配送性的要求。另一方面，高校周围聚集着大量小型餐馆，它们受限于位置和距离，在经营过程中的主动性受到严重打击。而饿了么敏锐地发现了双方的需求，并将之转化为商机，架起了学生和周围餐厅之间的桥梁。饿了么选择将商机无限、潜力巨大的高校市场作为首先攻占的城池，展现了其营销过程中的目标市场定位和细分，即选择目标市场，并通过创造、传播和传递更高的顾客价值来吸引顾客。

饿了么准确把握用户对于服务的需要，并以此打开市场。例如，校园用户的优势在于群体性强，对新鲜事物的接受能力强，同时对于价格的敏感程度极高。饿了么很好地利用了用户的这一特点，采用各种促销手段，通过一系列的价格优惠来吸引、留住用户，如新用户下单优惠、各种赠饮打折活动等。除了线上的各种优惠活动，饿了么也十分注重线下的宣传，如"饿了别叫妈，叫饿了么"的宣传口号就十分形象生动，让人记忆深刻。这些手段对于增加用户以及增强用户黏性的作用巨大。

此外，饿了么还深刻理解目标市场的欲望和需求，提供良好的设计和服务，创造、传递顾客价值，实现了自身及利益相关者的双赢。打开饿了么 App 界面，系统能精确地定位用户所在的位置，自动搜寻附近的美食外卖，用户可以在线直接预订。而且，饿了么 App 中餐厅的列表以图片形式呈现，用户可以在购买之前看到外卖的内容介绍、点评以及照片等，这比很多实体店的服务还要到位、细致、贴心。另外，用户可以通过饿了么 App 获悉送餐时间，这对于追求效率的用户来说无疑十分具有吸引力。饿了么 App 根据用户和商户双方的需要，在系统页面上进行有针对性的优化设计，更好地服务用户。

饿了么不仅关注良好的用户体验，还致力于提供更好的顾客资产和品牌资产管理。在运营质量方面，饿了么平台有自建的配送队伍提供专业的配送服务。2023 年夏天，饿了么用"精准滴灌"方案来解决高峰期的骑手短缺问题，通过物流端与商家端的实时联动，进行骑手、订单的实时调动。饿了么还上线"食安服务" App，通过这款应用，饿了么可以将涉嫌食品安全违规的餐厅举报至监管部门，保证了用户的食品安全。饿了么在外卖配送和食品安全这两个方面的提升改进，对管理顾客资产和品牌资产的贡献巨大，也提升了用户对平台的信任度。

饿了么 2023 年二季度的财报显示，该季度收入增长 30%，订单增长超过 35%，平均订单价值在继续提高，消费者活跃度也在不断提升。

资料来源：百度文库、百度百家号。

思考讨论题：

1. 饿了么在初创阶段为何选择大学校园作为其主要的目标市场？这一选择对其后续的市场拓展和用户体验有何影响？

2. 饿了么如何通过其 App 设计和功能优化来满足用户和商户的需求？本案例给我们的启示是什么？

项目5
短视频营销

学习目标

【知识目标】

（1）理解短视频及短视频营销的概念。

（2）了解短视频营销兴起的条件。

（3）熟悉短视频营销产业链。

（4）熟悉短视频营销的模式与形式。

（5）熟悉主要的短视频平台。

【技能目标】

（1）能够完成短视频营销策划方案。

（2）能够为企业制定短视频营销实施策略。

（3）能够掌握短视频营销的基本技巧。

【素质目标】

（1）树立正确的短视频营销理念。

（2）培养对短视频营销的学习兴趣。

（3）提升法律意识，依法开展短视频营销活动。

项目情境导入

2022年9月7日，首届"京东农特产购物节"开幕。京东投入数亿元费用和资源，联合多地政府部门，深入全国2 000多个农特产产业带，致力打造高质量农产品，将丰收美味从田间地头送到全国各地消费者的餐桌，以此带动亿万农民扩大销售、增收致富。

丰收节期间，京东联手微信视频号共同发起2022"好物乡村"助农活动，构建短视频+直播矩阵，通过数字化新农具，助力优质农产品线上销售。2022年9月7日，视频号联合京东发起#我的家乡好物#短视频系列活动，5 000多微信生态达人通过镜头分享家乡好物，彰显了乡村振兴背景下新农人的真实风貌。除此之外，2022年9月23日，微信视频号上线丰收节助农直播专题，京东以官方视频号懂东东为核心，搭建助农直播矩阵，助力多个地标商家环比增长超10倍，真正实现了让优质原产地好物被看见，让消费者买得放心，吃得安心。

问题：结合本案例，请谈谈你对短视频营销的认识。

项目分析

在当前网络流量红利日渐消逝、网民注意力日趋分散的背景下，企业如何在短时间内引起用户关注，如何提高用户转化率已成为企业开展网络营销的关键所在。短视频的出现，满足了人们碎片化的阅读需求，因此越来越受到用户的欢迎。随着移动互联网技术的成熟与发展，以抖音、快手和B站等为代表的短视频平台开始崛起，推动了短视频营销的飞速发展。这些平台为企业提供了全新的营销渠道，使得企业能够更加精准地触达目标受众，实现高效的用户转化。

那么，什么是短视频营销？短视频营销有哪些优势？主要的短视频平台有哪些？主流的短视频平台各有何特点？短视频营销该如何实施？短视频营销可采取的策略有哪些？本项目将分别对以上问题进行解答。

任务 5.1　认识短视频及短视频营销

5.1.1　短视频的含义与特点

1. 短视频的含义

短视频是指在各种新媒体平台上播放的，适合在移动状态和短时间休闲状态下观看的高频推送的、时长从几秒到几分钟不等的视频。短视频是一个相对的称谓，与之对应的是中视频和长视频。

知识拓展

短视频内容的类型

中视频的时间界定一般在几分钟到半个小时，叙述的故事较为完整。在形式上，短视频以竖屏为主，而中视频绝大部分是横屏。中视频的创作有一定的门槛，原创内容较多，对创作人员的要求较高。

长视频的时长一般不低于 30 分钟，主要由专业的公司制作完成，其特点是投入大、成本高且拍摄时间较长。长视频涉及的领域广泛，典型的表现形式是网络影视剧。长视频的传播速度相对较慢且社交属性较弱。

2. 短视频的特点

（1）生产流程简单，制作门槛低

传统长视频生产与传播成本较高，不利于信息的传播。短视频大大降低了生产传播的门槛，即拍即传，随时分享。而且短视频实现了制作方式简单化，一部手机就能完成拍摄、制作，上传分享。目前主流的短视频平台的功能简单易懂、使用门槛较低，添加现成的滤镜等特效能使制作效果更加丰富。

（2）时长短，内容精

短视频的时长通常在几秒到几分钟之间，符合现代人快节奏、碎片化的阅读习惯，同时其内容经过精心策划和剪辑，简洁直接，便于观众快速理解和消化。短视频通过快速剪辑、动态特效制作，以及音乐和字幕等元素的配合，形成快节奏且吸引人的呈现方式，能够迅速吸引大量的用户。例如，某旅游短视频通过快速切换不同景点的美丽画面，配合动感的音乐和精简的字幕，能够让观众在短短一分钟内感受到异域风情，这种快节奏的呈现方式非常吸引人。

（3）可选择性强，发布渠道广

从内容生产角度来看，在自媒体时代背景下，短视频生产者既可以是一般用户，也可以是专业机构。这使得企业在考虑短视频制作时有了更多选择，既可以选择成本较低的介入方式，也可以选择在创意、制作和推广上专业度更高的机构。此外，短视频分发平台众多，竞争激烈，也为企业提供了更多的发布渠道。

（4）承载信息丰富，极具个性化特征

相比图文内容，短视频信息承载量大，绝大多数短视频软件自带滤镜、音效、美颜、变声等特效，符合当前年轻人个性化、多元化、时尚化的需求，使用户可以自由表达自己的想法和创意，视频的内容更具个性化。短视频将声音、图形和文字组合在一起产生情境，可以让用户更真切地感受到内容的传递，更容易使用户产生情感的共鸣，是更具表达力的内容形态。

（5）社交属性强

短视频不是长视频的简单缩减版，而是社交的延续，是一种信息传递的方式，短视频内容通常聚焦于技能分享、幽默搞笑、时尚潮流、街头采访、公益教育等大家比较感兴趣或关心的热门话题，而且具有点赞、评论等互动功能，增强了用户的参与感和分享积极性。

5.1.2　短视频的发展历程

短视频在我国的发展大致可以分为以下五个阶段。

第一阶段，萌芽期（2011 年）：2011 年 3 月，"GIF 快手"出现，其最初是一款用来制作、分享 GIF 图片的手机应用。2012 年 11 月"GIF 快手"转型为短视频社区，给我们带来了新奇的产品体验，但此时并没有形成市场规模，短视频发展还处在萌芽时期。

第二阶段，蓄势期（2012—2015 年）：美拍、秒拍、微视以及小咖秀等短视频平台的出现使短视频产品进一步完善，市场规模不断扩大。

第三阶段，爆发期（2016—2017 年）：抖音凭借算法等技术以及头条产品导流横空出世，各大互联网巨头都开始布局短视频业务，以抖音、快手为代表的短视频应用获得了许多资本的青睐，这期间也有依靠短视频爆火的 papi 酱掀起了自媒体入局短视频的浪潮，最终在众多的短视频 App 中，形成"南抖音北快手"的局面，短视频行业也进入高速发展时期。

第四阶段，成熟期（2018—2019 年）：抖音、快手头部优势明显，进一步拓展新业务，开始进入直播电商领域，商业变现模式也逐渐成熟，用户快速增长。

第五阶段，沉淀期（2020 年至今）：进入 2020 年，短视频行业已经进入沉淀期，新进入赛道的平台发展难度逐渐加大。而头部平台的规模优势显现，并且相继寻求资本化道路，行业竞争格局分明。

总的来说，短视频行业已发展得非常成熟，已形成完整的一套产业链，头部产品抖音和快手在保持核心业务稳步提升的前提下也在探索其他新机会。

我国短视频的发展历程如图 5-1 所示。

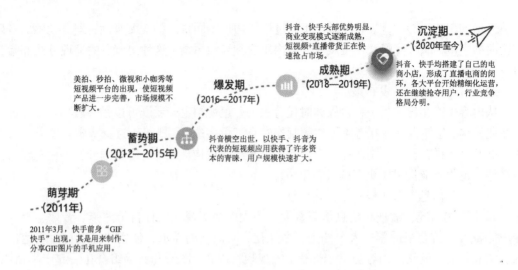

图 5-1　我国短视频的发展历程

 **延伸阅读**

短视频未来的发展趋势

随着行业的快速发展，更多的平台和营销者纷纷"入局"，短视频的覆盖范围急速扩张，影响力也越来越大。短视频依托 4G 移动网络技术，用户规模增长迅速。随着 5G 移动网络技术的介入，移动端的网速大幅提升，费用不断下降，这些变化极大地推动了短视频业务的发展。未来还可通过智能技术和虚拟现实技术的应用，提升短视频的内容丰富度和用户交互度。

1. 短视频行业热度不减，市场规模仍将维持高速增长

短视频作为新型媒介载体，能够为众多行业注入新活力，而当前行业仍处在商业化道路探索初期，行业价值有待进一步挖掘。随着短视频平台方发展更加规范、内容制作方出品质量逐渐提高，短视频与各行业的融合会越来越深入，市场规模也将维持高速增长态势。

2. MCN 机构竞争加剧，内容趋向垂直化、场景化

当行业发展趋于成熟，平台补贴逐渐缩减，MCN 机构的准入门槛及生存门槛将逐步提升，机构在抢夺资源方面的竞争日益加剧。通过场景化、垂直化的内容进行差异化竞争将是众多 MCN 机构的主要策略。

3. 短视频存量用户价值凸显，稳定的商业模式是关键

目前，大部分短视频平台基本完成用户积淀，未来用户数量难以出现爆发式增长，平台的商业价值将从流量用户的增长向单个用户的深度价值挖掘调整，然而用户价值的持续输出、传导、实现都离不开完善、稳定的商业模式。

4. 短视频营销更加成熟，跨界整合是常态

短视频营销在原生内容和表现形式方面的创新和突破更加成熟化，跨界整合也将成为常态。通过产品跨界、渠道跨界、文化跨界等多种方式，将各自品牌的特点和优势进行融合，突破传统固化的界限，发挥各自在不同领域的优势，从多个角度诠释品牌价值，加强用户对品牌的感知度，并借助短视频的传播和社交属性，提升营销效果。

5. 短视频平台价值观逐渐形成，行业标准不断完善

行业乱象频发凸显了短视频平台在发展过程中存在的缺陷和不足，倒逼其反思自身应当肩负的社会责任。随着技术的不断进步以及社会各界的持续监督，短视频平台价值观也将逐渐形成和确立，行业标准不断完善。

6. 新兴技术助力短视频平台降低运营成本、提升用户体验

5G 商用加速落地，会给短视频行业带来一波强动力，加速推进行业发展。人工智能技术的应用有助于提升短视频平台的审核效率，降低运营成本，提升用户体验，同时能协助平台更好地洞察用户、更快地推进商业化进程。

5.1.3 短视频行业产业链

短视频行业产业链主要包括上游内容生产方、中游内容分发方和下游用户终端。内容生产方主要分为 PGC（Professional Generated Content，专业生成内容）、PUGC（Professional User Generated Content，专业用户生产内容/专家生产内容）和 UGC（User Generated Content，用户生成内容）三大类；内容分发方包括短视频平台、新闻资讯平台、社交平台、传统视频平台等。此外，产业链参与主体还包括基础支持方（如技术服务提供商、数据监测商等）、广告商和监管部门等。

目前，短视频内容分发平台参与者众多，移动短视频平台有抖音、快手、腾讯微视频、梨视频等；内容分发平台主要有社交类应用如微信、QQ、新浪微博，资讯类平台如头条、网易、腾讯资讯等；此外，传统视频平台通常也涵盖短视频内容分发业务，如爱奇艺、腾讯视频等。我国短视频产业图谱如图 5-2 所示。

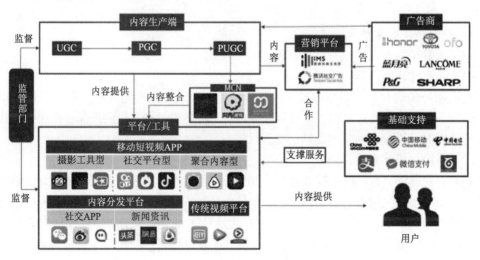

图 5-2 我国短视频产业图谱

5.1.4 短视频营销的概念及兴起条件

1. 短视频营销的概念

短视频营销是"短视频"与"互联网"的完美结合，不仅继承了视频内容的短小精悍、感染力强、形式多样、创意新颖等优点，还融合了互联网营销互动性强、传播速度快、成本

低廉的特质，因而更易于精准切中目标受众需求，巧妙渗透产品，有效传递品牌理念。

2. 短视频营销兴起的条件

短视频营销的兴起，离不开网络环境的改善、视频制作技术和大数据技术的支持。在网络环境方面，不断迭代优化的数据传输速度和网络环境降低了用户的使用成本，提高了短视频播放的流畅度，为用户带来了更加优质稳定的使用体验，这为基于移动数据端的短视频营销提供了最基础的保障。在视频制作技术方面，人脸识别技术和增强现实（Augmented Reality，AR）等技术的应用，为短视频的制作提供了更多的创意发挥空间。在大数据技术支持方面，通过大数据算法实现的智能推荐技术，能够更好地实现短视频营销内容与用户的精准匹配。

5.1.5　短视频营销的模式与形式

1. 短视频营销的模式

短视频营销的模式主要有广告植入式、场景式以及情感共鸣式等。广告植入式营销比较好理解，即在短视频中植入广告，通过短视频传播给目标受众，以宣传品牌和促进销售。场景式营销是指实施短视频营销的企业，通过在短视频中营造特定的购物场景，给用户以身临其境的感受，从而达到营销目的的一种新型的网络营销方式。情感共鸣式营销是指企业从用户的情感需求出发，借助短视频引发用户的情感共鸣，从而实现寓情感于营销的一种营销方式。例如，中国人有着很深的乡愁情结，因为乡愁不仅是人们对家乡的怀念，而且还蕴含着人们对过去美好的时光、情景的怀念。一些企业借助乡愁题材创作短视频，将购买家乡产品塑造为人们寄托乡愁的象征，很好地将产品与思乡之情融为一体，极大地激发了用户的购买欲望。

2. 短视频营销的形式

短视频营销的形式主要有以下两种。

（1）自有账号的内容营销

自有账号的内容营销是指开展短视频营销的企业或个人在短视频平台上开设账户进行营销活动。企业或个人通过精心策划短视频内容，将镜头对准自己的产品，在加入一些个性化元素的同时，再配合对应的促销信息。

（2）借助自媒体开展营销

随着自媒体的兴起，越来越多的企业或个人开始借助它开展短视频营销活动。借助自媒体开展营销的形式又可分为以下两种。一种是由品牌方发起某一活动，借助短视频平台和视频达人的影响力，带动粉丝参与；另一种方式是品牌方与高水平的短视频创作者合作，在UGC和PGC作品中巧妙植入营销信息，以实现品牌宣传、产品推广等营销目标。

任务 5.2　熟悉短视频营销平台

5.2.1　短视频平台的类型

短视频平台可分为工具类短视频平台、聚合类短视频平台和社交类短视频平台。工具类短视频平台指的是以视频剪辑功能为主的短视频平台，代表性的平台主要有小影、faceu（激萌）、小咖秀、美拍、小红唇；聚合类短视频平台是指主打特定领域的短视频平台，具有代表性的平台是梨视频、B站、各新闻客户端内嵌小视频；社交类短视频平台一般指的是具有社交属性、视频拍摄、购物等多种功能的短视频平台，主要代表有抖音、快手、秒拍等。主要短视频平台的上线时间如图5-3所示。

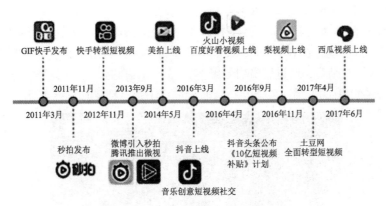

图 5-3 主要短视频平台的上线时间

5.2.2 主要的短视频平台

1. 抖音

抖音是北京字节跳动科技有限公司旗下的一个专注年轻人音乐短视频分享的平台，用户可以在该平台上选择歌曲，拍摄音乐短视频，形成自己的作品。自2016年9月正式上线以来，抖音发展迅猛。2017年8月，抖音海外版上线。2017年11月，今日头条以10亿美元收购美国知名短视频网站Musical.ly，交易后今日头条将其与抖音海外版合并。2019年12月，抖音入选2019中国品牌强国盛典榜样100品牌。2020年1月8日，火山小视频和抖音正式宣布品牌整合升级，火山小视频更名为抖音火山版，并启用全新图标。

2020年4月21日，QuestMobile发布的《2020中国移动互联网春季大报告》显示，截至2020年3月，抖音月活跃用户数达到5.18亿人，同比增长14.7%，月人均使用时长为1709分钟，同比增长72.5%。如今，抖音已经成为短视频的头部平台。2023年3月，抖音的月活跃用户已达7.02亿人，渗透率仍在不断提升。

在发展初期，抖音的重心是打磨产品，不断优化产品的性能和体验，如增加各种特效、滤镜、贴纸和拍摄手法，提升音质和画质，使视频加载和播放更加流畅，视频拍摄更简单、更有趣味。抖音还增加了查找通讯录好友，邀请QQ好友和微博好友的功能，以激励用户自发传播。在打磨产品的同时，抖音邀请了一批中国音乐短视频制作者入驻，吸收了一批关键意见领袖所带来的流量。

抖音进入爆发式增长阶段后，其工作重心是运营推广，同时进一步提高产品性能，打造更帅更酷的视频玩法，为用户提供更流畅的应用体验。例如，抖音大手笔投资了多个综艺节目，在北京举办抖音iDOU夜年度狂欢嘉年华等；新增各种3D抖动水印效果、3D贴纸和酷炫道具，不断提升美颜、滤镜效果，让用户制作出更完美的作品；开发抖音故事、音乐画笔、染发效果和360度全景视频功能，加入AR相机等更多有趣玩法，以便用户创作出更有趣的作品。

近年来，抖音注重线上与线下营销生态的融合，借助线下扫码构建新的场景营销，通过私域粉丝经济助力商家经营增长。例如，抖音生活服务餐饮行业线下扫码业务，通过随机立减、用户补贴、粉丝私域运营激活、创新 IP 玩法支持、门店店员激励的组合拳，为商户快速带来精准的品牌粉丝；通过线上内容运营高频触达目标人群，提升消费频次，构建完善的线下场景营销生态，反哺线上经营增长。

在 2024 年平台春节大促期间，线下扫码业务重点品类零食、火锅、甜品、水果、饮品、西式快餐均有不俗表现。在春节期间 K22 酸奶草莓品牌，利用抖音平台的春节免单活动补贴，结合门店涨粉激励赛，通过店员引导顾客扫码下单，既提升了粉丝数量，又实现了扫码 GMV 环比增长 313 万的佳绩。K22 与抖音联合的线下推广活动如图 5-4 所示。

图 5-4　K22 与抖音联合的线下推广活动

抖音定位为年轻人的音乐短视频社区，35 岁以下用户占大多数。抖音的用户大致可以分为内容生产者、内容模仿者和内容消费者 3 类。其中内容生产者在音乐和短视频创作上有很高的热情和专业度，短视频质量较高且多为原创。内容生产者是抖音上的红人，粉丝众多，很多人背后有团队支持。他们致力于打造个人品牌，也会花精力运营粉丝社群。内容模仿者是指通过模仿比较火爆的原创短视频来推出自己的作品的一部分用户。这类用户的表达意愿强烈，希望展现自我以增加知名度。还有一类用户被称为内容消费者，绝大多数抖音用户都属于这一类。他们没有什么表达的意愿，从不或很少发自制视频，刷抖音就是为了休闲娱乐和打发时间。针对这 3 类不同的用户，抖音设计了多个功能，以满足用户的不同需求。例如，针对内容消费者，抖音会根据用户的喜好自动推荐用户感兴趣的作品，从而做到"你看到的都是你想看到的"，大大提高了用户的黏性。

抖音的崛起，一是跟智能手机的普及有着重大的关系，二是抖音团队通过各种辅助的方式和手段，降低了拍摄短视频的难度。用户既可以选择歌曲，又可以通过视频拍摄快慢、视频编辑、视频特效等技术，使视频更具有独特的风格。

截至 2023 年年底，抖音月活用户规模超 7.5 亿人。短视频种草，直播拔草，抖音生态已形成商业闭环，所以超级个体户、多平台布局已成为抖音发展新趋势，直播电商的玩法也丰富多彩。2024 年是抖音上线第 8 年，抖音的内容形态从最开始的 15 秒短视频，到如今包括中长视频、图文、直播等各类不同的体裁。用户可以在抖音上看到几乎所有类型的内容，不仅有音乐舞蹈，还有大量知识、生活经验、戏曲、传统文化、公开课等优质内容。

2. 快手

快手是北京快手科技有限公司旗下的产品。快手的前身是"GIF 快手"，诞生于 2011 年 3 月，最初是一款用来制作、分享 GIF 图片的手机应用。2012 年 11 月，快手从纯粹的工具应用转型为短视频社区，成为用户记录和分享生产生活的平台。随着智能手机的普及和移动流量成本的下降，快手在 2015 年迎来了高速增长。

2015 年 6 月，快手用户数量突破 1 亿人，完成 C 轮投资，估值 20 亿美元。2016 年 4 月，快手的注册用户数达到 3 亿人。2016 年年初，快手上线直播功能，并将直播低调地放在"关注"栏里，直播在快手仅具有附属功能。2017 年 3 月，快手获得 3.5 亿美元融资，由腾讯领投。2018 年 4 月，快手宣布再获新一轮 4 亿美元融资，依然由腾讯领投。2018 年 9 月 14 日，快手宣布以 5 亿元流量计划，助力 500 多个县的优质特产推广和销售，帮助当地农民致富。2018 年 9 月 21 日，快手举办"首期快手幸福乡村说"活动，借助农村短视频直播达人的特产销售经历，宣传"土味营销学"（见图 5-5）。

图 5-5 快手幸福乡村带头人计划

2019 年 10 月 1 日，央视新闻联合快手进行"1+6"国庆阅兵多链路直播。快手官方数据显示，自 2019 年 10 月 1 日早 7 点正式启用多链路直播间技术，至 2019 年 10 月 1 日 12 点 50 分阅兵仪式直播结束，央视新闻联合快手"1+6"国庆阅兵多链路直播间总观看人次突破 5.13 亿，最高同时在线人数突破 600 万人。2019 年 12 月 25 日，中央广播电视总台与快手在北京举办联合发布会，正式宣布快手成为 2020 年春节联欢晚会独家互动合作伙伴。2020 年 5 月，快手与京东商城就电商直播业务达成战略合作，通过快手直播购买京东自营商品将不需要跳转。2020 年 7 月 22 日，快手大数据研究院发布《致披荆斩棘的你——2020 快手内容生态半年报》。报告显示，2019 年 7 月至 2020 年 6 月，有 3 亿用户在快手发布作品，30 岁以下用户占比超 70%；2020 年 1—6 月，快手短视频类型占比中，记录生活的作品数占比 29.8%。2019 年 12 月，快手公布直播日活跃人数超 1 亿人，在这次报告中，该项数据已更新至 1.7 亿人。截至 2023 年第二季度，快手的平均日活跃用户及月活跃用户达 3.76 亿人及 6.733 亿人，分别同比增长 8.3%及 14.8%，用户规模创历史新高。

在用户爆发式增长期间，快手在产品推广上没有刻意地策划时间和活动，一直依靠短视频社区自身的用户和内容进行运营，走的是平民化的运营路线。在快手上，用户可以用照片和短视频记录自己的生活点滴，也可以通过直播与粉丝实时互动。快手的视频内容覆盖生活的方方面面，用户遍布全国各地。在这里，人们能找到自己喜欢的内容，找到自己感兴趣的人，看到更真实有趣的世界，也可以让世界发现真实有趣的自己。快手满足了被主流媒体和主流创业者忽视的普通人的需求，是一个为普通人提供的记录和分享生活的平台。快手不与"网红"主播签订合作条约，不对短视频内容进行栏目分类，也不对创作者进行分类，强调人人平等，不打扰用户，是一个用短视频的形式记录和分享普通人生活的平台。

因为均属于头部的短视频平台，人们常会把快手和抖音进行对比，不少人认为两者大同小异，其实在产品定位、目标用户、人群特征和运营模式方面，两者之间的差异还是很大的。表 5-1 所示为快手和抖音的对比。

表 5-1　快手和抖音的对比

对比项目	快手	抖音
产品定位	记录、分享和发现生活	音乐、创意和社交
目标用户	三、四线城市和农村用户居多	一、二线城市和年轻用户居多
人群特征	自我展现意愿强，好奇心强	碎片化时间多，对音乐有一定的兴趣
运营模式	规范社区、内容把控	注重推广、扩大影响范围

资料来源：郑昊，米鹿. 短视频策划、制作与运营. 北京：人民邮电出版社，2019：23.

2024 年 2 月 7 日，快手大数据研究院发布《2023 快手年度数据报告》（以下称报告）显示，2023 年全年有超过 1.38 亿用户首次在快手平台发布短视频，源源不断的创作者持续涌入，显示快手作为数字社区具有强大的生命力和吸引力。

根据报告，2023 年坚持 365 天每天在快手发布短视频的创作者人数增幅高达 61%。他们之中既有优质的头部创作者，也有坚持通过创作优质内容撬动生意的电商商家，更有许多普通人，他们把快手当作日记本，在上面记录和分享每日的生活。

在快手，创作者可以通过电商、直播、广告商单、知识付费等丰富的变现渠道获得收入，不同内容方向创作者的收入结构也各有特色。报告显示，时尚创作者的电商收入占总收入比重最高，游戏创作者的广告商收入占总收入比重最高，而教育创作者的知识付费收入占总收入比重最高。

3. 微视

2013 年，腾讯公司推出腾讯微视，将其定位为 8 秒短视频分享社区。用户可以通过微信、QQ 和 QQ 邮箱账号登录微视。同时微视也与微信、微博联动，支持分享短视频到微信对话、微信朋友圈以及腾讯微博。当时短视频还没有大火，不过腾讯微视仍凭着下载量一度稳居 App Store 免费榜前列。但好景不长，2014 年 4 月，微视的视频上传和用户活跃度都在下降，用户黏度降低，微视步入瓶颈期。2014 年 7 月，腾讯微博事业部降级到腾讯新闻部，本来和腾讯微博同属一个部门的微视独立出来。2015 年 3 月，微视产品部被降级并入腾讯视频，微视基本被边缘化，逐渐淡出人们的视野。2017 年 3 月，腾讯宣布正式关闭微视。

随着人们获取信息的方式逐渐趋向于碎片化，短视频这块"蛋糕"越做越大。短视频行业越发兴盛，社交流量开始向短视频市场转移，社交市场的存量之争使腾讯不得不再次进军短视频行业。在此情况下，腾讯开始加大补贴，重新上线全新改版的腾讯微视。腾讯微视除了延长视频时长和在原有的滤镜、字幕中加入新元素，还增加了原创大片、音乐秀 MV、对口型等多种功能。腾讯微视 logo 如图 5-6 所示。

图 5-6　腾讯微视 Logo

2023 年腾讯 Q2 财报显示，微信及 WeChat 的合并月活跃账户数为 13.27 亿。目前公众号与视频号、小程序"三位一体"构成微信平台生态圈。依托微信庞大的用户群，视频号总用户使用时长同比几乎翻倍，该阶段视频号广告收入超过 30 亿元。

课堂讨论

焕河村是位于贵州省铜仁市德江县大山深处的一个土家族村寨，该村庄至今保留着青瓦房、青石路、古井、古树等古村特色。2018 年，一个"85 后"年轻人丁浪的到来改变了这个安静的小村庄。丁浪凭借多年的电商经验，以焕河村当地的特产、美食和风景为素材，先后打造了两个抖音账号"黔东农仓"和"古村乐乐"（现已更名为爱莲涛涛），直接带火了焕河村。2021 年 8 月，焕河村每天会迎来近八百位游客。两个月累计接待游客 5 万余人。截至 2024 年 3 月 20 日，两个抖音账号的粉丝总计高达 341 万。焕河村从几乎无人问津到成为"网红打卡地"，离不开丁浪对当地传统文化特色的挖掘和宣传，以及短视频平台发挥的强大传播能力。

结合案例，请讨论经济落后但具有自身文化特点的乡村该如何利用短视频平台发展旅游行业。

5.2.3　短视频平台账号的运营流程

在短视频平台上运营短视频，一般要遵循如下流程。

1. 注册并进行账号认证

短视频运营者要开始从事短视频运营，首先需要建立自己的账号，可以在各大短视频平台上（比如抖音、快手等）注册账号并进行账号认证。认证后平台可以给账号曝光度加权，使其更容易得到粉丝的关注。

2. 包装账号

为获得平台的认可、提升用户关注度和账号的权重，账号需要进行包装。账号首先要有明确的定位，在此基础上选择合适的行业赛道，然后进行账号信息的完善，包装的基本信息包括头像、昵称、简介、主页封面、视频封面。

3. 养号

养号是短视频运营必须要做的一件重要工作。具体的做法主要有关注同行账号和一些热门话题视频；与其他用户互动，对视频进行点赞、转发、评论、关注等。在养号期间，短视频运营者不要着急发布广告和视频，可以去多个短视频平台学习其他用户的优秀作品。

4. 内容创作和制作

接下来，短视频运营者需要准备好短视频的内容。短视频的内容可以是自己拍摄的，也可以是转发的有趣、热门的短视频，还可以是对他人视频进行编辑、加工后的短视频。在准备内容时，短视频运营者需要关注视频内容的创意和吸引力，同时也要控制好发布时间，并对是否侵犯版权进行审核。

5. 运营推广

发布内容后，短视频运营者需要根据平台算法进行传播和推广。短视频运营者可以通过合理设置标签、标题、描述等方式使作品更易于被推荐，从而增加短视频的播放量。短视频运营者可以多关注一些同类型的优质账号，了解并借鉴他们的运营方式，并与他们保持交流。

6. 数据分析和优化

数据分析是短视频运营中非常重要的一环。短视频运营者可以通过数据分析工具（清博大数据、飞瓜数据、卡思数据、乐观数据等）了解短视频的传播效果、用户行为、转化率等，并分析交互、播放量、粉丝数等数据，了解自己的优势和不足，从而对短视频的内容推广、用户互动等方面进行优化，调整运营策略。

短视频运营是一项需要耐心和热情的工作。短视频运营者需要不断地学习和提升自己的能力，才能在激烈的竞争中脱颖而出。

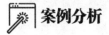 **案例分析**

每日优鲜的短视频营销

生鲜电商"每日优鲜"在2018年新年期间发布了自己的品牌视频广告，在获得关注后，携手某社会化媒体资源平台，邀请了4位网络名人，围绕传播主题进行二次创作，实现了又一轮传播。

其短视频以"为爱优选，家常不寻常"为主题，将每日优鲜的代表性商品黄花鱼、粳稻米、车厘子融入内容，通过细腻的表达方式，促进每日优鲜知名度的增长，在目标用户中得到了迅速传播。

4位关键意见领袖在原视频基础上进行了二次解读和创作，拍摄了4个短视频。

第一个短视频围绕"答应女孩子的事，无论付出多大代价都要做到"的主题，构思了一个为了保证自己妻子吃到新鲜车厘子而与人"混战"的故事，短视频内容幽默搞笑，充满创意，播放量超过700万次。

第二个短视频的主角走访了国外一家养老院，探望该养老院里的中国老人，并带去了家乡的黄花鱼和大米，给养老院里的中国老人带来了春节惊喜，与每日优鲜的"为爱优选"相呼应。该短视频获得了微博小时榜第2名、微博总榜第10名的成绩。

第三个短视频的故事情节是儿子在城市中每日忙碌地工作，而父亲独自一人留守农村，过着粗茶淡饭的生活，每日优鲜成了父子团聚的一个纽带，粳稻米、黄花鱼等家常食材展现了饭桌上的父子情深。在短视频传播期间，播放量超过1 300万次。

第四个短视频的内容为3种智利车厘子的创意美食做法，将美食与亲情融合，用趣味的方式展现与家人一起制作而诞生的美食，与每日优鲜"为爱优选，家常不寻常"的主题相呼应。在短视频传播期间，播放量超过855万次。

案例分析：每日优鲜此次短视频营销取得成功的原因在于4个短视频的拍摄质量、画面和剪辑等方面都非常优秀，选择的4位网络名人具有相当可观的影响力和热度，并且在原短视频基础上进行解读，内容各有亮点，通过故事演绎、美食教学等方式，让每日优鲜以内容定制、口播、植入等形式进行了传播，涵盖了短视频营销的多种手段，这使品牌展示更突出。

任务 5.3　实施短视频营销

5.3.1　短视频营销的实施流程

延伸学习

短视频营销效果的
评估指标

短视频营销的实施主要包括以下流程。第一步是确定营销目标，并在基于对产品和市场竞争环境、市场定位、市场细分和目标市场选择分析的基础上制定短视频营销计划和营销策略。第二步是选择短视频发布的平台。在选择发布平台时应全面分析平台的定位、用户规模、用户黏性、人群特征和运营模式等，以便从中遴选最适合本企业产品开展短视频营销的平台。第三步是制作短视频。这一阶段的具体工作包括短视频策划、短视频脚本撰写以及短视频的拍摄和后期剪辑等。第四步是传播短视频。除了在短视频平台上发布，企业还要充分利用其他途径广泛传播，以提高短视频的曝光率，争取吸引更多的目标受众观看。第五步是做好粉丝的拓展与维护工作，可以采取组建粉丝交流社区、与粉丝在留言区互动、有奖转发等多种方式增加粉丝黏性。第六步是对短视频数据进行分析，包括分析短视频被平台推荐的情况、用户点击观看的次数、完播率和用户的点赞、评论和转发的情况等。这些数据是企业今后改进和优化短视频营销的重要依据。

5.3.2　短视频营销的实施策略

1. 短视频整合营销传播策略

整合营销是对各种营销工具、营销手段的系统化结合，注重系统化管理，强调协调统一。应用到短视频营销中的整合营销传播，不仅体现在工具和手段的整合上，还需要在整合的基础上进行内容传播。以用户为中心，以产品或服务为核心，以互联网为媒介，整合短视频营销和传播的多种形式和内容，达到立体传播的效果。在通过互联网进行短视频营销的过程中，企业可以整合线下活动资源和媒体进行品牌传播，进一步增强营销效果。

2. 短视频创意策略

短视频创意策略是一种具有创新性的营销策略，要求短视频的内容、形式等突破既有的思维方式，从构思、执行、宣传到发布的每一个环节都可以体现创意。

在内容方面，经典、有趣、轻松且具有故事性的短视频，往往更容易激励用户主动分享和传播，从而形成病毒式传播。在构思短视频内容时，为了快速获得关注和热点，企业可以利用事件进行借势，开展事件营销。

在形式方面，如今的短视频形式非常多元化，企业只有将精彩的创意内容与恰当的短视频形式相搭配，才能获得更好的传播效果。例如，追求格调和品位的短视频，可以借鉴电影的叙事方式和表现手法，以便为观众带来独特的视觉体验；定位为幽默、点评的短视频，采用脱口秀式的表达方式更为贴切，更容易获得观众的认可。

3. 短视频互动体验策略

短视频互动体验策略是指在短视频营销过程中，企业及时与用户保持互动和沟通，关注用户的体验，并根据他们的需求提供更多的体验手段。

短视频互动体验营销的前提是要有一个多样化的互动渠道，能够支持更多用户参与互动。为了提升用户的体验，企业需要综合设计短视频表达方式，如通过镜头、画面、拍摄、构图、色彩等专业手法制作短视频，为用户提供美好的视觉体验；为了拉近用户的心理距离，企业可以用贴心的元素、贴近用户的角度、日常生活中的素材制作短视频。另外，企业还需要通过平台与用户保持直接的互动，包括引导用户评论、转发、分享和点赞等，使用户可以通过多元化的互动平台表达自己的看法和意见。

延伸阅读

《后浪》的短视频营销

短视频的内容对短视频营销成功与否至关重要。在 2020 年五四青年节到来之际，短视频平台哔哩哔哩（Bilibili，简称 B 站）发布了"献给新一代的演讲"——《后浪》，《后浪》在 B 站上的预播海报见图 5-7。在激昂有力的声音中，《后浪》犹如给青年们的一封信，激荡起青春之声。

图 5-7 《后浪》在 B 站上的预播海报

演讲中，振奋人心的语句比比皆是，如"所有的知识、见识、智慧和艺术，像是专门为你们准备的礼物""从小你们就在自由探索自己的兴趣""年轻的身体，容得下更多元的文化、审美和价值观""这是最好的时代，这也是最好的青春"……如同 B 站与青年的一次对话，让人沉思青春的价值、成长的意义。也正是如此，《后浪》获得了广泛刷屏，见图 5-8。

图 5-8 《后浪》获得了广泛刷屏

回顾《后浪》刷屏轨迹，在没有任何"预热"的情况下，2020 年 5 月 3 日 B 站直接上线《后浪》视频，并联合央视新闻、光明日报等重要媒体共同发布。随后，《后浪》广告片出现在中央电视台的综合频道。微博中各类大 V 迅速转发，在短视频平台中频现#后浪#、#奔涌吧后浪#标签，并引发诸多二次创作。截至 2020 年 5 月 9 日，《后浪》在 B 站的播放量已超 1 500 万次，#献给新一代的演讲#话题#在微博中阅读量超 5 亿人次，在抖音平台中，#后浪话题#已获得约 1 326 万人次的阅读量。

无论从哪个方面评定，《后浪》的发布无疑为 B 站破圈立下了汗马功劳，成为了一次可圈可点的视频营销。通过重磅的正能量内容，加上媒体的集合曝光，为视频内容的传播打下了坚实的基础，为 B 站辐射到了不同层面的用户。

5.3.3 短视频营销的实施技巧

短视频营销是一种全新的营销方式，有着鲜明的特点。在开展短视频营销活动时，短视频运营者应用以下 3 种技巧有助于提升短视频营销的效果。

微课堂

短视频营销的实施技巧

（1）与网络达人进行深度合作，实施精准营销的定向推广策略。这里的网络达人是指在某一领域较为专业且在网络上具有广泛影响力和粉丝基础的短视频博主。网络达人拥有强大的社交网络，并善于与粉丝和其他网络用户进行互动和交流。出于对网络达人的信赖，很多网络消费者在尝试购买新产品时，都会参考网络达人的意见。因此，企业可借助这些网络达人在相关社交平台上汇聚关注度，并依托其广泛的粉丝基础开展定向营销活动。在短视频营销实践中，不少企业或品牌商在推出新品之前，往往会主动寻求与网络达人合作。

例如，YSL 在某年秋冬系列口红新品上市时，特别邀请了 10 位在腾讯微视上具有影响力的网络达人，为新款口红拍摄推广短视频。YSL 将这些短视频进行整合后利用闪屏形式进行推广导流，在网络达人信誉背书的加持下，短视频中推广的口红新品迅速成为热销商品。这种企业与网络达人深度合作的新型短视频营销方式，充分借助了达人们强大的网络影响力和号召力，不仅提升了产品的曝光度和知名度，还增强了受众对品牌及产品的信任，从而激发了消费者的购买欲望并大幅提高了产品的销量。

（2）构建话题属性，推动短视频社交。短视频发展至今，功能逐渐强大，单向的传播已经满足不了受众的需求，只有具备话题属性才能引起他们的兴趣。如果品牌抓住了这样的机遇，不仅能让受众充分参与到品牌的创意中，使品牌的影响力得以延续，还能推动短视频社交的发展，让受众以"合拍视频"会友，找到志同道合的群体。

例如，某运动品牌代言人 H 携手腾讯微视，发起斯凯奇熊猫舞挑战赛。"魔性"的熊猫舞一上线就引起粉丝广泛的讨论，各路"大神"纷纷上线与 H 合拍斗舞，一决高下。

（3）鼓励用户参与互动，使品牌形象深入人心。随着短视频平台的崛起，用户的注意力已经渐渐地从文字、图片过渡到了视频。微信也推出了小视频功能，这说明视频时代已经到来。认识到这一趋势后，M 手机就在美拍里鼓励用户"卖萌"，而且要求极其简单，用户发送短视频并加话题 #卖萌不可耻# 即可参与，同时要求用户关注 M 手机的美拍官方账号。在短短几天内，#卖萌不可耻#话题的相关美拍视频播放量就突破了 1 000 万次。

M 手机通过激发美拍用户来积极参与创造内容，使品牌形象更深入人心，引发的用户原创内容（User Generated Content，UGC）模式对 M 手机的品牌营销起到了强有力的曝光作用。

而在腾讯微视上，M 手机同样发布了几个短视频。这些短视频都有一个共同点：将产品融入创意的整体。这样会引发受众更多的联想，如用品牌名称来做联想创意。这些短视频不仅吸引了用户的注意，同时也增加了 M 手机与用户群体的互动。

由于短视频这一载体的特殊性，短视频营销的角色不再拘泥于以往的"品牌"或者"代言人"。品牌也可以是话题的发起者、参与者，因此品牌的植入可以做到更加自然和隐性，也给品牌留下了广阔的营销发挥空间。在形式和内容上，短视频较之传统图文更富有旺盛的生命力。在千禧一代的网络目标受众中，这种新兴的媒体形式更容易抓取他们日益分散的注意力，并吸引他们参与营销。

在如今的移动端时代，短视频营销已经一跃成为时代的宠儿。短视频营销在传播力方面有巨大的优势，在保持自身长处的同时，能充分吸收其他媒体的特点，成为集百家之长的新兴营销载体，是整个互联网生态链的重要一环。

但同时，无论是何种形式的营销，其前提都是依靠好的内容，"内容为王"是不变的准则，所以在短视频领域，内容精品化将是一个长期趋势。另外，在市场趋势下，短视频如何与其他业态融合发展，如何通过多种多样的玩法实现营销的效果最大化，也是品牌方需要重点思考的问题。

项目实训

【实训主题】抖音短视频营销

【实训目的】通过实训，掌握抖音短视频营销的策划与实施。

【实训内容及过程】

假设你是某办公用品企业的短视频营销人员，现公司在抖音平台注册了短视频账号，需要你负责该账号的运营与推广。为此，你需做好以下准备工作。

（1）定位抖音账号。在对抖音账号进行定位前，需要先分析该行业的目标用户，及其对办公用品的需求，发现自身的优势；同时，需要在抖音平台搜索本行业的其他品牌，分析其市场定位。在完成以上工作的基础上结合本企业的特点，为本企业的抖音账号进行定位。

（2）策划拍摄方案。根据本企业在抖音账号的定位，再结合产品特色、品牌形象等，选择合适的角度，构思短视频的脚本，确定拍摄的场景、道具以及拍摄工具、背景音乐等；再根据短视频内容选择合适的滤镜，及短视频后期处理软件等。

（3）制定品牌账号打造方案。打造品牌账号，吸引抖音用户关注，再通过与粉丝之间进行互动，增强粉丝黏性，达到更好的营销效果。

【实训成果】

请根据以上内容写作《抖音短视频营销策划及实施方案》。

练习题

一、单选题

1. 长视频的时长一般不低于（　　），主要由专业的公司制作完成。

　　A. 5 分钟　　　　　　B. 15 分钟　　　　C. 30 分钟　　　　D. 45 分钟

2. （　　）是一个专注年轻人音乐短视频分享的平台。

　　A. 快手　　　　　　　B. 抖音　　　　　　C. 哔哩哔哩　　　　D. 微视

3. 2012 年至 2105 年是我国短视频发展的（　　）。

　　A. 萌芽期　　　　　　B. 蓄势期　　　　　C. 爆发期　　　　　D. 沉淀期

4. （　　）强调人人平等，不打扰用户，是一个用短视频的形式记录和分享普通人生活的平台。

　　A. 抖音　　　　　　　B. B 站　　　　　　C. 西瓜视频　　　　D. 快手

5. 实施短视频营销的第一步是（　　）。

　　A. 选择短视频发布的平台　　　　　　B. 制作短视频

　　C. 确定营销目标　　　　　　　　　　D. 传播短视频

二、多选题

1. 短视频的内容一般聚焦于（　　）等大家都感兴趣或关心的话题。

　　A. 技能分享　　　　　　　　　B. 幽默搞笑

　　C. 时尚潮流　　　　　　　　　D. 街头采访

　　E. 公益教育

2. 短视频平台可分为（　　）这三类。

　　A. 工具类短视频平台　　　　　B. 聚合类短视频平台

　　C. 创作类短视频平台　　　　　D. 社交类短视频平台

　　E. 娱乐类短视频平台

3. 以下属于主要的短视频平台的是（　　）。

　　A. 抖音　　　　　　　　　　　B. 快手

　　C. 腾讯微视频　　　　　　　　D. 微信

　　E. 爱奇艺

4. 短视频营销的模式主要有（　　　　）。

    A. 内容生产式　　　　　　　　　　B. 广告植入式

    C. 场景式　　　　　　　　　　　　D. 情感共鸣式

    E. 内容分发式

5. 抖音的用户大致可以分为（　　　　）。

    A. 内容搬运者　　　　　　　　　　B. 内容消费者

    C. 内容模仿者　　　　　　　　　　D. 内容监督者

    E. 内容生产者

三、名词解释

1. 短视频　　2. 短视频营销　　3. 社交类短视频平台　　4. 短视频创意策略

5. 短视频互动体验策略

四、简答及论述题

1. 短视频的特点主要有哪些？

2. 短视频营销兴起的条件是什么？

3. 在短视频平台上运营短视频的流程是什么？

4. 试论述短视频营销的模式。

5. 试论述短视频营销的实施策略。

案例讨论

B 企业的短视频营销

在 2021 年七夕节期间，B 企业发布了一个预告视频，并附带话题活动"此生相遇便是团圆"，激励用户参与活动。截至 2021 年 10 月 21 日，该话题的微博话题阅读量已超 7 800 万人次，今日头条话题阅读量已超 7 795 万人次，抖音的话题视频播放量达 5.4 亿次。

1. 背景

B 企业经常在传统节日开展营销活动，账号不仅自制相关主题的视频，还以诱人的奖励激励用户参与活动。这次"此生相遇便是团圆"营销活动便是在传统的七夕节开展的。2021年 8 月 11 日，即七夕节前两天，B 企业分别在抖音和微博上发布了"此生相遇便是团圆"的预告视频。短短 35 秒的预告视频展现了诸多场景，从青年情侣到中年夫妻再到老年伴侣，展现了不同年龄段的感情矛盾和爱情故事。这个预告视频在抖音发布仅一天，便达到了 55万点赞量。

2. 形式

2021 年 8 月 12 日，B 企业分别在抖音和微博上发布了长达 4 分 18 秒的正片视频，视频主题为"爱是难题，爱是答案"，并发布了话题任务，在抖音上，用户只要拍摄并发布与爱情相关的视频，并带上"此生相遇便是团圆"的话题，@B 企业账号，就有机会获得 B 企业提供的现金大奖。在微博上，用户评论并转发该话题视频，也有机会获得 B 企业提供的"家圆·团圆礼盒"。数据显示，无论是在抖音上还是在微博上，该话题都带来了较高的用户参与度和较大的互动量。

3. 主题

自古以来，爱情都是老生常谈却又经久不衰的话题，而爱情与家、团圆、房子等元素又有着密不可分的联系。B 企业的正片视频"爱是难题，爱是答案"，从视频内容上来看，几乎不含有任何广告元素和营销成分。视频主题清晰，画面高清，转折合理，文案打动人心，俨然是一部精心策划的微电影，很多用户在评论区纷纷表示"很受打动""完全看不出是一个广告"。从视频开头的"爱情不是童话故事的结尾，而是真实生活的开端"，到结尾的"爱情，让人心有所属；房子，让人身有所安"，B 企业在七夕节这一特殊节日，通过对爱情的细腻刻画引起用户的情感共鸣，从而表明 B 企业的品牌理念，完成品牌角色的感知与塑造。虽然没有明显的营销性质，但视频和活动带来的传播效果非常理想。

思考讨论题：

B 企业曾多次发起短视频营销活动，都取得了不错的传播效果。请分析其背后的原因。

项目 6
直播营销

学习目标

【知识目标】

（1）理解直播与直播营销的含义。

（2）熟悉直播营销的方式。

（3）了解直播营销的产业链与收益分配模式。

（4）熟悉直播营销活动的规划与设计。

（5）掌握直播间互动营销的要点。

【技能目标】

（1）能够根据企业实际情况为其设计直播营销方案。

（2）能够作为主播完成一次直播营销活动。

（3）掌握直播间互动营销的基本技巧。

【素质目标】

（1）树立正确的短视频营销和直播营销理念。

（2）培养对短视频营销和直播营销的学习兴趣。

（3）提升综合素质，打造良好的主播人设。

项目情境导入

2023年11月12日零点，一年一度的"双11"购物节落下帷幕。天猫方面数据显示，截至2023年11月11日零点，402个品牌成交额破亿元，38 600个品牌同比增速超过100%。其中，国货品牌全面爆发，243个国货品牌进入"亿元俱乐部"。

在2023年"双11"正式打响前，众多国货品牌已经在互联网上火出圈。蜂花、白象、郁美净、回力等老牌国货"杀"入直播赛道，产品频频登上热搜榜单。2023年9月11日，在蜂花近95小时的超长直播中，观看人次超3 994万，销售额超2 500万元，新增粉丝276万。郁美净连夜注册抖音账号，一天涨粉超80万，直播10小时销售额超100万元。活力28品牌直播间同时在线人数超10万，大部分产品被抢购一空。

2023年10月31日晚8点，天猫"双11"大促正式开始，国货品牌战绩亮眼：85个品牌开卖即破亿元，超7万个国货品牌首日成交额翻倍。在美妆行业，佰草集成交额增长315%，花知晓成交额增长689%，可复美成交额增长1 745%；在家居行业，老牌国货一骑绝尘，林氏木业、源氏木语、全友等品牌成交额率先破亿元。

京东销售数据显示，2023年10月23日晚8点"双11"活动全面开启后10分钟，国货美妆品牌珀莱雅成交额同比增长 70 倍,国货品牌蜂花、郁美净成交额分别同比增长 20 倍和 10 倍。

问题: 结合案例,请你谈谈国货品牌如何借力直播营销来提升销量和影响力。

项目分析

在当前视频移动化、资讯视频化、视频社交化和营销社交化、场景化的趋势下,直播营销成为网络营销的新风口。自 2019 年以来,直播带货被越来越多的商家所重视,成为众多商家销售产品的重要渠道。

那么,什么是直播及直播营销?直播营销有哪些优势和不足?直播营销的方式有哪些?直播营销的产业链有哪些类型?如何策划直播营销活动?如何开展直播间互动营销?本项目将对以上问题进行解答。

任务 6.1 认识直播与直播营销

6.1.1 直播的含义与发展历程

1. 直播的含义

一提到直播,很多人就会想到网络直播,甚至认为直播就等同于网络直播。其实在网络直播尚未诞生之前,就已经有了基于广播和电视的现场直播形式,如体育赛事的直播、春节联欢晚会的直播以及新闻直播等。只不过受限于传统媒介的传播特点,直播远不如今天这样普及和火热。进入网络时代后,越来越多的直播开始借助网络平台以网络直播的形式出现,因此直播渐渐成为网络直播的代名词。

网络直播是一种高互动性的视频娱乐方式和社交方式,具体形式包括电商直播、游戏直播、才艺直播、综艺直播、资讯直播和体育赛事直播等。借助网络直播平台,网络主播可以将现场情况实时传输给目标受众,并与目标受众进行交流互动。网络直播具有直观形象、互动性强等优点,如今已成为大众娱乐消遣、获取信息的重要途径之一。

2. 直播的发展历程

我国网络直播的发展经历了起步期(2005—2013 年)和发展期(2014—2015 年)之后,在 2016 年迎来了爆发期,各种网络直播平台如雨后春笋般涌现出来。在爆发期这一阶段,网络直播向泛娱乐、"直播+"演进,其巨大的营销价值开始显现。

延伸学习

直播发展的
1.0—4.0 时代

随着移动智能终端的普及,移动网络拥有规模庞大的用户群体,主要依托移动终端的直播逐渐成为当前网络直播的主流。

6.1.2 直播营销的含义、优势与不足

1. 直播营销的含义

直播营销是指开展网络直播的主体(企业或个人)借助网络直播平台,对目标受众进行

多方位展示，并与用户进行双向互动交流，通过刺激消费者的购买欲望，引导消费者下单，从而实现营销目标的一种新型网络营销方式。

2. 直播营销的优势与不足

（1）直播营销的优势

作为一种新型的网络营销方式，直播营销具有门槛低、投入少、覆盖面广、营销反馈直接、能够营造场景式营销效果等诸多优势。

直播营销的门槛低，投入少，借助智能手机或其他能够上网的终端设备，任何人都可以通过直播平台开展营销活动。借助网络的传播，直播营销可以覆盖任何网络所及的地域，大大拓展了营销的范围。在直播营销过程中，主播可以充分展示企业的实力，全面介绍产品的性能与优点，传递企业所能给予的优惠以及现场演示产品的使用方法等，从而有效打消用户的疑虑，增强其购买意愿。

直播营销能够为用户打造一种身临其境的场景化体验，如用户在观看旅行直播时，能够直观地感受到旅游地的自然风光、人文景观、景区设施、酒店服务等。另外，直播营销是一种双向互动式的营销模式，主播可以和用户在线实时交流，既能及时解答用户的疑问，增进与用户之间的友好关系，又能倾听用户的意见和建议，从而为更好地开展直播营销奠定良好的基础。

（2）直播营销的不足

虽然直播营销具有诸多优势，但也存在以下几点不足。一是商品质量难以保证。主播在直播间展示的商品很多都是经过美化处理的（如借助灯光、特殊背景、拍摄角度、画面滤镜等），使得用户看到的商品与真实商品有较大的差异。用户购买之后常会有上当受骗的感觉，从而对直播营销产生不信任感。二是直播营销成本较高。直播营销对主播有很强的依赖性，一般来说，主播的自带流量（粉丝数）越多，直播营销的效果就会越好。但与高流量的主播合作，企业需要付出较高的成本，请知名主播带货，企业就要付出几十万，甚至几百万元的坑位费，而且有些主播还要求进行销售分成。不少企业反映一场直播下来几乎没有收益，甚至还要亏本。当然，如果由企业员工做主播，直播营销的费用会大大降低，但由于主播知名度不高，流量有限，营销效果可能欠佳。三是直播营销过程不可控，容易出现"翻车"现象。直播具有实时传递、不可剪辑、不可重录的特征，一旦在直播营销过程中出现了问题，就会造成无法弥补的后果。例如，某顶流主播在推荐一款不粘锅时，将鸡蛋打入锅中以证明的确不粘，结果却是鸡蛋牢牢粘在了锅上，引发了直播间用户的群嘲。

6.1.3 直播营销的方式

直播营销的方式有多种。如果按照直播场景来划分，可分为产地直播式直播营销、基地走播式直播营销、展示日常式直播营销、现场制作式直播营销、教学培训式直播营销等。如果按照直播吸引点来划分，直播营销的方式包括形象魅力营销、名人或网红营销、利他营销、才艺营销、对比营销、采访营销和稀有营销等。上述营销方式特点各异，适用于不同的产品、营销场景和目标用户。企业在选择直播营销方式时，需要站在用户的角度，挑选或组合出最佳的直播营销方式。

微课堂

直播营销的方式

1. 根据直播场景划分的直播营销方式

（1）产地直销式直播营销

产地直销式直播营销是指主播置身于农副产品原产地、工业品生产车间等场景开展直播营销。这种直播营销方式能够让用户跟随主播的镜头，直观感受农副产品的生长环境、长势情况、收获情况以及工业品的生产环境、工艺流程等，具有很强的代入感，能够使用户产生一种身临其境的感受，加深用户对产品的信任与好感。农副产品产地直销式直播营销如图 6-1 所示。

图 6-1　农副产品产地直销式直播营销

阅读资料

红色助农直播助力特色农产品"飞"入千家万户

在渭南好物跳动网络科技有限公司的办公室里，肖西锋忙碌地处理着一系列业务问题。他是这家公司的董事长，也是一位在电商平台上有着 6 年经验的"网红"。他的事业和普通人有些不同，他的目标是将农产品销售带入一个全新的领域。

肖西锋曾经面临农产品"难卖"、消费者"买贵"、本地特色农产品知名度不高等问题，为了解决这些问题，他在临渭区委组织部帮助下，打造了一个名为"红色助农直播间"的项目。这个直播间是一个创新的尝试，它通过互联网和电商平台，将传统的农业生产和现代的电子商务相结合，为农产品的销售带来了新的生命力。

肖西锋带领团队打造了"红色助农书记直播间"和"乡村直播间"，这两种直播间都以帮助农民销售农产品为主要目标。他通过直播技术培训的方式，帮助农民掌握直播销售的技能，使他们能够自主地进行电商销售。这个项目的效果非常显著。肖西锋和他的团队已经累计组织开展电商直播培训 50 场，培训了 3 900 多人次，帮助 100 余名农民熟练掌握了直播销售技能，并且通过这个平台，累计帮助农民销售农产品约 1.5 亿元。

展望未来，肖西锋及其团队雄心勃勃。他们今后将致力于帮助更多的农民掌握直播营销的技能，使更多的农产品能够通过这种方式销售出去，让"临渭葡萄""临渭核桃""临渭猕猴桃"等地理标志性特色农产品插上"云翅膀"，"飞"入千家万户。

（2）基地走播式直播营销

基地走播式直播营销是指主播到直播基地开展直播营销。直播基地由专业的直播机构建立，通常供自身旗下的主播使用，也可以租借给外界主播及商家使用。直播基地除了为主播提供直播间，还可以提供直播的商品。在一些供应链比较完善的基地，主播可以根据自身需求在基地挑选商品，并在基地提供的场地进行直播。基地走播式直播营销如图6-2所示。

图6-2　基地走播式直播营销

相对于产地直播场景，基地的直播场景是经过精心设计的，直播的设施和设备更齐全、更专业，所以直播画面的效果更好。同时，基地直播的商品不受限制，主播只需要展示营销商品的样品，这也是产地直播所不具备的一大优势。

（3）展示日常式直播营销

展示日常式直播营销就是通过展示主播个人或企业日常活动来实现宣传商品或企业品牌的一种新型的直播营销方式。例如，某主播以记录日常生活的方式，展示下班回家后自己动手做饭、收拾房间等活动，此时可将做饭用到的厨具、厨房小家电以及家用扫地机等商品在不经意间进行展示，往往能收到比直接推销更好的宣传效果。

（4）现场制作式直播营销

现场制作式直播营销是指主播在直播间现场对商品进行加工、制作，通过向用户展示制作方法与技巧来吸引用户，并借此达到推广商品的目的。销售特色食品、工艺品的主播常会采用这种直播形式。现场制作式直播营销如图6-3所示。

图6-3　现场制作式直播营销

（5）教学培训式直播营销

教学培训式直播营销是指主播以授课的方式进行直播，以带动相关商品的销售。例如，瑜伽教学可推广瑜伽服饰、健身器材；美妆教学可推广口红、面膜；美食教学可推广食材、厨具等。

2. 根据直播吸引点划分的直播营销

（1）形象魅力营销

开展此类直播营销的主播通常具备良好的外在形象和气质，如男主播身姿挺拔、气质出众，女主播形象优雅、亲和力强。主播良好的形象魅力能够吸引大量粉丝涌入直播间观看和互动，从而带来可观的流量和人气，为直播营销效果提供有力的保障。

（2）名人或网红营销

名人或网红是粉丝们追随、模仿的对象，他们的一举一动都会受到粉丝的关注。因此，当名人或网红出现在直播间与粉丝互动时，经常会出现人气高涨的盛况。例如，某知名演员在淘宝直播间首次带货直播，短短 3 小时累计观看人数超过 2 100 万人，最高单品浏览人次达 393 万，商品售罄率达 90%，交易总额超过 1.48 亿元。

一般来说，这种直播营销方式投入高、出货量大，需要企业有充足的经费预算和强大的备货能力。但是，有时高投入也未必能带来高产出。例如，某企业花费 60 万元请某名人直播代言，结果仅仅卖出去 5 万元商品，而且还有一部分卖出去的商品被退货，企业损失惨重。因此，企业应在预算范围内，尽可能选择贴合产品及消费者属性的名人进行合作。

（3）利他营销

直播中常见的利他行为是进行知识和技能分享，以帮助用户提高生活技能或动手能力。利他营销主要适用于美妆护肤类及服装搭配类产品，如淘宝主播"某某"经常使用某品牌的化妆品向观众展示化妆技巧，在向观众传播美妆知识的同时增加产品曝光度。

（4）才艺营销

直播间是才艺主播的展示舞台，无论主播是否有名气，只要才艺过硬，就可以吸引大量的粉丝围观。才艺营销适用于展现表演才艺所使用的工具类产品，如钢琴才艺表演需要使用钢琴，钢琴生产企业就可以与有钢琴演奏才华的直播达人合作开展营销活动。

（5）对比营销

对比营销是指通过与上一代产品或主要竞品做对比分析，直观展示产品的优点，从而说服顾客购买所推荐的产品。对比营销是一种非常有效的营销方式，在直播营销时被广泛采用。

（6）采访营销

采访营销指主持人采访嘉宾、专家、路人等，以互动的形式，通过他人的立场阐述对产品的看法。采访嘉宾，有助于增加产品的影响力；采访专家，有助于提升产品的权威性；采访路人，有助于拉近产品与观众之间的距离，增强信赖感。

（7）稀有营销

稀有营销一般适用于在某些方面拥有独占性的企业，如拥有独家冠名权、知识版权、专利权、专有技术、独家经销权等。在直播间采用稀有营销方式，不仅能够提升直播间的人气，对品牌方来说也是提高知名度和美誉度的机会。

6.1.4 直播营销的产业链

直播营销是对传统营销模式的变革，它省去了传统营销活动中营销信息投放、触达、转化等中间环节，拉近了品牌与用户之间的关系，提升了商品的销量，促进了商品的变现。与传统营销模式相比，直播营销产业链发生了较大的变化。

1. 直播营销的产业链结构

直播营销是对"人""货""场"的重新排列组合，供应链方、多渠道网络服务机构、主播、直播平台等纷纷加入直播营销领域，引发了直播营销产业链的重构。直播营销的产业链结构主要有以下两种类型。

（1）以电商直播平台为基础的直播营销产业链

以淘宝网、京东商城为代表的电商平台发展相对成熟，并开始在电商生态中增加直播模块，形成了以电商直播平台为基础的直播营销产业链，在这条产业链中，上游为工厂、品牌商、批发商、经销商等供应链方，中游为电商直播平台、多频道网络（Multi-Channel Network，MCN）[①]机构和达人主播，下游为用户。

在这类产业链中，直播方式分为商家自播和达人直播，其中商家自播是指由商家的导购人员或领导等内部人员来进行直播；达人直播是指由达人主播来进行直播，达人主播通常与MCN机构合作，通过MCN机构与供应链方对接，MCN机构为达人主播提供孵化、培训、推广、供应链管理等服务，并与达人主播分成。也有少数达人主播会直接与供应链方对接，从而避开MCN机构。

（2）以短视频平台为基础的直播营销产业链

近年来，以抖音、快手等为代表的短视频平台在直播领域高速发展，已形成以短视频平台为基础的直播营销产业链。在这种产业链中，主播会与MCN机构合作或由MCN机构孵化主播并为主播提供一系列的服务，也有部分头部主播不会依附MCN机构，而是直接与上游供应链方对接，并从中获得分成。

2. 直播营销产业链中收益分成的分配流程

在直播营销产业链中，视频直播平台、电商平台，MCN机构和主播之间采取的是合作分成的模式，对于从抖音、快手等短视频平台导流至其他平台成交的直播营销，最终的收益由直播平台和MCN机构按照一定的比例抽成。其中MCN机构所获得的收益，再与主播之间按照一定的比例进行二次分成。

3. 直播营销产业链中的"人""货""场"分析

直播营销的实质就是"内容+电商"，它升级了"人""货""场"的关系，营销效率更高。

（1）人

直播营销中新增加了主播的角色，主播成为连接商品与用户的桥梁，是新消费场景下的核心角色和流量入口，主播凭借独特的个人魅力吸引粉丝，积累私域流量，然后结合专业的销售能力，如选品能力、商品介绍能力等将积累的粉丝转变为具有购买力的用户，从而实现

---

① MCN模式源于国外成熟的网红经济运作，其本质是一个多频道网络的产品形态，将PGC（专业内容生产）内容联合起来，在资本的有力支持下，保障内容的持续输出，从而最终实现商业的稳定变现。

流量变现。直播营销改变了用户的消费习惯，用户在购物时由主动搜索商品进行购买，转变为直接购买主播推荐的商品。通过直播互动的方式，主播可以对商品进行全面的介绍，用户能够更直观地了解商品的优缺点，并在观看直播的过程中做出购买决策。

（2）货

随着直播营销的不断发展，直播商品品类不断丰富，涵盖快消品、美妆服饰、数码科技产品、农特产品等多个品类，其中复购率高、客单价低、利润率高的品类成为直播营销的主流。从经济效益的角度来看，美妆和服饰具有利润率高、客单价高、成交量大的特点，因此这两个品类容易成为直播营销的主流品类。

从专业化程度的角度来看，快消品、服饰等品类的商品的专业化程度较低，不需要主播对商品进行专业的讲解，所以一般主播都可对该类商品进行直播。而像汽车、数码科技等专业性较强的商品品类，对主播的专业化程度要求较高，主播需要与用户进行专业化的双向交流，才能推动用户更快地做出购买决策，所以在直播中销售这类商品时，主播对商品的认知越深刻，对商品的介绍越专业，越容易促成用户购买。

（3）场

直播营销升级了购物场景，在直播营销中，用户在直播间即可完成商品的选择和下单购买，这大大提升了用户的购物体验。

与线下购物场景和传统电商平台的购物场景相比，直播营销的购物场景具有以下优势。

优势一：使用户产生更好的购物体验。在直播间里，主播通过现场展示商品的使用效果，可以帮助用户更加直观地了解商品。此外，在直播过程中，主播还可以与直播间用户进行实时的信息交流与互动，有针对性地解答用户的疑问，进一步加深用户对商品的了解。用户通过直播购物，不仅能够获得主播陪伴购物的体验，还能通过观看直播获得娱乐享受。

优势二：节约用户的体力与精力成本。用户可以随时随地观看直播，足不出户即可购买到自己心仪的商品，从而节约了体力成本和精力成本。

优势三：获得更好的价格优势。直播营销多采用的是用户直连制造商模式或主播直接对接品牌商/工厂的模式。这种模式缩短了商品的流通环节，减少了中间环节的费用，从而使商品具有较强的价格优势。

延伸学习

直播营销的收益分配模式

直播营销的收益分配模式主要有3种，即纯佣金模式、"佣金 + 坑位费"模式和"坑位保量"模式。

1. 纯佣金模式

纯佣金模式是指企业/品牌商根据直播商品的最终销售额，按照事先约定好的分成比例向主播支付佣金。例如，某主播为企业/品牌商在直播中卖出了100万元的商品，如果双方事先约定的佣金比例为15%，那么企业或品牌商就需要向主播支付15万元的佣金。

在直播行业中，主播的级别不同，直播的商品不同，佣金比例也会有所不同。

2. "佣金+坑位费"模式

"佣金+坑位费"模式是指企业/品牌商不仅要向主播支付固定的坑位费，还需要根据商品的最终销售额按照约定好的分成比例向主播支付相应的佣金。

企业/品牌商的商品要想在主播的直播间里进行销售，需要向主播支付一定的商品上架费，这就是所谓的坑位费。坑位费只是保证企业/品牌商的商品能够出现在主播的直播间里进行展示，至于商品能不能卖出去，能卖出去多少，主播是不负责的。

坑位费会根据商品出现的顺序和主播级别的不同而有所不同，如果是拼场直播（同一场直播中会出现多个企业/品牌商的商品），那么主播通常会按照商品在直播间中出现的顺序收取不同的坑位费。一般来说，商品出现的顺序越靠前坑位费就越高。

通常头部主播的坑位费较高，这是因为头部主播的人气高，曝光率高，在一定程度上能够保证商品的出单量，即使用户没有在主播的直播间里购买某企业/品牌商的商品，但主播的高人气、高曝光率，也能为企业/品牌商扩大知名度，提高该企业或品牌的影响力。

3. "坑位保量"模式

所谓"坑位保量"模式是指企业/品牌商向主播支付一定坑位费，但要求主播必须要达成双方约定的销量，如坑位费1万元，销量要达到10万元等。这种模式对企业/品牌商是有利的，可以避免在商品没有销量或销量很低的情况下，依然要支付给主播坑位费的情况。

课堂讨论

2023年10月4日，国产洗发水品牌丰丝在网上发了一大段关于网红直播带货的内容，从品牌方自曝的角度大倒苦水。一时间，丰丝的吐槽让直播带货佣金成为人们热议的焦点。以往，佣金话题更多是以"找明星带货交20万元坑位费仅卖出4 000单""曝某明星收5万元坑位费，只卖7单还退了5单"的形式出现，消费者在吃瓜的同时很难感同身受。而这一次，当品牌方曝出"国货是40%佣金起步，洋货是20%佣金起步，仅仅是起步"时，不少消费者第一反应就是"我在直播间买的产品成本究竟是多少"。

问题：直播营销应该如何让利给消费者？直播营销收益在商家/品牌方与主播之间应该怎样分配才比较合理？

任务6.2 掌握直播营销活动策划流程

6.2.1 确定直播营销活动的目标

对企业/品牌商来说，直播是一种营销手段，因此主播在直播时不能只有简单的才艺表演或话题分享，而要围绕企业/品牌商的营销目标来展开，否则无法给企业/品牌商带来实际的效益。直播的目标不是一成不变的，需要根据企业在不同阶段、不同情况下的市场营销目标做出调整。

6.2.2 选品与直播用户分析

1. 直播商品选品

直播商品选品是指直播运营团队为主播选择优质商品，在直播中进行销售。商品是直播的核心，所有的运营和推广都从选品开始。选品对直播营销活动起着重要的作用，所以直播运营团队必须根据数据分析，了解竞争对手和市场情况，做出明智的选择。

　　相关人员在选品时，并不是任意选择，而是需要按照一定的原则进行。通常来说，在选品的过程中，直播运营需要遵循以下三个重要原则：价格低廉、可展示性好和适用范围广。直播商品选品原则如表 6-1 所示。

表 6-1　直播商品选品原则

原则	具体描述
价格低廉	在直播间中，挑选较为经济实惠的商品，以吸引用户停留，并增强他们的购买意愿。这样既能吸引更多流量，又能促进销售量增长
可展示性好	选择那些能够在直播间中清晰展示外观、使用方法和效果的商品，这样能够迅速获得用户的信任
适用范围广	为了增加直播间的转化率，特别是在初期需要选择面向更广泛人群的商品，例如针对用户常遇到的场景来选择商品

2. 直播间用户分析

　　不同的产品有不同的潜在消费群体，直播运营团队要实现直播营销目标，就必须对直播间用户进行分析。通过对直播间用户进行细分，了解购买需求及用户行为特征，构建目标群体画像，针对主要用户群体的行为特征和消费心理，可更有针对性地制定直播间的促销活动方案。

　　直播的目标消费者包括主播已有的粉丝（私域流量）和直播平台上的消费者（公域流量）两种类型。为留住目标消费者、实现预期销售目标，开展直播营销的个人或企业需要对目标消费者的年龄、消费能力、直播观看时间段、利益诉求等进行分析。

　　（1）年龄

　　不同年龄段的消费者有不同的个性特征和语言风格等。通过分析目标消费者的年龄段，个人或企业可以有针对性地设计直播互动和引导策略。例如，对于较年轻的消费者，个人或企业可以通过在直播间营造热闹的气氛来调动消费者的情绪，或通过促销折扣、礼品赠送等方式配合主播的引导话术，激发消费者的购买欲望。需要注意的是，主播应设计符合年轻消费者偏好的互动方式和引导话术。

　　（2）消费能力

　　目标消费者的消费能力不仅影响其购买能力，也会影响商品的定价区间。通常，消费能力强的消费者愿意为观看直播投入的时间、精力会相对较少，愿意投入的金钱会相对较多；而消费能力偏弱的消费者，往往会在"货比三家"之后做出购买决策，"低价好货"策略在此时会发挥巨大的作用。

　　（3）直播观看时间段

　　直播观看时间段的选择直接影响着观看直播的人数与直播的效果。也就是说，主播应选择目标消费者观看直播的高峰期进行直播。

　　（4）利益诉求

　　目标消费者观看直播一般都具有目的性，期望观看直播后有所收获，如获得快乐的心情、高性价比的商品等。开展直播营销的企业应准确把握直播间用户的利益诉求点，以便在直播间开展有针对性的营销活动。

　　直播间用户分析也可以进行以下两个方面的分析，即用户属性特征分析和用户行为特征分析。

（1）用户属性特征分析

用户属性特征是直播用户分析的基础。用户属性特征包括固定属性特征和可变属性特征。

固定属性特征，即伴随用户一生的固定标签，如性别等。可变属性特征，即短时间内用户保有的特定标签，如婚姻状况、工作状况、收入情况等。

（2）用户行为特征分析

策划一场好的直播营销活动，需要分析用户的行为特征，然后反向模拟用户的行为路径，并在用户的行为过程中设计营销卖点。

有效地分析用户并有针对性地设计直播，有助于在直播过程中采取更好的沟通策略，从而达到期望的效果。

 **案例分析**

逆境崛起——"东方甄选"的华丽转身

2022年6月，新东方培训机构旗下的"东方甄选"突然火爆出圈，主播董宇辉的名字红遍全网。一周之内，"东方甄选"直播间的粉丝从100万人冲破1000万人。在直播电商"内卷"的时代，为何"东方甄选"能跃然前进，成为顶级清流？

2021年年底，新东方创始人亲自启动"东方甄选"直播账号，尝试利用直播带货实现转型。但是与其他名人效应加持的直播相比，在创始人光环的加持下，首播并不算出彩，当天销售额480万元。后续推出其他素人直播，在线人数一度下滑到个位数。但他们没有退却，咬着牙坚持了下来，在严把产品质量关的同时，伺机寻求突破。从2022年3月份开始，"东方甄选"的业绩开始逐渐好转。之后主播董宇辉开启了双语带货模式，"东方甄选"迅速走红。

这个直播间打破了以往同质化的直播带货模式，不同于众多的其他的直播间各种声嘶力竭地喊叫卖货，它没有花式催单，有的是文艺浪漫清新的产品介绍。它像是一个安静、平和的聊天室，传递着令人耳目一新的优质内容。以董宇辉为代表的主播们，一边介绍产品，一边进行英语教学，时不时还穿插着讲解历史、哲学、文艺知识。在"带货为王"的行业氛围中，这些主播卓尔不群，他们有文化、有情怀，侃侃而谈，幽默风趣。就这样，在倾听、共情、感动当中，网友们不知不觉地下单成交。有人调侃地说：选择'东方甄选'其实是在'为知识付费'。

案例分析："东方甄选"成功出圈的原因有很多。"知识的力量"是原因之一，正是文化与知识的加持，让新东方主播们脱颖而出。他们凭借浓郁的文化氛围，借直播间的用户产生了强烈的情感共鸣，在时代的巨变中实现了华丽转身。虽然一个优秀的主播固然重要，但是要直播成功更离不开其团队的合作。"东方甄选"能够突围还有一个重要的关键因素，就是背后有一支实力强悍的团队。从对产品质量的把控，与生产商的直接合作，不收坑位费，到营销的方案整体策划，再到优质内容的呈现，每一个环节都离不开团队成员的凝心聚力。他们发挥了团队的整合力量，最终实现了"东方甄选""链接式"的孵化与运营，使"东方甄选"成功突出重围，成为头部直播间。

6.2.3　制定直播营销方案

直播营销方案一般在直播参与人员内部使用，内容应简明扼要、直达主题。直播营销方案可分为直播营销规划方案和直播营销执行方案。其中，直播营销规划方案是确定直播营销活动的总体安排，而直播营销执行方案是落实可操作的执行细节。

1.　制定直播营销规划方案

制定直播营销规划方案是开展直播营销活动前的重要准备工作，主要涉及直播营销活动的目标、内容、时间、人员配置和费用预算等方面。以下是对直播营销规划方案的详细介绍。

（1）设定直播目标及定位

明确目标是直播营销活动的首要步骤，包括清晰地定义直播营销活动是为了提升品牌知名度、推广新产品、促销清货，还是增强用户黏性等。另外，企业还应深入分析直播营销目标受众的需求和偏好，研究市场上的竞争对手，并以此为基础确定直播产品的特色和定位。

（2）确定直播内容与形式

设计吸引人的直播主题是内容策划的核心，直播主题必须与品牌定位和目标受众紧密相关。直播的具体内容，如开场白、产品介绍、嘉宾互动、抽奖环节等，需要全面规划，确保内容丰富且富有吸引力。此外，企业选择合适的直播形式也很重要。直播的形式要根据直播的内容和目标受众来选择，可采用的直播形式包括访谈、互动游戏、产品展示等。

（3）配置直播人员

合理的人员配置是确保直播营销活动顺利进行的关键。直播人员一般由主播、技术支持、内容策划等专业人员构成，根据需要，企业还可以邀请行业专家、知名博主或相关领域的达人作为嘉宾，以增加直播的权威性和吸引力。

（4）确定时间安排

时间安排即明确直播活动的各个时间节点，包括直播前期筹备时间、直播预热时间、直播开始时间、直播结束时间等，以便实时跟进直播活动。

（5）进行费用预算

直播营销费用预算是指对直播营销活动所需费用的预估和安排。直播营销费用主要包括：直播平台费用、直播人员费用、直播推广费用、直播设备与技术支持费用、广告费用等。企业对直播费用进行预算，可以帮助企业合理分配支出，确保直播营销活动在预算范围内顺利进行。

2.　制定直播营销执行方案

直播营销执行方案是直播营销活动规划的具体实施计划，它详细阐述了如何在规划方案的基础上，有效地落实每一项任务，确保直播的顺利进行并达到预期目标。直播营销活动的执行方案主要包括以下 6 个方面的内容。

（1）确定详细的直播营销时间表和流程

在直播营销活动中，明确详细的时间表是至关重要的。这一环节涵盖了整个直播营销活动的起始时间、各个关键节点的时间安排，以及各个阶段的持续时间。时间表应包括前期准备工作的开始与结束时间，如内容策划时间、设备准备时间、技术测试时间等；直播进行中的时间安排，如主播到场时间、直播开始时间、互动环节时间、产品推介时间、优惠活动时间等；以及直播后的跟进工作安排，如数据分析时间、客户反馈收集时间、售后服务时间等。以上每个环节都需要精确到分钟，确保所有参与人员能够严格按照时间表执行，从而保证直播营销活动的有序进行。

（2）制定技术与设备保障方案

制定详细的技术与设备保障方案是直播营销执行方案的核心内容之一。在技术与设备保障方案中，企业需要详细说明直播所需的技术支持和设备配置要求，其中包括直播平台的选定、直播软件的安装与调试、网络带宽的保障、音视频设备的准备与测试等。此外，企业还需要考虑到直播过程中的技术支持，如遇到技术问题时的快速响应机制、备用设备和网络线路的准备等。企业对这些技术细节的周全考虑能够极大地提升直播的网络稳定性和观众的观看体验，从而确保直播活动的顺利进行。

（3）确定主播、主持人与嘉宾

在直播营销活动中，主播的作用尤为重要：一是起到串联的作用，二是起到把控现场节奏的作用。不同类型的直播营销活动，需要不同类型的主播。如果直播营销活动的主题主要是企业内部业务的内容，最好由企业内部人员来做主播。如果直播营销活动的主题主要是企业外部业务的内容，最好请专业主持人或行业有影响力的人来做主播。上述人员安排，在直播营销执行计划中都要明确列出。

（4）落实直播场地

落实直播场地是直播营销执行计划中的重要内容。企业要根据直播营销目标、内容及形式初步确定直播场地。企业在综合考虑直播商品的类别、场地的租赁费用、场地的软硬件条件、场地使用的便利性等诸多因素后，确定最终的直播场地。

（5）直播风险评估与应对

在直播营销活动中，企业对可能出现的风险进行预测和处理是不可或缺的环节。风险评估应涵盖技术故障、网络问题、主播临时无法出席、产品问题、恶意攻击等多个方面。针对这些潜在风险，直播营销执行方案中需制定相应的应对措施，如准备备用设备和网络、安排替补主播、确保产品质量和售后服务的及时响应、加强网络安全防护等。通过这些预防措施，企业能够最大限度地降低风险对直播活动的影响，确保直播的顺利进行。

（6）直播营销效果评估

直播营销活动结束后，对活动效果进行量化分析是至关重要的一步。在直播营销执行方案中，企业需要设定明确的直播效果评估标准，包括观看人数、观众互动率、转化率、销售额等多个方面。通过这些数据，企业可以客观地评估直播营销活动的实际效果，分析直播营销活动中的优点和不足。同时，这些数据还可以为后续的直播营销活动提供有价值的参考，帮助直播运营团队不断优化活动策略，提升直播效果。

6.2.4 做好直播预热

直播预热的作用是扩大直播的声势，使用户提前了解直播的大概内容，以吸引对直播感兴趣的用户及时进入直播间，从而提升直播间的在线人数。此外，直播预热还能够在一定程度上"试探"粉丝的反应，从而帮助直播运营团队及时调整营销策略。

1. 直播预热方式

直播预热方式有很多，具体形式和效果不一。下面介绍 3 种常见的直播预热方式。

（1）在主播个人简介中发布直播预告

主播在开播前，提前将直播预告更新到个人简介中，包括直播时间、直播主题等，以便用户通过个人简介了解直播信息。个人简介中的直播预告通常以简洁的文字形式出现，如"5月 20 日 18 点直播，好物狂欢购"。这种直播预热方式适合有一定粉丝基础的主播。

（2）发布直播预告短视频

直播预告短视频是指借短视频的形式告知用户直播时间、直播主题和直播内容。对于粉丝，主播可以直接发布纯直播预告，简明扼要地告知直播的相关信息；若要吸引新用户，主播可以在短视频中告知直播福利或设置悬念等。

（3）站外直播预热

站外直播预热指企业通过第三方平台进行直播预热。站外直播预热能够进一步扩大直播预热的范围。一般直播平台都有开播提醒功能，只要是关注的主播开播，粉丝会在第一时间收到提醒。

此外，主播还可以在线下门店以发放海报、宣传单等方式，配合直播营销活动的亮点环节或优惠策略等宣传推广直播营销活动，以吸引用户了解直播营销活动并关注直播间。

2. 直播预热策略

主播进行直播预热时需搭配一定的策略，以达到更好的营销效果。下面介绍两种常见的直播预热策略。

（1）发放直播专享福利

主播在直播预热中预告直播过程中会发放的专享福利，以吸引更多的用户观看直播。例如，主播在预告中告知用户赠品的数量、折扣的力度、福利的类型和获得条件等。

（2）直播 PK

直播 PK 是指不同直播间的主播约定在同一时间进行连线挑战的一种引流方式。主播在直播预热中将直播 PK 的信息告知用户，不仅可以增加直播的趣味性，还可以提高直播的影响力。

任务 6.3　掌握直播间互动营销策略

6.3.1　营造火热的营销氛围

1. 打造热闹的直播营销环境

主播通过打造人气旺盛、热闹非凡的直播营销环境，能够提升直播间的人气，延长用户在直播间的停留时间，进而提升直播商品的销售转化率。主播通过精心布置直播场地，积极与粉丝互动，可大大增加直播购物的趣味性和吸引力。例如，主播可以邀请明星或网红在直播间亮相，并鼓励观众积极参与，能够有效烘托营销的氛围。

2. 善用抢购模式

抢购模式是在直播间常见的促销方式之一，具体做法是针对特定商品，直播间为其设定抢购数量和抢购时段，并通过实时展示抢购人数、剩余商品的数量及抢购倒计时，使消费者产生一种"机不可失、失不再来"的紧迫感。抢购模式能够激发直播间用户的购买欲望，促使其迅速采取购买行动，从而提升商品销量，并带动直播间人气。

3. 提供优惠政策

在直播间提供各种优惠政策，如满减、限时特惠等，能够让购物者在购物过程中感受到"赚了""省了"的满足感。再如，主播通过提供直播间专属礼包、发放红包、积分兑换等福利活动，既能让直播间用户享受到特有的优惠，又能大大提升其购物的乐趣。

阅读资料

调动直播间人气"五步法"

1. 剧透互动预热

一般来说，直播刚开始时观看人数较少，这时主播可以通过剧透直播商品进行预热。主播可以热情地与用户互动，引导其选择喜欢的商品。用回复口令进行互动的方式很快捷，直播评论区一般会形成"刷屏"之势，从而调动起直播间的气氛，为之后的直播爆发蓄能。

2. "宠粉"款开局

预热结束之后，主播宣布直播正式开始，并通过一些性价比较高的"宠粉"款商品继续吸引用户，激发起互动热情，并让用户养成守候主播开播的习惯，增强用户的黏性。

3. "热销款"打造高潮

主播可以利用直播最开始的剧透引出"热销款"，并在接下来的大部分时间里详细介绍热销款商品，通过与其他直播间或场控的互动来促成"热销款"的销售，将直播间的购买氛围推向高潮。

4. 福利款商品制造高场观

在直播的下半场，即使观看直播的人数很多，还是会有不少用户并非主播的粉丝。为了让这些用户关注主播，成为主播的粉丝，或让新粉丝持续关注主播，留在直播间，主播就要推出福利款商品，推荐一些超低价或物超所值的精致小商品给用户，引导用户积极互动，从而制造直播间下半场的小高潮，提升直播场观。

5. 完美下播为下场直播预热

主播在下播时可以引导用户点赞，分享直播；使用秒杀、与用户聊天互动等方式在下播之前再制造一个小高潮，给用户留下深刻的印象，使用户感到意犹未尽。同时主播还可以利用这一时间为下次直播预热，大概介绍下场直播的福利和商品等。

6.3.2　充分展示商品的卖点

1. 注重展示商品细节

（1）远近结合

主播可以从远处开始，全方位地展示商品。当直播间用户从远处看商品时，能够了解商品的全貌，形成对商品的整体印象。然后主播再从近处展示商品，以便用户进一步看清商品的细节。通过远近结合的展示方式，主播可以帮助直播间用户较为全面地了解商品。例如，在展示一款手机时，主播可以先从远处展示手机的外观设计和色彩搭配，然后逐渐靠近展示手机的屏幕、相机镜头等，使观众充分了解手机的外观和功能。

（2）特写镜头

主播使用特写镜头来展示商品的细节，方便直播间用户看到更加真实的商品。例如，主播在展示一种化妆品时，可以特写展示该化妆品的包装细节、成分清单、质地等，从而使直播间用户更加全面地了解产品的品质和实用性。

（3）互动解答

展示完商品的细节后，主播可以引导用户进入互动解答环节。如果用户希望看到商品的某个细节，主播应使用特写镜头进行展示；如果用户提出想了解商品某个方面的具体特性，主播应进行专门解答。

2. 突出直播间不同商品的卖点

商品卖点是指主播为了引起消费者的购买兴趣而突出宣传的商品特点或优势。这些特点或优势可以是产品的售价、品质、设计、功能、服务、配件等，是促使消费者购买商品的原因之一。主播在直播间通过强调商品卖点，可以提高直播间用户对商品的信任，从而促进商品的销售。

（1）服装类

在介绍服装类商品时，主播可以亲自上身试穿，详细介绍服装的风格、尺码与款式、颜色、面料、设计亮点、穿着场景或搭配、服装价格等。一般来说，主播都是先介绍款式，再抛出价格，最后阐述商品的价值。因为对于服装类商品来说，消费者只有看上了款式，才会产生购买兴趣。

（2）生活用品类

生活用品类商品最重要的是实用，能够给消费者的生活带来便利，所以主播要制造生活场景，使直播间用户觉得自己有这方面的需求，从而下单购买。直播间生活用品类商品展示如图 6-4 所示。

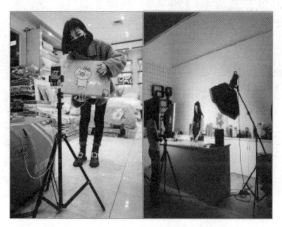

图 6-4　直播间生活用品类商品展示

（3）美妆类

在直播间推荐美妆类商品时，主播要着重介绍商品的质地、价格、容量、使用方法、试用感受等。美妆类商品的卖点是使用效果，这就需要主播将直播话术和效果展示结合起来，直观地向用户展示自己使用产品后的效果，并详细讲解产品的功效和安全性。美妆类商品直播如图 6-5 所示。

图6-5　美妆类商品直播

（4）食品类

食品讲究色香味俱全，用户在直播间能看到食品的卖相，但是闻不到，吃不着，这时候，用户就需要通过主播的描述来感受，所以主播的描述一定要生动，要让消费者有自己吃到了的感觉，并觉得好吃有食欲。

（5）数码产品类

数码产品的主要卖点是新技术、新功能，使用体验和性能是消费者比较关注的。主播在直播间介绍数码产品时需要一定的专业技能，通过专业讲解使消费者能够快速了解数码产品的技术和功能优势。数码产品类直播如图 6-6 所示。

图6-6　数码产品类直播

（6）图书类

图书作为一种传播知识的载体，既是精神产品又是物质产品，其精神产品属性集中体现在内容方面，而物质产品属性则主要体现在载体方面。因此，主播在直播间推荐图书类商品时，就需要围绕图书内容和物质载体来讲解，如果作者知名度高，也要重点介绍作者。另外，主播可以针对不同的目标用户群体做具体、有针对性的介绍。例如，在推荐中国的四大名著时，主播可以根据用户定位来介绍：基于年龄划分，为幼儿群体介绍改编版（浅显易懂，并配有卡通插画）；为学龄儿童群体介绍注音版；为老年人群体介绍大字版等。图书类商品直播如图 6-7 所示。

图 6-7　图书类商品直播

6.3.3　设置抽奖、派发红包等互动环节

1. 设置抽奖环节

（1）合理安排抽奖次数与奖品价值

为了确保抽奖环节的有效性，主播或直播间其他工作人员应该合理安排抽奖的次数和奖品的价值。频繁抽奖可能会引起用户的疲劳感，而抽奖次数过少则可能导致用户参与度的下降。另外，在选择奖品时，主播或直播间其他工作人员应注重奖品的实用性和吸引力，以增加用户的参与热情。例如，主播或直播间其他工作人员在美妆直播间可以设置化妆品、护肤品等相关产品作为奖品，而在游戏直播间可以将游戏装备、道具等作为奖品。

（2）明确公布抽奖规则和参与条件

在抽奖前，主播或直播间其他工作人员应当明确公布抽奖的规则和参与条件，以保证抽奖的公正性和公开性。主播或直播间其他工作人员要让直播间用户清楚了解他们需要完成什么任务或满足什么条件才有资格参与抽奖。

（3）设置特殊抽奖活动以增加趣味性

为了进一步提高抽奖环节的趣味性，主播或直播间其他工作人员可以设置一些特殊的抽奖活动。例如，针对直播间内观看时间最长的用户进行专场抽奖，或者针对积分排名前几位的用户开展大型抽奖活动。这样的设计既能增加用户的互动参与度，也能激发用户的竞争欲望。

总的来说，直播间抽奖环节的有效设置是直播营销的重要环节之一。经过合理规划和科学设计的直播抽奖活动能够使直播间的用户享受到抽奖带来的乐趣和惊喜。

2. 派发红包

（1）合理设置红包的金额和数量

红包的金额应该根据直播内容和直播间用户的特点来定，并根据商品价格区间进行分配。例如，对于高端奢侈品直播，主播或直播间其他工作人员可以设置较高金额的红包，以吸引有购买力的用户；而对于普通商品的直播，主播或直播间其他工作人员可以设置适中金额的红包，以满足大部分直播间用户的需求。此外，红包数量也需要谨慎规划，过多的红包派发可能导致用户失去参与热情。

（2）选择合适的派发方式

目前，主流的红包派发方式主要有抽奖式派发和随机红包派发两种。抽奖式派发能够激发用户的期待心理和参与积极性。例如，在直播过程中设置几个特殊时刻，派发较大金额的红包作为奖励，这样既能吸引用户的注意力，又能保持用户对整场直播的关注。而随机红包派发则能够有效避免"抢红包"的困扰，使用户更加平等地参与到活动中来。

（3）选择合适的派发时间

选择合适的时间派发红包也是非常重要的。比如，在直播高峰期或者特定的活动时段，对于有参与度的用户进行集中红包派发，可以让用户感受到被重视，从而增加用户对直播间的好感度和黏性。同时，主播在直播过程中适当穿插红包派发的环节，则能够增加吸引力，提高用户的参与度。

（4）注意红包派发的公平性

为了避免用户对直播间产生负面情绪，相关人员必须确保红包派发的公正性和透明度。相关人员可以借助直播平台提供的工具，如随机抽奖等功能，对红包派发环节进行监管和管理。此外，相关人员还可以设置一些特殊规则，如每人限参与一次、追加红包次数受限等，以确保用户公平参与红包抢夺，从而增加他们的参与积极性和互动频率。

3. 与其他主播、名人或企业领导合作

（1）与其他主播"连麦"

在抖音、快手这两个平台中，主播之间"连麦"已经成为一种常规的玩法。所谓"连麦"，就是指正在直播中的两个主播连线通话。"连麦"的应用场景有以下两种。

① 账号导粉。账号导粉是指引导自己的粉丝关注对方的账号，对方也会用同样的方式回赠关注，互惠互利。主播可以在直播间号召粉丝关注与自己连麦的其他主播，并说明关注的理由。同时，主播也可以引导粉丝前往连麦主播的直播间，抢夺红包或享受其他福利。

② 连线PK。连线PK的形式通常是两个主播的粉丝竞相刷礼物或点赞，以刷礼物的金额或点赞数判决胜负。这种方式更能刺激粉丝消费，活跃直播间的气氛，提升主播的人气。

（2）邀请名人进直播间

一般来说，有能力邀请名人进直播间的主播大多是影响力较大的头部主播，且名人进直播间往往与品牌宣传有很大的关联。名人与主播的直播间互动可以实现双赢，因为名人进入直播间会进一步增加主播的粉丝量，并且名人与主播共同宣传，对于提升主播的影响力会有很大的帮助。与此同时，主播也会利用自己的影响力为名人代言的商品进行宣传推广和销售。值得一提的是，头部主播邀请名人进入直播间也可帮助主播积累社交资源。

（3）企业高管助力直播

很多企业高管考虑到直播的影响力和营销力，纷纷开始站到直播镜头前为直播间造势。例如，某知名家电企业高管亲临直播间为主播"站台"，不仅增加了直播间的人气，为直播增加话题性，同时也给主播信任背书。

6.3.4　做好营销承诺

带货主播的最终目的是要促进商品的销售，引导用户下单。因此，主播在直播中如何做好营销承诺，打消用户顾虑，激发他们的购买欲望，从而促成下单是至关重要的一环。

1. 权威背书

权威背书指的是由具有较高知名度、影响力、专业性或公信力的第三方机构或个人，对品牌、产品或服务进行认可、推荐或担保的行为。权威背书能够显著增加直播间用户对直播内容及直播商品的信任度，打消他们的购买顾虑，进而促进直播间商品的销售。在直播间，主播如果从权威背书的角度来推荐商品，往往会起到很好的促销效果。

但主播所说的权威背书必须是真实存在的，而且直播间在选择背书者时，还要确保其与直播内容、直播商品及品牌形象高度相关，并具有一定的知名度和权威性。不恰当的背书会引发直播间用户的质疑，反而降低用户对该直播间的信任度。

2. 数据证明

主播可以用具体的销量、店铺评分、好评率、回购率等数据来证明商品的优质及受欢迎程度。例如，这款商品累计销售 100 万件，顾客评分 4.9 分。

3. 现场体验

主播在直播间现场试用产品，分享使用体验与效果，验证产品的功效，能够增强产品的说服力，提升用户的信任度。

4. 介绍售后保障

主播应在直播间打消用户对售后服务的疑虑，主动介绍商品的售后服务保障，如无条件退换货等。

5. 展现价格优势

主播可以将商品的市场价格与直播间的售价进行对比，突出价格优势，从而让用户感觉物超所值。例如，主播在直播间说"我手里拿的这款化妆品在某某旗舰店的价格是 99.9 元一瓶，我们只卖 68 元一瓶，仅此一次"。

项目实训

【实训主题】直播营销场地选择与布置
【实训目的】通过实训，加深对直播营销场地选择与布置的认识。
【实训内容及过程】
（1）将全班同学划分为若干任务团队，各团队推选一名团队负责人。
（2）各团队阅读如下材料。
A 先生是湖北省恩施土家族苗族自治州鹤峰县的一名"茶四代"，在春茶采摘的黄金时期，为了促进茶叶的销售，他决定尝试直播。

A 先生观察了其他茶叶农产品商家开设的直播，发现他们大多是直接在直播间展示茶叶，采用口播的形式销售茶叶，形式千篇一律，难以吸引用户的关注，于是他决定将直播间搬进茶园。他带领一名女员工，让她穿上漂亮的苗族服饰，在茶园里开起了直播，带领用户近距离观看茶叶采摘、炒制等过程，众多用户纷纷下单购买茶叶。随着直播的持续进行，A 先生的茶叶逐渐销售到了全国多个省份，销售额比往年同期翻了一番。

（3）各团队结合所学知识，从直播场地选择和布置的角度分析 A 先生的直播营销活动能够获得成功的原因。

（4）各团队在分析、讨论的基础上撰写实训报告。

（5）授课教师批阅各团队提交的实训报告，并在课堂上进行点评。

【实训成果】

请根据以上内容写作《某茶叶直播间营销场地选择与布置实例分析》。

练习题

一、单选题

1. 我国网络直播的发展经历了起步期和发展期之后，在（　　　）年迎来了爆发期。

    A. 2010   B. 2012   C. 2014   D. 2016

2. 直播营销产业链中"人""货""场"直播营销的实质就是（　　　），它升级了"人""货""场"的关系，营销效率更高。

    A. 主播+电商   B. 主播+内容   C. 内容+电商   D. 平台+电商

3. 在直播营销中，（　　　）是新消费场景下的核心角色和流量入口。

    A. 平台   B. 主播   C. 电商   D. 用户

4. 直播营销活动规划的第一步是（　　　）。

    A. 拟定方案   B. 用户分析   C. 选品   D. 确定目标

5. 企业/品牌商的商品要想出现在主播的直播间里，需要向主播支付一定的商品上架费，这就是所谓的（　　　）。

    A. 佣金   B. 坑位费   C. 手续费   D. 直播提成

二、多选题

1. 网络直播是一种高互动性的视频娱乐方式和社交方式，具体形式包括（　　　）。

    A. 电商直播   B. 才艺直播

    C. 综艺直播   D. 资讯直播

    E. 体育赛事直播

2. 下列属于根据直播场景划分的直播营销方式是（　　　）。

    A. 产地直销式直播营销   B. 形象魅力营销

    C. 基地走播式营销   D. 展示日常式直播营销

    E. 名人或网红营销

3. 以下属于直播营销的不足的是（　　　）。
    A. 商品质量难以保证　　　　　　　B. 直播营销成本较高
    C. 直播营销对粉丝有很强的依赖性　D. 直播营销的售后缺乏保障
    E. 直播营销过程不可控
4. 直播商品选品的三个重要原则是（　　　）。
    A. 价格低廉　　　　　　　　　　　B. 可展示性好
    C. 价高质优　　　　　　　　　　　D. 面向特定人群
    E. 适用范围广
5. 两种常见的直播预热策略是（　　　）。
    A. 展示主播才艺　　　　　　　　　B. 发放直播专享福利
    C. 邀请名人参与　　　　　　　　　D. 企业领导人助播
    E. 直播 PK

三、名词解释

1. 直播营销　　2. 现场制作式直播　　3. 产地直销式直播营销
4. 展示日常式直播营销　　5. 直播商品选品

四、简答及论述题

1. 直播营销的产业链结构主要有哪两种类型？
2. 直播营销活动的执行方案主要包括哪几个部分？
3. 如何在直播间充分展示商品的卖点？
4. 试论述三种常见的直播预热方式。
5. 试论述在直播间派发红包的策略。

案例讨论

快手虚拟主播走红，电商全面拥抱元宇宙

在快手，虚拟主播成了新的流量密码。

2022 年 12 月 12 日晚，由快手 StreamLake 助力蒙牛打造的 3D 写实虚拟人"奶思"，通过"蒙牛牛奶旗舰店"快手账号带来直播首秀（见图 6-8）。这场直播吸引了近 300 万人观看，相较于该账号过去 30 天内的均值表现，直播间点赞数和评论数分别提升 800%和 88%，互动量显著提高。

值得一提的是，2022 年 1 月，蒙牛才启动快手直播，而此次开启的虚拟人直播是蒙牛在快手电商虚拟人直播的首次尝试，也是其内容直播的开端。从中也不难看出，快手在不断加码虚拟人与虚拟主播赛道，并通过流量扶持优质内容产出。

事实上，早在 2021 年，快手关联北京达佳互联信息技术有限公司，申请注册了多个"快手元宇宙"商标。

2021 年"双 11"，快手小店推出了虚拟主播"关小芳"（见图 6-9）。当时"关小芳"在 1 小时的直播首秀中，累计观看人数达到 105 万人，总点赞量达到了 17.2 万个。

图 6-8　蒙牛 3D 写实虚拟人"奶思"直播截图

图 6-9　快手小店推出的虚拟主播"关小芳"

　　到了 2022 年，快手在元宇宙上的布局就更精细、更灵活了。2022 年 3 月，快手技术团队上线虚拟偶像歌手"神奇少女张凤琴"，在短短数月时间里，累积了超过 20 万的粉丝及上千万的浏览量。

　　2022 年 9 月，快手技术团队在 2022 世界人工智能大会上宣布推出"快手虚拟演播助手 KVS"，为快手用户提供丰富的特效玩法，并支持多平台推流直播。此后，快手又推出面向虚拟人主播的 V-star 虚拟人扶持计划，并投入了超百亿流量进行扶持。

虚拟人在营销场景的应用，不仅有效打破了真人主播的局限性，通过高密度的直播频率，为直播电商开辟新的增长空间，也增加了内容创作的趣味性与新奇感，丰富了带货模式和互动玩法。同时，虚拟化的品牌 IP 形象更生动、鲜活，更能加速品牌年轻化进程和加深用户认知，拉近品牌与新消费人群的距离，塑造元宇宙时代的企业形象。

思考讨论题：

1. 如果计划在直播营销中使用虚拟人主播，企业应如何做好直播营销规划？
2. 结合案例，请谈谈技术的发展对直播营销的影响。

项目 7
网络社交媒体营销

学习目标

【知识目标】

(1) 理解网络社交媒体营销的含义。

(2) 掌握网络社交媒体营销的策略。

(3) 熟悉微信营销的含义与特点。

(4) 熟悉博客营销及微博营销的含义与特点。

(5) 熟悉小红书、知乎社区营销的特点。

【技能目标】

(1) 能够为企业实施微信营销提供策划方案。

(2) 能够完成博客营销活动的策划方案。

(3) 能够完成微博营销活动的策划方案并实施。

(4) 能够为企业开展小红书及知乎营销活动提供建议。

【素质目标】

(1) 培养关注网络社交媒体营销发展的积极意识。

(2) 提升学生对新生事物的敏感度和洞察力。

(3) 建立社交媒体营销的新思维。

项目情境导入

2022 年 12 月 1 日下午 1 时 8 分许，网名为"难得糊涂"的鹿邑县菜农胡先生通过抖音账号向郑州某餐饮公司负责人樊先生发了一条私信："樊总你好，我是你的粉丝，也是菜农，现有一批西芹运到郑州卖不出去，看看你们店里有没有需要？帮助我们消化一下，不至于让老百姓的菜烂到地里，我的电话是 138×××××，需要你们的帮助。"樊先生立即回复："我安排人和你联系。"当天下午 5 时许，该公司采供部就购买该菜农 5 000 斤芹菜。

同时，樊先生在微信朋友圈转发爱心助农信息，发动身边有需要的餐饮企业购买该菜农的芹菜，共同助力该菜农，尽自己所能帮助该菜农解决蔬菜滞销问题。不少餐饮企业得知这一信息后，纷纷报名购买芹菜，一场帮助该菜农销售滞销菜的爱心接力在这个寒冷的冬季悄然展开……很快，一车芹菜就被抢购一空。

"力所能及帮助他人，自己内心无比快乐。"2022 年 12 月 2 日，得知该菜农的问题已经得到解决，樊先生很高兴，便发了一条微信朋友圈信息，还配了一张在某社交平台的私信截图。很快，这则信息便在微信朋友圈刷了屏，好友们纷纷点赞回复。

问题： 结合材料，请谈谈你对社交媒体营销功能的认识。

项目分析

网络社交媒体营销是新媒体时代企业重要的营销方式。在网络社交媒体上，用户可以随时发布自己的观点、想法以及对企业的反馈，这为企业改进产品或服务提供了宝贵的参考信息，使企业与客户的关系更加密切，帮助企业更精准地把握用户的需求。企业实施社交媒体营销，既可以有效降低宣传成本，精准定位用户群体，还可以增强用户黏性，提升企业品牌及产品形象。

那么，什么是社交媒体营销？它有哪些类别？如何开展社交媒体营销？本项目将分别对以上问题进行解答。

任务 7.1　认识网络社交媒体营销

7.1.1　网络社交媒体营销的含义

网络社交媒体是指通过互联网和移动通信技术构建的一种数字平台，用以促进用户之间的交流、分享与互动。网络社交媒体为用户提供了创建个人资料、发布内容、关注他人并与他人交流的渠道，包括各种在线社区、社交网络、微信、博客、微博、视频分享平台等。

网络社交媒体营销是指企业通过网络社交媒体发布特定的信息以引起目标受众关注，从而提升企业品牌及产品的曝光率，最终实现销售目标的营销方法。网络社交媒体营销具有提高品牌知名度、创建和维护客户关系、提升商品销量、降低营销推广成本以及扩大目标受众等优势，如今被越来越多的企业所采用。

利用网络社交媒体开展营销的方式很多，其中较为常见的有微信营销、微博营销、博客营销、网络社区营销、短视频营销等。因本书项目 5 已对短视频营销做过专门介绍，所以下文将主要阐述其他类型的网络社交媒体营销。

7.1.2　网络社交媒体营销的策略

1. 发布的内容真实可信并持续更新

企业在网络社交媒体上发布内容的真实与否，是建立用户信任，实现后期宣传效果转化的关键。企业在网络社交媒体上的名字和头像一定要真实，账号信息也要填写完善，并应尽快获得官方认证。企业在网络社交媒体上发布的内容一定要准确、可靠，以免失信于目标用户。此外，为了提升受关注度以持续获得流量，企业还需在社交媒体上不断更新用户喜闻乐见的内容。

2. 积极与用户互动

企业在网络社交媒体营销活动中，将用户转化为忠实顾客的过程，实际上就是建立和加深人际关系的过程。企业在社交媒体上仅发布内容而不与用户互动，会使话题失去活力，导致热度降低。因此，企业应对用户的评论给予一定的回应，提升互动水平，以增加用户黏性。

3．及时关注网络社交媒体的舆情

俗话说"好事不出门，坏事传千里"。尤其在当今的网络时代，企业一旦出现负面信息，就会经由各种社交媒体疯狂传播，从而给企业造成致命的打击。因此，企业需要及时关注网络社交媒体中的舆情，当用户反馈负面信息时应采取有效的公关措施来及时化解，以免造成更大的负面影响。

4．多渠道联动

要想在网络社交媒体上获得更好的宣传效果，企业需要将多个网络社交媒体联动起来，以实现全媒体的信息覆盖。这样能够帮助企业获得更多的曝光率，从而实现扩大宣传范围的目的。这需要企业关联自己所有的网络社交媒体，同步更新信息，并加强不同社交媒体间的交流，实现互相引流，从而在闭环中实现更多用户的转化。

5．做好数据分析

网络社交媒体营销效果的提升得益于营销策略的不断调整和完善。企业应定期对网络社交媒体营销的数据进行科学的分析，以及时发现问题，改进营销策略。

> **课堂讨论**
>
> 2023年最火的烧烤当属淄博烧烤，因为烧烤，淄博成为了一个热点城市，"进淄赶烤"成为社交媒体上的刷屏词汇。经济复苏的机遇被淄博市政府牢牢把握住，为了吸引游客，在吃、住、行方面提供全方位服务，全面提升了游客的出行及消费体验，淄博政府与当地人凭借自己的诚意在全国刷足了好感。
>
> 淄博成为2023年"五一"假期的最大赢家，在淄博市政府的推动下一举建立起了城市文旅品牌，"淄博烧烤"（烧烤配小葱卷饼）亦成为烧烤新吃法，大量淄博烧烤店出现在全国各地。
>
> 问题：请从社交媒体营销的角度讨论淄博烧烤的成功。

任务 7.2　掌握微信营销

7.2.1　微信营销的含义与特点

1．微信营销的含义

微信是腾讯公司于2011年推出的一个为智能终端提供即时通信服务的免费应用程序，已从最初的社交通信工具，发展为连接人与人、人与商业的平台。微信营销是一种创新的网络营销模式，主要利用手机、平板电脑中的微信进行区域定位营销，并借助微官网、微信公众平台、微会员、微推送、微活动、微支付等来开展营销活动。

2．微信营销的特点

微信不同于微博，作为纯粹的沟通工具，对于商家、媒体和用户之间的对话不需要公之于众，所以私密度更高，完全可以做一些真正满足用户需求的个性化内容推送。微信营销具有以下特点。

（1）点对点精准营销

微信点对点的交流方式具有良好的互动性，在精准推送信息的同时能够与用户建立朋友关系。微信拥有庞大的用户群，借助移动端，能够让所有个体都有机会接收企业推送的消息，继而实现企业对个体的点对点精准营销。

（2）功能多样化

微信平台除了基本的聊天功能，还包括朋友圈、微信支付、微信公众号、微信小程序、视频通话、微信游戏、微信表情包等多种功能。

（3）曝光率高

微信由即时通信工具演变而来，拥有强大的提醒功能，能及时提醒用户查看未读信息。企业借助微信可以将营销活动信息快速、精准地发送给目标用户。在企业将微信信息发布给目标用户之后，微信信息中心会通过多种方式（如铃声、震动、屏幕显示等）提醒用户阅读信息。因此，微信营销具有非常高的曝光率。

（4）强关系营销

微信的点对点产品形态注定了其能够通过互动的形式将普通关系发展成强关系，从而产生更大的价值。微信通过互动的形式与用户建立联系，用一切形式使企业与消费者建立朋友关系。人们可能不会相信陌生人，但是会信任自己的微信好友。

（5）营销成本低

微信账户免费注册使用，与电视媒体、纸质媒体等传统媒体相比，微信具有超低的传播成本，开展营销活动成本低。

当然，微信营销也有自身的限制，如与微博相比，微信是一个相对封闭的社交平台，虽然微信的信息传播还包括公众号、群聊、私信等多种方式，但朋友圈是其主要的信息传播渠道；而微博是一个公共空间，热门话题的扩散速度比微信快得多。各种营销方式都具有不同的特性，企业需要了解各种营销方式的优缺点，根据媒介的不同特性实施不同的营销策略，最大化发挥企业优势，达到最佳的营销效果。营销活动媒介并不是只有微信、微博、短信等，现在是一个多元化的营销时代，企业要采取一系列的营销策略，有针对性地开展营销活动。

7.2.2　微信营销的方法

1. 微信个人账号营销

微信个人账号是指由个人用户注册的微信账号，是个人用于登录和使用微信应用的唯一身份标识。每个微信个人账号都是独一无二的，并关联着一个具体的用户。微信个人账号除了具有添加好友、聊天交流、发布朋友圈、参与微信群聊等社交功能，还蕴含着较高的商业价值，是个人开展营销活动的有力工具。微信个人账号营销的步骤如图 7-1 所示。

图 7-1　微信个人账号营销的步骤

开展微信个人账号营销首先要注册账号，这是开展营销活动的前提。注册账号之后要注意对个人账号进行"装饰"，如设置专业的头像、昵称和个性签名等，以提升账号形象并获取客户的信任与好感；接下来，要积极增加微信好友的数量，拥有一定数量的微信好友是微信个人账号营销的基础；再接下来，要利用微信朋友圈发布广告及商品信息，以吸引微信好友购买。最后一步是要与客户进行有效沟通，承诺提供优质的商品和售后服务，打消客户疑虑，最终达成交易。

在微信个人账号营销中，微信朋友圈营销是最常见的营销方式。微信朋友圈与社交网络类似，但两者之间又存在明显的区别。在微信朋友圈中发布的信息具有一定的私密性，受众基本是微信朋友圈中的好友，这种营销方式的特点是精确性高、针对性强、互动性良好，适用于口碑营销。

2. 微信公众平台营销

微信公众平台是微信官方提供的服务平台，旨在为企业、媒体、个人、政府及其他组织提供业务服务与用户管理功能。微信公众平台界面如图 7-2 所示。

图 7-2 微信公众平台界面

微信公众平台有 4 种账号类型，分别为服务号、订阅号、企业微信和小程序，这 4 种账号全部面向企业开放注册，而个人只能注册订阅号和小程序。微信公众平台不同类型账号的比较如表 7-1 所示。

表 7-1 微信公众平台不同类型账号的比较

账号类型	注册开放对象	服务目标	具体功能
服务号	媒体、企业、政府或其他组织	旨在为用户提供服务	为用户提供更专业的服务，提高企业的管理能力，帮助企业构建全新的公众号服务平台。其具体功能如下： （1）一个月（自然月）内仅可以发送 4 条群发消息； （2）发给订阅用户（粉丝）的消息，会显示在对方的聊天列表中，相当于微信的首页； （3）服务号会出现在订阅用户（粉丝）的通讯录中，通讯录中有一个公众号的文件夹，点开可以查看所有服务号； （4）服务号可申请自定义菜单

（续表）

账号类型	注册开放对象	服务目标	具体功能
订阅号	个人、企业、媒体、政府或其他组织	旨在为用户提供信息	企业可以通过订阅号向用户传达资讯，以便于企业与用户构建更好的沟通模式。其具体功能如下： （1）每天（24小时内）可以发送一条群发消息； （2）发给订阅用户（粉丝）的消息，将会显示在对方的订阅号文件夹中，用户点击两次才可以打开； （3）在订阅用户（粉丝）的通讯录中，订阅号将被放入订阅号文件夹中； （4）个人只能申请订阅号
企业微信	企业	主要用于企业内部通信	提供免费的办公应用，助力企业高效办公和管理
小程序	个人、企业、媒体、政府或其他类型的组织	提供多种功能和服务，支持多种商业模式	根据不同的行业和场景，提供多种功能和服务，如电商、教育、娱乐、生活等。小程序还可以支持社交电商、广告投放、会员系统等多种商业模式

　　服务号主要用于为企业及其他机构提供信息传递、业务服务与用户管理的功能。例如，移动运营商的服务号能够为手机绑定客户提供业务查询、业务变更、手机充值等快捷服务。服务号的适用对象为媒体、企业、政府或其他组织。每一个服务号在一个月（自然月）内可以发送 4 条群发消息。

　　订阅号的主要功能是向用户传递资讯，适用对象包括个人、企业、媒体、政府或其他组织。每一个订阅号 1 天内可群发 1 条消息，如果想用微信公众平台简单发送消息，做宣传推广服务，可选择申请订阅号。但如果想发挥微信公众号更强大的功能，如开通微信支付等，应申请服务号。

　　企业微信是企业的专业办公管理工具，具有与微信一致的沟通体验，能够为企业用户提供丰富的免费办公应用，并与微信信息、小程序、微信支付等互通，助力企业高效办公和管理。

　　小程序又称微信小程序，是腾讯公司推出的一种全新的移动应用模式。它是一种不需要下载安装即可使用的应用程序，可以在微信内直接打开和使用，并且不占用用户的手机内存空间。小程序的适用对象包括个人、企业、媒体、政府或其他类型的组织。小程序有生活服务类小程序、工具应用类小程序和游戏娱乐类小程序 3 种类型，如图 7-3 所示。小程序能够提供多种功能和服务并支持多种商业模式，在企业宣传、企业营销、售后分析等方面都有着广泛的应用。

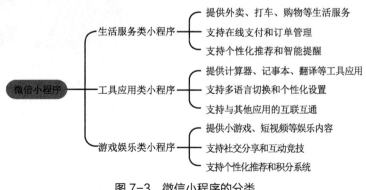

图 7-3　微信小程序的分类

企业可以利用微信公众平台开展营销活动，通过后台的用户分组和地域控制，实现精准的商品信息推送。利用二次开发展示商家微官网、微会员、微推送、微支付、微活动、微报名、微分享、微名片等，微信公众平台营销已经成为一种重要的线上线下微信互动营销方式。下面我们通过 Y 网店的案例来进行说明。

Y 网店在微信当中推出了"你画我猜"活动，活动内容是用户关注该网店的微信公众号，Y 网店会每天推送一张图片给订阅用户。然后，订阅用户可以发送答案参与该游戏。订阅用户如果猜中答案并且在所规定的名额范围内，就可以获得奖品。其实"你画我猜"的游戏形式来自火爆的 App 游戏 Draw Something，并非 Y 网店自主研发，只是 Y 网店首次把这种游戏形式结合到微信活动推广中来。图 7-4 所示为 Y 网店的"你画我猜"活动。

图 7-4 Y 网店的"你画我猜"活动

3. 微信商城营销

微信本来是手机端的社交平台，自 2012 年 8 月 23 日正式上线后，两年内就拥有了超过 6 亿用户，这样惊人的数据吸引了无数企业的眼球，庞大的用户群体背后隐藏着巨大的商机。微信顺势而发，推出微信电商服务产品"微信商城"，助力企业拓展新的网络营销渠道。

微信商城（又名微商城）是在腾讯微信公众平台推出的一款基于移动互联网的商城应用服务产品，本质上是一个手机购物网站。微信商城充分利用了微信的庞大用户基础和社交属性，为商家提供了一个与消费者直接互动和交易的渠道。消费者只要通过微信商城平台，就可以实现商品查询、选购、体验、互动、订购与支付的线上线下一体化服务模式。

微信商城可以通过微信公众号的粉丝来获取用户，如通过不断推送公众号文章或者开展相关活动将粉丝转化为用户，之后运营者还可以通过推送一些促销活动与用户建立二次联系。常见的微信商城有微店、有赞、微盟等。图 7-5 所示为微店开店界面。用户打开微信，点击通讯录，点击微信公众号并选择要进入的微信商城，即可进入该微信商城进行购物等。图 7-6 所示为利用有赞建立的"好利来天津微商城"界面。

图 7-5 微店开店界面

图 7-6 利用有赞建立的"好利来天津微商城"界面

在微信商城上开展营销活动，商家可以充分利用微信的社交分享功能，鼓励消费者将感兴趣的商品或优惠活动分享给朋友或朋友圈，从而增加销售机会。商家还可以根据用户在微信商城上的浏览历史、购买记录等信息进行精准推荐，实现定向营销。微信商城上的商家还可以通过微信公众号或小程序发布互动活动，增强用户黏性。

4. 微社区营销

微社区是基于微信公众号的互动社区，可以应用于微信服务号和订阅号，解决了同一微信公众号下订阅用户无法直接交流、互动的难题，将信息推送方式变为用户与用户、用户与平台之间的"多对多"沟通模式，为用户提供更好的互动体验。

 **延伸学习**

微社区的使用

第一步：打开"微信客户端"，在"通讯录"中点击右上角的"添加"按钮，选择"查找公众号"。

第二步：在"查找公众号"中查找"微社区"（微社区不是特定的公众号，它是隐藏在公众号中的功能，拥有微社区功能的公众号不只是"微社区"一个，还有许多的公众账号拥有微社区功能，这里只是采用"微社区"作为例子）。在"微社区"公众号中，会看到"互动社区"，它就是微社区。

第三步：进入"微社区"就感觉到它很像论坛，底部有"发帖"按钮，用户可以在"微社区"中进行发帖。

第四步：在"微社区"的右上角，用户可以进行微社区内容的分享。

微社区营销是指在微社区中，商家通过发布吸引人的内容、组织互动活动以及与用户进行及时的互动交流等方式，与目标受众建立紧密联系，传递品牌价值，并最终促进产品销售和增强客户关系的营销行为。这种创新的营销方式巧妙地利用了微社区的社交属性和用户的高黏性，从而有效提高了营销活动的参与度和转化率。

微社区营销主要采用折扣营销、裂变营销、内容营销，以及与行业先锋合作等多种方式，通过发布促销信息吸引对价格敏感的消费者，进而促进销售转化。同时，微社区营销利用拼团、砍价、助力等裂变型营销手段，激发用户的积极参与，实现品牌的快速传播。此外，微社区营销发布有价值的内容如教程、话题讨论和直播短视频等，能够吸引用户的关注并传递品牌价值。微社区营销与社区内的关键消费者或意见领袖合作，则能借助他们的影响力提升用户对产品和品牌的信任度及购买意愿。

5. 二维码营销

对于坐拥十多亿活跃用户的微信来说，增加二维码扫描的功能，能够大大提升其商业价值。二维码在推广微信账号方面扮演着至关重要的角色，它是连接企业与潜在用户的重要桥梁。企业可以通过多种方式展示微信二维码，并通过恰当的促销手段吸引新用户扫码关注，从而增加微信用户数量，为今后开展微信营销奠定基础。但这种商业模式要想真正吸引用户，就必须有一个明确的诱因，并能激发用户的真正兴趣。例如，瑞幸咖啡在门店收银台展示企业微信二维码（见图 7-7），顾客扫码后可以加入企业微信群（福利社）。瑞幸咖啡的福利社经常会发放各类优惠券，对顾客有巨大的吸引力。此外，瑞幸咖啡还在官方微信公众号上发布的文章中放置企业微信的二维码，用以引导用户添加好友并进入群聊。通过企业微信二维码，瑞幸咖啡建立起了与用户直接沟通的渠道，不仅增加了顾客的黏性，还有效提升了销量。

图 7-7　瑞幸店内展示的企业微信二维码

6. 位置签名营销

微信中有基于 LBS 功能的插件"附近"。用户打开插件后，可以根据自己的地理位置查找周围的微信用户。被查找到的微信用户除了显示用户名等基本信息，还会显示用户签名档的内容，所以用户可以利用这个签名档为自己的产品做免费的广告宣传。如果查看"附近"的使用者足够多，这个简单的签名档就会变成移动的"黄金广告位"。

7.2.3　微信营销的技巧及应注意的问题

1. 微信营销的技巧

（1）粉丝吸引与宣传推广

微信营销的核心在于挖掘用户价值。高质量的粉丝不仅能为微信商家创造利润，更有可能成为品牌的忠实传播者。微信商家可通过多种方式如老顾客推荐、微信会员卡优惠、点赞活动以及利用"查找附近"功能等策略吸引更多潜在客户。

（2）社交分享与转发激励

微信商家应积极利用客户的社交分享，通过激励措施鼓励他们在微信朋友圈进行内容分享和转发。同时，微信商家提供优质的产品或服务是至关重要的，因为高品质的产品或服务更可能激发客户的分享和评论，进而提高品牌曝光度。

（3）个性化推荐与精准定位

能否真正做到个性化推荐是微信营销的关键。借助微信的分组和地域控制功能，微信商家可以实现对用户的精准消息推送。例如，当用户前往新城市时，根据他们的地理位置签到信息，推送附近的商户推荐。此外，利用大数据分析工具深度挖掘客户信息，分析其消费习惯，能够进一步实现精细化营销。

（4）互动营销与品牌传播

微信平台提供了一对一的沟通渠道，使微信商家能够与粉丝进行个性化互动，根据用户需求定制品牌信息推送，从而迅速提升品牌知名度。

（5）促销活动与优惠策略

微信商家可定期通过微信平台开展促销活动，如发放优惠券、转发奖励、抽奖等，以提升商品销量。

（6）内容创意与趣味性

微信营销的成功在很大程度上取决于内容的吸引力。当内容既有趣又实用，且能引发用户的分享欲望时，微信营销的效果必将大大增强。因此，精心策划和撰写微信营销内容是至关重要的。

2. 微信营销应注意的问题

微信商家在微信营销过程中应注意以下几个方面的问题：一是"装饰"好自己的微信，使之完整、有趣。二是注重粉丝质量。高质量的粉丝更有价值，有更大的机率转化为微信商家利润。三是推送长度适中且实用、有趣的内容。四是适度营销。一味地群发消息会令人反感，群发过多的无聊内容就是骚扰用户。因此，微信商家不可滥用群发功能，只需在适当的时候利用群发功能提醒用户即可。五是拒绝道德绑架，不可强迫用户把信息分享到朋友圈。六是不可将微信好友当成营销工具。朋友圈是基于熟人的关系，如果朋友圈中发布的内容全部带有广告性质，或者将微信好友当成营销工具，往往会引起微信好友的反感甚至厌恶，不但达不到营销的目的，反而会失去微信好友。七是不可乱发广告。用户关注某个微信账号是因为对该微信账号发布的产品本身感兴趣，而不是为了看广告。因此，应避免滥发广告，更不可随意发布与微信账号无关的垃圾广告。八是及时回复用户信息。即时互动是微信营销的一大优势，微信商家可以通过微信与用户进行有效的沟通。九是不可只专注于微信营销。微信营销虽然具有互动性强、快捷、成本低等优势，但绝不是万能的。为更好地实现营销目标，微信商家还应尝试微博营销、博客营销等多种营销方式。

任务 7.3　熟悉博客营销

7.3.1　博客营销概述

1. 博客营销的含义

博客营销是博客作者利用个人的知识、兴趣和生活体验等，通过撰写博客文章来传播企业或产品信息的营销活动，目的是运用博客进行宣传。通常所说的博客营销有两层含义，第一层含义指的是发布原创博客提高权威度，进而吸引用户购买；第二层含义是企业付费聘请其他博客写手撰写博客，评论企业产品。真正的博客营销是靠原创的、专业化的内容来吸引用户的，通过培养一批忠实的用户，在用户群体中建立信任度、权威度，形成个人品牌，进而影响用户的购买决定。

阅读资料

五大博客营销方法帮你进行电商网站推广

博客营销作为电商网络营销的一个重要形式，不仅可以有效展示品牌，还可以带来精准的客户群，并通过互动交流提高客户的忠诚度。电商网站同样需要利用这样的平台来推广品牌和信息。下面介绍5种博客营销的类型。

新闻营销。博客具有自发新闻的功能，企业在博客营销中要主动出击，要学会通过制造新闻吸引用户的关注。企业要主动挖掘自己产品和品牌的新闻，然后撰写高质量、新颖的新闻稿投稿给媒体，并在博客中大量发布相关内容，从而争取最大、最快地曝光品牌和产品。

互动营销。博客营销的目的在于推广品牌、产品或者服务，最终效果就是要直接促成销量提升。企业要与用户进行良好的互动，特别是在推出新品之前和发布产品的详细信息后，要在评论中吸取意见和建议，这对企业产品的市场预热能起到很好的作用。企业可以向读者公布产品的说明书、宣传册等相关的宣传资料，以获得更多的关注。

口碑营销。博客营销带来了全新的推广理念和信息传递模式。特别是专门的产品博客或者品牌博客，突破了传统博客的概念和意义，可以直接吸引目标用户，从而对其进行有目的、有计划的信息传播。这样就可以在品牌和用户之间建立深层次的沟通渠道，以优质的内容激发订阅用户主动宣传和推广的欲望。

品牌营销。企业的品牌博客可以将品牌拓展到全新的市场和用户群体中，特别是面向年轻群体的产品和品牌。企业在品牌营销前根据对目标用户网络行为的细致研究来策划具体营销内容，以同目标用户相似的语言方式和语气与他们沟通，引发目标用户对品牌的共鸣。

关键字营销。对于网络营销来说，关键字营销不可或缺，这与搜索引擎的大量使用有关。再好的产品都需要按用户的精准需求设置最佳关键字，这样也是为推广和营销加分。企业将最新的概念和技术以及流行趋势与产品和品牌相结合来设置标题关键字，可以明显增加企业被搜索到的次数。被看到的机会越多，那么在优质博客内容的引导下，企业就会有更多的业务洽谈机会和销量提升机会。

资料来源：营销博客。

2. 博客营销的主要任务

博客营销在企业营销中的任务主要表现在发掘市场机会、提高顾客关注度、推广产品或服务、提高品牌知名度、开展公关活动、加强企业文化建设这六个方面。

3. 博客营销的形式

企业因实力、知名度及所在行业等各方面的不同，所采用的博客营销形式也不尽相同。从博客在营销中的具体应用来看，企业开展博客营销常见的主要有企业网站博客频道模式、第三方企业解决方案提供者（Business Solution Provider，BSP）公开平台模式、建立在第三方企业博客平台的博客营销模式、个人独立博客网站模式、博客营销外包模式、博客广告模式6种形式。

7.3.2　企业博客营销的实施

1. 制定博客营销目标

为实现博客营销的预期成果，企业实施博客营销应制定明确的目标。制定博客营销目标时，企业需参照既定的经营战略，在不同时期内确定增加销量、提高企业知名度与美誉度、提升市场占有率、增强客户黏性等具体目标。

2. 选择博客营销平台

目前有3种博客营销平台供企业选择：一是把博客放在博客服务商的托管平台上，二是把博客建立在自己的域名和服务器上，三是在企业原有的网站开辟博客空间。这3种博客平台各具优势。首先，博客服务商托管平台往往拥有大量的用户，每个博客服务商托管平台用户的量和质都是有差别的，企业要根据自己的产品或服务的特点，结合自身的营销目标选择恰当的博客服务商托管平台，使企业的博客营销取得事半功倍的效果。把博客建立在自己的域名和服务器上，往往很难有较高的曝光率，尤其是博客刚刚建立的时候。然而此种博客一旦受到搜索引擎认可，在搜索引擎上会很有优势。企业如果选择在自己的网站开辟博客空间，用户数量很难与博客服务商的托管平台相比，但是可以使博客内容与网站上的其他相关内容互补。

3. 选择博主

企业开展博客营销，可以由企业营销人员建立博客，也可以选择入驻知名博主的博客。企业营销人员自主建立博客有很多优点，如博主对企业的营销理念，对企业的产品、服务及顾客都很熟悉，博客内容较为专业且有说服力，并且成本较低，更新速度快，便于即时沟通等。利用知名博主的博客开展营销活动则可利用其博客的巨大访问量，通过展示广告或者软文广告的方式开展营销活动。此种方式的优点是传播速度快，使用方便，名人的示范效应还可能增强营销传播效果。

4. 管理博客内容

博客内容的质量直接关系到博客营销的效果，决定了阅读者的数量及阅读后对其产生的影响。博客内容质量的高低首先取决于博客内容是不是目标用户关注的内容，因此我们要明确目标用户的需求，投其所好，发布目标用户感兴趣的内容，吸引目标用户阅读，如将行业信息、行业的发展动态、行业的最新研究动向、企业的研发成果等同行或目标用户关心的内容作为博客内容。企业开展博客营销要注意博文的形式，要选择目标用户比较容易接受的形式开展博客营销，例如软文比一般的广告更容易吸引阅读者。博主要注意与阅读者的沟通，尤其是对阅读者的咨询及评论要及时回复，要及时解决存在的问题，加强与阅读者之间的联系，从而获得更高的满意度，树立良好的口碑。企业还要注意长期坚持及时更新博客内容，以吸引目标用户持续关注。

5. 对博客营销的效果进行评估

博客营销同样需要进行效果评估。企业要及时发现博客营销中存在的问题，并不断地修正博客营销计划，力求博客营销能发挥更好的营销作用。

7.3.3 企业博客营销的技巧

1. 博客写作管理

企业通过博客开展营销活动，要指定专人负责博客文章的撰写与回复等维护工作，保证博客的内容时常更新，以吸引更多的阅读者。同时，博客文章的发表要有计划性，企业要对博客文章的内容范围、写作及更新频率进行管理，以确保博客营销活动顺利开展。高质量的博文是吸引阅读者的基本要素。企业要撰写高质量的博文，不仅要注意选题、文字技巧，同时还要注意博文与企业营销目标的关系。

2. 个人观点与企业立场

企业开展博客营销需要注意处理个人观点和企业立场的关系，企业应允许和鼓励作者表明个人立场和观点。此外，企业的博文应从个人角度出发，因为大众对于官方感很强的博文的接受度较低。博文作者的署名一般都是某个员工而不是某个企业，点对点的信息传播更会使阅读者的亲切感倍增。

3. 沟通和反馈

企业博客是与用户沟通、收集反馈意见的方式之一。用户常常能给企业提供有价值的产品意见。所以，很多人认为对话、交流、具有社区的感觉是博客的最大特点之一。

4. 谨慎处理负面评论

企业对博客留言中的负面评论需要采取正确、谨慎的态度，尤其不要轻易删除负面评论。只要用户留言中没有谩骂、诽谤，对产品的批评和意见都应该保留，并且由专人给予回复和跟踪。

一味地删除负面评论，常常会激怒用户。如果这些用户到其他博客、论坛广泛传播其言论被删除的事情，反而会使企业陷入被动局面。

任务 7.4 熟悉微博营销

7.4.1 微博营销的含义与特点

1. 认识微博

微博是微型博客（MicroBlog）的简称，即一句话博客，是一种通过关注机制分享简短实时信息的广播式的社交网络平台。微博是一个基于用户关系进行信息分享、传播以及获取的平台。用户可以通过终端接入，以文字、图片、视频等多媒体形式实现信息的即时分享、传播互动。微博的关注机制可分为单向、双向两种。

微博是由博客演变而来的，在 2009 年 9 月至 2010 年 5 月，国内四大微博（新浪微博、网易微博、搜狐微博、腾讯微博）先后上线，但后来网易微博、搜狐微博、腾讯微博逐渐淡出人们的视野。2014 年 3 月 27 日晚间，在微博领域一枝独秀的新浪微博宣布改名为"微博"，并推出了新的 LOGO，新浪色彩逐步淡化。微博手机端页面如图 7-8 所示。

图 7-8 微博手机端页面

2. 微博营销的含义

微博营销是随着微博的广泛使用而产生的利用微博平台实现企业信息交互的一种新型营销方式，是企业借助微博这一平台开展的包括企业宣传、品牌推广、活动策划及产品介绍等一系列的市场营销活动。

微博营销与博客营销有很多相似之处，如两者的传播都是以内容为基础的，两者传播的信息对读者都有价值等。但两者在传播模式、信息的表现形式、营销传播的核心等方面有诸多不同之处。

3. 微博营销的特点

（1）成本低廉。微博发布的信息一般短小精悍，因此使用者能轻松灵活、随时随地地发

延伸学习

微博营销与博客
营销的区别

布信息，与传统的大众媒体如报纸、电视等相比，不仅前期成本投入较少，后期维护成本也更加低廉。

（2）针对性强且传播速度快。关注企业微博的用户大多是对企业及其产品或服务感兴趣的人，企业在发布其产品或服务的微博时，这些信息会立刻被关注者接收。由于信息传递及时且针对性强，往往能实现较好的营销传播效果。

（3）灵活强。企业可以利用文字、图片、视频等灵活多变的表现形式，使微博营销更富有表现力。同时，微博的话题选择也具有很强的灵活性，企业可以自由选择用户感兴趣的话题，吸引用户阅读和参与。微博将互动功能最大化地开放给用户，可以有效地提高用户的参与度，提高营销沟通效果。

（4）互动性强。企业或个人能够通过微博与关注者实现实时沟通，及时有效地获得信息反馈。

7.4.2　微博营销的主要任务

1. 传递产品及活动信息

很多企业和带货主播都会通过微博发布产品信息，吸引消费者购买。例如，淘宝某头部主播常用微博推广产品，并通过微博传递产品的活动信息。需要注意的是，利用微博开展营销活动时，企业需要遵循的原则是少做产品硬广告，增加信息的可读性，为精准受众开辟专门的信息发布通道。

微博营销的主要任务

2. 开展互动营销活动

微博营销的本质是微博发布者与粉丝之间的互动。互动营销意味着企业与客户之间有更近的距离、更多的交流。企业通过与客户的互动可以传递相关信息，了解客户的想法，解决客户的难题，从而获得客户的信任。

3. 开展客户服务与管理

企业可以利用微博这一新型在线客户服务平台提供在线客户服务，通过微博私信使客户轻松、便捷地享受企业提供的在线客户服务。客户可 24 小时通过微博评论、私信等多种方式获取企业的服务帮助。

此外，企业可以通过微博收集客户信息，加强与客户之间的沟通，持续发展良好的客户关系。企业利用微博开展客户关系管理，将客户资源、销售、市场、客服和决策等功能集于一体，既能规范营销行为，了解新老客户需求，提升客户资源整体价值，又能跟踪订单，有序控制订单的执行过程，还有助于避免销售隔阂，调整营销策略。

4. 舆论反应监测

社会化媒体时代的到来使信息传播模式发生了根本性变化，微博成为网民关注公共事件、表达利益观点的主要渠道，因此微博也成为舆情汇集和分析的重要阵地。舆情管理对企业来说至关重要，它不仅可以为企业经营过程中产品或服务内容的定位提供基础，还可以帮助企业趋利避害，减轻负面舆论压力，强化正向品牌力量。越来越多的企业开始在微博上追踪客户对其品牌的评价，监测舆论反应情况，从而迅速了解客户心理，了解客户使用产品的感受以及客户最新的需求。

5. 危机公关

企业在危机发生后及时通过微博公布信息，可以减少公众的无关猜测，有效地提高危机公关的效率。在面对危机时，企业可通过微博第一时间发布危机处理的计划，体现企业急切处理问题的决心和积极性，稳定公众情绪。同时，企业迅速落实初步处理举措，能体现企业雷厉风行的作风。企业将初步举措的实施细节及结果公布于微博之上，此举不但能够表明企业已经开始行动，而且还能强化企业"积极应对""积极解决"的正面形象。

 **案例分析**

"支付宝锦鲤"微博营销

2018 年被称为互联网的拜锦鲤元年，转发锦鲤已经成为社交场景中的一种流行趋势，而将这种趋势推向顶点的便是支付宝国庆期间在微博发起的"祝你成为中国锦鲤"活动。

在此次"支付宝锦鲤"事件中，最大的爆点是那个花 10 分钟都看不完的锦鲤清单。支付宝发起活动后并没有直接公布奖品，而是让参与者查看评论区，这时候就预理了评论区变身品牌广告位的隐形线。除了提前精心安排的品牌"蓝 V"之外，其他品牌也看到了评论区的聚合能力，纷纷在微博评论区评论。在活动推文发出后的一个小时内，200 多家品牌纷纷评论，迅速占领评论区。支付宝搭台，200 多家品牌共同上演了国庆期间最慷慨激昂的品牌集体演出。品牌之间的联动营销不仅放大了活动声量，而且使参与活动的大量"蓝 V"品牌都获得了远超自己日常推文的点赞和评论量，收获了增量级曝光。

这次活动也成为微博有史以来势头大、反响强烈的营销活动之一。据微博实时数据统计，"支付宝锦鲤"活动上线 6 小时，微博转发便破百万次，成为微博史上转发量最快破百万次的企业微博。这条微博最终共收获了 200 多万个转评赞，2 亿次曝光量。

案例分析："支付宝锦鲤"微博营销的成功表明，企业在发布微博营销的内容时要注意选择能引起客户及潜在客户兴趣的话题，要注意微博内容的丰富性及形式的多样化。只有激起用户的参与兴趣，才能实现微博的传播裂变，助力企业实现营销目标。

7.4.3 微博营销的实施

1. 微博营销实施的程序

（1）明确企业开展微博营销的目标

微博营销通常是企业整体营销计划的一个组成部分，因此企业在开展微博营销之前，首先要在企业整体营销目标的基础上制定明确的微博营销目标。在一定时期内，企业的微博营销目标可以是激发客户的需求，提高企业的市场份额；也可以是加深客户对企业的印象，树立企业的形象，为其产品今后占领市场、提高市场竞争地位奠定基础。由于微博营销目标不同，微博营销策略的实施，包括微博内容的选择、微博形式的选择等都应该有所差异。

（2）制订企业微博营销活动计划

微博营销活动计划是在企业微博营销目标的指导下，微博营销活动的具体实施计划。微博营销活动计划包括微博平台的选择与安排、微博写作计划、微博营销内容发布周期、微博互动计划等相关内容。微博营销活动计划是企业长期开展微博营销活动的蓝图。

（3）发布微博营销内容

企业撰写并发布微博营销的内容应选择能引起客户及潜在客户兴趣的话题，要注意微博内容的丰富性及形式的多样化。企业发布的每篇微博除文字外最好包含图片、视频等多媒体信息，以便为微博浏览者提供更好的浏览体验。发布微博内容应选择有价值的信息，如提供特价或打折信息，限时商品打折活动等都可以带来不错的传播效果。

（4）微博营销效果评估

企业应可以从量和质两个方面对微博营销的效果进行跟踪评估。在量的评估方面可以选择的指标主要包括微博发布数量、粉丝数量、微博被转发次数、微博评论数量、品牌关键词提及次数等。在质的评估方面可以选择的指标主要包括微博粉丝的质量、微博粉丝与企业的相关性、被活跃用户关注的数量及比例、回复及转发评价等。

2. 微博营销实施的技巧

（1）打造个性化微博

企业要将微博打造成有感情、有思考、有回应、有特点的个性化微博，切忌将企业微博打造成一个冷冰冰的官方发布消息的窗口。打造个性化的企业微博是为了将企业的微博与其他微博区分开来，如果企业的微博没有特点和个性，就很难引起浏览者的关注。因此，企业需要从各个层面塑造微博的差异化，打造个性，增强微博的吸引力，才能持续积累粉丝，从而实现良好的营销传播效果。

（2）坚持微博更新

要想吸引浏览者关注微博，养成浏览者浏览企业微博的习惯，企业就必须定时更新微博，同时要保证微博的质量，大量低质的博文不仅达不到传播的目的，还可能会适得其反。

（3）快速增加目标对象

微博粉丝的快速增加是目标对象快速增加的基础。企业要达到微博粉丝快速增加的目标，应注意以下几点：第一，微博的个人资料一定要完整；第二，微博发布的内容要有吸引力，前期尽可能少发宣传语，多发布一些热点新闻评论或者诙谐短文来吸引更多人的关注；第三，博主应主动和目标对象沟通；第四，多参与一些热门话题的讨论来增加曝光度。仅增加粉丝数量还不够，博主还要想办法从众多的粉丝中准确找到目标用户群，并不断增加目标群体的数量。

（4）强化微博互动

互动性是企业微博可持续发展的关键。要想提高微博互动性，企业就要提升微博发布的内容中粉丝感兴趣的内容的比例，也就是企业宣传信息所占比例不能过高。"活动+奖品+关注+评论+转发"是目前微博互动的主要方式，但实质上，绝大多数人关注的是奖品，对企业的宣传内容并不关心。另外，与赠送奖品相比，博主积极与留言者互动，认真回复留言，更能唤起粉丝的情感认同。

任务 7.5　熟悉网络社区营销

网络社区是当前网络用户沟通的重要平台，也是很多人的精神家园。利用网络社区开展营销活动，是一种新型的营销方式。网络社区将具有共同兴趣的访问者集中在一起，达到成员相互沟通的目的。由于有众多用户的参与，网络社区不仅具备交流的功能，还蕴含着巨大的营销价值。网络社区的平台很多，本书以小红书和知乎这两个广受年轻人关注的平台为例，阐述如何在网络社区平台上开展营销活动。

7.5.1　小红书社区营销

小红书成立于 2013 年，其最早作为一个 UGC（用户创造内容）购物笔记分享社区进入用户视野，早期内容大多为出境游购物分享及推荐，随着用户对海外购物的需求日渐增多，小红书逐渐拓展了美妆、时尚、美食等社区种类。在小红书社区里，用户分享自己的商品使用体验，也可以阅读他人分享的优质内容。随着分享社区的发展，用户自然产生了对于社区中分享产品的购买需求，于是小红书上线了购物功能，并由单纯的 UGC 社区发展成为以社区型电商为特色的跨境购物平台。

1. 小红书的发展历程

（1）探索期（2013 年）

在探索期，小红书致力于建立一个能够分享优质境外购物经验笔记和攻略的 UGC 社区，在满足用户获得境外购物攻略的需求后还加入了自制的表情，优化相机，改进搜索功能和优化页面交互，提升用户体验并进一步增加用户黏性。

在这一阶段，小红书主要围绕着社交、攻略分享来展开。同时，社区内沉淀了大量优质的海外购物笔记和攻略。探索期为下一步商业化尝试和社区边界拓展打下了良好的基础。

（2）成长期（2014—2016 年）

在此阶段，小红书进入了快速发展期，用户不再满足于仅仅获得海外购物的经验和攻略，一部分没有出国计划或条件的用户产生了希望海淘的需求。2014 年 7 月，国家正式在政策上承认了跨境电商这一商业模式，借着政策的风口，也为了满足用户对于海淘的需求，小红书推出了福利社这一购物渠道，正式涉足跨境电商领域。

这一阶段的重点在于逐步加强电商（福利社）板块的权重，优化发现页面，使用户的搜索更方便，同时优化了笔记的排版，使得视觉效果更简洁。得益于前期的深厚积累，小红书在这一阶段的商业尝试获得了极大的成功。

2015 年 5 月，小红书独创了小鲜肉送货模式，在 2015 年周年庆这一天达到了 5 000 万的销售额，周年庆期间共新增了 300 万新用户，在 App Store 使用中的排名发生了一次垂直式提升，一度达到总榜第四名。自此，小红书不再是小众圈子的独宠，正式进入了大众圈子的视野。

（3）成熟期（2016 年至今）

经过上一个阶段对于商业模式的摸索，小红书成功找到了自己的定位：社交型电商平台。相对于老牌电商平台如淘宝、京东等，小红书的优势在于通过交流社区获得了大量的社区用户，小红书通过用户分享的感性体验和使用心得来吸引用户"种草""拔草"，这实际上与现在网红粉丝文化无异，使产品通过粉丝效应获得更大的话题性和更高的转化率。同时随着小红书引入了第三方商家和品牌，社区的生态氛围也扩展到了护肤、美妆、美食、服装等品类，不断扩大的社区圈子对引入新用户有很大帮助。同时，小红书极力维持社区氛围，提升用户体验，从而增强用户黏性。

这一阶段的重点在于维持现有用户不流失并引入新用户，由于短视频 App 的大热，因此在这一阶段，社区笔记也支持发布短视频，并且围绕着短视频的优化进行了多次迭代：如增加背景音乐，更换滤镜，增加贴纸等。

得益于上一阶段运营手段的成功，小红书在这一阶段加大了运营力度，引入多个名人进驻小红书，形成了很大的粉丝效应。2018 年，小红书又赞助了多部综艺节目，在极大地增加了曝光量的同时，把小红书的用户量推上了 7 000 万人。

截至 2019 年 7 月，小红书的用户量已经超过 3 亿人。从 2018 年 7 月开始，小红书开始弱化电商属性，不再强调从内容到电商的消费闭环，而强调自己身为一个生活方式分享社区的定位。截至 2023 年 1 月，小红书用户超过 3.5 亿人，主要面向高消费、都市白领、"90后"及"00后"的年轻群体，其中 24 岁以下人群占比达 58.3%，女性占比高达 87%，网络高端消费人群占比达 51%，强大的消费力人群聚集，造就了小红书强大的电商属性。

2. 小红书社区营销的特点

小红书的使用场景涵盖多个品牌触达用户环节，寻找新品牌、搜索购买攻略、创造新用法和分享品牌故事等都包含在内。尤其是在用户的决策时刻，小红书更是彰显了独特的平台价值。小红书对消费者购买决策的影响如图 7-9 所示。

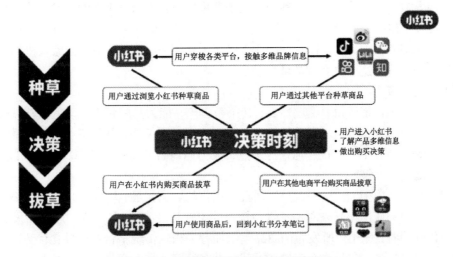

图 7-9 小红书对消费者购买决策的影响

社区氛围突出的小红书，已经成为影响众多年轻人生活方式和消费决策的重要入口。从用户画像来看，小红书月活用户超过一亿人，聚集了约 3 000 万关键意见消费者。破亿的月活用户中，有 7 成为"90后"，70%的用户居住在一、二线城市。分享者全年发布约 3 亿篇笔记，其中超过 110 万篇笔记与新品相关，200 万篇笔记与试用评测有关。用户之间以分享内容相互影响，完成从"种草"到"拔草"的转化。小红书社区营销的特点主要表现在以下几个方面。

（1）社交功能强大

小红书利用信息聚集用户，并利用用户引导消费。小红书起初是满足用户海外购物的需求，但随着信息覆盖面的增大，小红书的流量迅速增大，具有相同需求的用户利用小红书交流沟通之后，可提供用户关于商品的隐形信息，使用户买到心仪的商品。

（2）方便快捷

小红书在信息分享的过程中，解决了信息不对称、语言交流障碍等问题，为用户提供了极大的便利。小红书"自营+第三方电商平台"的社群营销，丰富了市场的交易渠道，扩大了市场的就业机会，为海漂人员提供分享国外购物经验的机会，增大了国内外的市场交易额，满足了创始人、第三方电商平台、用户、外商、物流等多方的需求，一举多得。

（3）信息分享多元化

小红书具有多元化的信息分享途径，用户可通过手动笔记、视频直播、动画编辑等形式进行分享，除了"红薯粉"之外，用户还可通过直播形式增加用户自己的粉丝，称其为博主，博主拥有的粉丝量越多，越能够满足商家的营销条件，此形式除了营销商品，还可以营销用户（博主）本身，具有多层盈利环节，层层相扣。

3. 小红书社区营销的策略

（1）平台达人营销策略

小红书在整合优势资源时，并不完全依赖头部达人，而是以腰部达人为主导，辅以尾部达人进行推进。腰部达人负责创建并引领话题，尾部达人则负责话题的扩散，共同营造独特的 UGC 氛围。同时，平台会推出一系列互动活动，如粉丝互动、热门榜单排名等，以充分利用粉丝的力量进行链式传播。这种新型的消费模式将消费者的购买、体验、认可和传播紧密结合，打破了传统的"购买—评价"模式，有效提升了消费者之间的交互性。这一策略不仅提升了小红书的影响力，还以较低的成本吸引了新用户，为品牌方、商家及机构在平台上的资源投放和运营创造了更有利的环境。

（2）名人效应

名人优势在于自带流量，话题性高，传播范围广，能为品牌带来更多的关注。很多名人的粉丝购买力强，他们希望与自己的偶像在某一方面有所关联，并付诸相应的行动，比如购买偶像推荐的商品。小红书正是抓住这一点，大力邀请名人入驻，从而获取粉丝经济效益。

（3）个性化推荐策略

在网络社区环境中，社交平台可以通过对用户的紧密接触，掌握用户的消费偏好。用户也可以根据自己的使用偏好来对信息进行快速的识别和过滤。小红书在对平台所发布的内容进行标签化的同时，使用户所发布的商品笔记拥有了相较传统平台的差异化优势。这方便了商家对商品按目标受众进行划分，提高了其向潜在消费者推送商品的准确性和有效性。消费者在搜索商品或者了解商品体验的同时，节约了获取信息的成本与时间。不仅如此，小红书还对消费者的评论，包括点赞、心愿单等的信息数据进行了整理和分析，通过算法的升级和迭代，实现更加精准的商品推荐，以个性化的产品推荐和社交氛围，满足消费者的需求。

（4）种草营销

相较于传统的营销模式，小红书的 UGC 营销模式与众不同。它采用了社交平台来激发相当数量的用户进行生活和商品的分享，从而达到商品信息的传播，再进一步激发其他用户进行购买。该类分享用户在不断分享商品的过程中会成为头部用户。头部用户分享商品时，会激发粉丝的消费意愿，从而引入大量的流量提升销量。这一过程可以被定义为"种草"。小红书的宣传群体并不是网红，而是引入大量普通用户，通过他们对生活好物的分享来进行口碑宣传，既能满足用户购物后的分享欲望，也能获取其他用户的信任。小红书的功能性更像是百科全书，用户不仅可以得到自己想要获取的信息，还不会产生厌倦心理和抵触情绪，降低了营销成本，吸引了更多粉丝，获得了更大的经济价值。

7.5.2　知乎社区营销

知乎成立于 2010 年，是一个标志性的问答社区，用户可以在知乎上共享知识、经验和见解，并找到自己的答案，而图文内容是用户在知乎上生产和消费的主要内容形式。截至 2020 年 12 月 31 日，知乎社区累计拥有 3.532 亿条内容，其中包括 3.153 亿条问答多元化的内容，涵盖了 1 000 多个垂直行业和 571 000 个主题。在知乎平台上的内容创作者累计达到 4 310 万人。

1. 知乎的发展历程

（1）创立期（2010—2012 年）

知乎在创立期也称为邀请制时期，这一时期知乎维持着小众、分享高质量知识内容的社区氛围，同时这段时期也是知乎进行产品打磨、内容与用户关系沉淀的关键时期。

（2）成长期（2013—2015 年）

2013 年 4 月，知乎开放注册后，用户数量快速增长，从 2012 年年底的 40 万注册用户猛增至 2013 年年底的 400 万注册用户，增长了九倍，这一时期的知乎，无论是用户圈层还是内容领域都在快速地扩张，社区也步入加速成长时期。

（3）成熟期（2016—2019 年）

2016 年，随着知识付费概念的兴起，知乎也推出了如"值乎""知乎 Live"等多项知识付费功能，之后知乎搭建起从"超级会员"到"盐选会员"的会员体系。此外，知乎也在 2018 年参考微博热搜推出了知乎"热榜"功能。2019 年年底，知乎开始向商家和品牌提供"内容商务解决方案"的营销体系，进一步扩充平台的广告价，多项功能及服务的推出加速了知乎的商业化进程。

（4）多元业务发展与国际化拓展期（2020 年至今）

2020 年以来，知乎不断拓展多元业务，如电商、出版、在线教育等，以实现更广泛的商业变现。同时知乎还加大了对国际市场的拓展力度，先后在多个国家和地区推出了知乎的国际版应用。在组织结构方面，知乎也进行了多次调整，以适应不断变化的市场需求。

2. 知乎社区营销的优势

知乎社区营销是一种新兴的网络营销模式，它将传统的营销理念与知乎社区的特性相结合，充分利用知乎的互联网技术和海量的社区用户，以创造独特的营销机制，实现高效营销的目的。知乎社区营销的优势主要体现在以下两个方面。

一是知乎社区营销能够有效提高品牌的知名度和美誉度并培养忠诚客户。知乎对文章质量有着极高的要求，用户在知乎上阅读到的企业营销软文大多是能够引用用户共鸣的精品佳作。这些文章能够有效提高企业品牌的知名度和美誉度，帮助企业在互联网上形成强大的口碑效应，提升用户的品牌忠诚度，进而培养更多的忠实用户。

二是知乎社区营销能够有效联系受众，实现高效互动营销。通过知乎社区营销，企业可以与知乎社区用户进行实时互动，进而帮助企业了解其受众需求，接收最新信息，促进受众参与营销活动，提升营销成效。

 **延伸学习**

如何在知乎社区开展有效的营销活动

第一，明确自己的目标用户和定位。在开展营销活动之前，企业需要认真思考自己的目标用户群体和目标市场。同时，企业还需要对自己的品牌定位和形象做好规划和定位，从而能够更好地推出活动方案。

第二，制订明确的推广计划。企业在确定目标用户和市场之后，需要制订推广计划，并确定推广计划的执行时间和方式。企业可以通过发布有趣的内容、回答用户问题、开展问答活动等方式来拓展自己在知乎平台上的影响力。

第三，选择合适的营销方式。知乎上的营销方式多种多样，包括了投放广告、开展话题挑战、写推广文章等多种形式。合适的营销方式需要企业根据自己的品牌属性和宣传产品的不同而定。

第四，落实营销效果的监测及改进。企业通过设定目标和衡量指标，对营销效果进行实时监测和改进。同时，企业要对用户的留言和评论进行积极回应和解答，树立良好的品牌形象。

3．知乎社区的营销策略

知乎社区是一个极具潜力的网络营销平台，企业可以借助它增强用户黏性，提升知名度和品牌力，使更多用户了解企业的产品或服务，从而实现企业的营销目标。企业在知乎上开展营销活动，可采取如下营销策略。

（1）有针对性地传递营销信息

开展知乎社区营销，企业要熟悉知乎的功能，把握知乎的最新发展动向，理解不同类别用户的行为习惯，有针对性地把企业的营销传递给目标用户。

（2）注重提高知名度和品牌力

企业要在知乎上建立自己的企业宣传页面或专栏，并不断更新内容，以专业、新鲜的话题和内容吸引用户的关注。企业可以发布有深度的专业知识、有趣的产品广告、有益的行业新闻，不断提高企业的知名度和品牌力。

（3）充分运用内容营销手段

知乎的内容展现形式多样，既可以是文字，也可以是视频、图片和图文，如图 7-10 所示。内容营销是知乎社区营销的一种有效手段。通过内容营销，企业专注于创作有价值、与品牌有关联的内容，能够吸引和保留目标受众，并最终创造收益。

知乎内容营销的具体方法如下。

一是通过热门话题提问，精准识别用户。知乎社区以问答为主，大量热门话题的访问量很高，对于企业和品牌商来说，分析热门话题参与者有助于精准地识别用户。

二是注重关键词营销。知乎社区中的问答内容可以永久存在，普通用户通过搜索关键词可以找到自己的问答。

三是采用多种营销模式。知乎平台上的营销模式有回答问题、撰写文案、"知+"广告服务等，都可以为企业的营销目标服务。

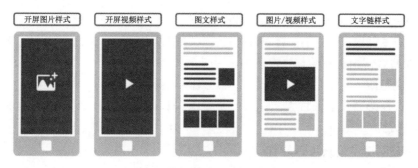

图 7-10　知乎的内容展现形式

（4）采用有效的促销方式

在知乎社区，企业也可以通过多种促销方式将品牌和产品推荐给目标用户，如以赠品或优惠的形式吸引用户参与，从而提升企业的营销效果。

项目实训

【实训主题】微信朋友圈营销

【实训目的】通过实训，掌握微信朋友圈营销的方法与技巧。

【实训内容及过程】

（1）分配实训任务：每一位同学在自己的微信朋友圈开展一次营销活动。

（2）要求同学们确定营销的产品、制作营销海报和文案，在微信朋友圈发布。

（3）搜集各自的点赞数和评论情况，提交截图到班级群。

（4）一周后，同学们撰写微信朋友圈营销实训总结。

【实训成果】

请根据以上内容写作《微信朋友圈营销实训总结》。

练习题

一、单选题

1. 以下不属于网络社交媒体的是（　　　）。

　　A. 微博　　　　　　　　B. 微信　　　　　　C. 博客　　　　　　　D. 广播

2. 微信中的朋友圈属于（　　　）。

　　A. 微信公众平台　　　　　　　　　　　B. 第三方接入平台

　　C. 微信个人账号　　　　　　　　　　　D. 以上都不是

3. 利用微信个人账号开展营销活动的第一步是（　　　）。

　　A. 确定营销目标　　　　　　　　　　　B. 分析微信营销环境

　　C. 注册微信个人账号　　　　　　　　　D. 与客户事先沟通

4. 下列选项中不属于微博营销的特点的是（   ）。

    A. 成本低廉　　　B. 针对性强　　　C. 灵活性强　　　　D. 互动性不好

5. 企业博客营销实施的首要程序是（   ）。

    A. 制定博客营销目标　　　　　　B. 选择博主

    C. 选择博客营销平台　　　　　　D. 管理博客内容

二、多选题

1. 下列属于微信公众平台的有（   ）

    A. 微信个人账号　　　　　　　　B. 企业号

    C. 服务号　　　　　　　　　　　D. 订阅号

    E. 第三方接入平台

2. 利用网络社交媒体开展营销的方式包括（   ）。

    A. 微信营销　　　　　　　　　　B. 微博营销

    C. 博客营销　　　　　　　　　　D. 网络社区营销

    E. 短视频营销

3. 以下属于微信营销特点的是（   ）。

    A. 点对点精准营销　　　　　　　B. 功能多样化

    C. 曝光率低　　　　　　　　　　D. 营销成本高

    E. 低关系营销

4. 小程序的适用对象包括（   ）。

    A. 个人　　　　　　　　　　　　B. 企业

    C. 媒体　　　　　　　　　　　　D. 政府

    E. 其他类型的组织

5. 以下属于微博营销特点的是（   ）。

    A. 成本高　　　　　　　　　　　B. 针对性强

    C. 传播速度快　　　　　　　　　D. 灵活性强

    E. 互动性差

三、名词解释

1. 网络社交媒体　2.微信营销　3.小程序　4. 博客营销　5. 微博营销

四、简答及论述题

1. 网络社交媒体营销的策略有哪些？

2. 微信营销需要注意哪些问题？

3. 博客营销的主要任务是什么？

4. 试论述微博营销实施的程序。

5. 试论述小红书社区营销策略。

案例讨论

"凯叔讲故事"的网络社交媒体营销

王凯，凯叔讲故事创始人，1979 年生于北京，毕业于中国传媒大学播音系，曾任职中央电视台经济频道《财富故事会》的主持人。

　　王凯经常给自己的孩子讲故事，为此他阅读了很多故事绘本，并了解了孩子喜欢的故事题材。由于王凯出差时不能及时为孩子讲故事，他便录制了一些故事，由妻子放给孩子听。后来，王凯把音频发在了孩子幼儿园的家长群里，深受广大家长的喜爱。同时，他还将音频发到微博上，每个音频的转发率都很高。由此，王凯意识到很多孩子和家长都有听故事的需求。于是，从中央电视台辞职后，王凯凭借着多年配音、主持的经验和给自己的孩子讲故事的心得体会，于 2014 年 4 月创办微信公众号"凯叔讲故事"。开始时他并没想过要把自媒体品牌"凯叔讲故事"做到什么程度。可是做着做着，他发现，做这件事情具有极强的幸福感。因为他一直把用户放在第一位，所以几乎每次都是用户推着他往前走；从这时起他开始考虑，有没有机会在我国的亲子教育市场占有一席之地。

　　在"凯叔讲故事"微信公众号的粉丝达到一定规模后，王凯对音频产品做了调整，从讲故事延展到讲古诗词和四大名著，并开启付费模式，同时还推出了漫画绘本和动画片等周边产品。

　　"凯叔讲故事"微信公众号，专注于育儿内容的原创和分享，与千百万家长共享儿童心理、带娃妙招、亲子关系等内容，经过多年经营，已成为母婴类、生活类知名的微信公众号。

　　在内容生产方面，前期以凯叔自己独创的音、视频知识内容为主，后期将凯叔原创内容打造为特色板块后，为了丰富平台内容，购买了其他少儿皆宜的音视频知识版权，同时也会与儿童领域的教育专家或机构进行合作，一起创作知识。因此，凯叔为用户提供了多种音视频内容选择。

　　凯叔讲故事一切以用户需求为中心，在确定故事内容时充分咨询和参考用户建议，自然而然地受到了越来越多用户的欢迎。

　　思考讨论题：

　　1. "凯叔讲故事"网络社交媒体营销成功的原因是什么？

　　2. 结合本案例，请谈谈企业应该如何开展网络社交媒体营销。

第Ⅲ篇　方法篇

导语：在当今高速发展的数字化时代，掌握多元化的网络营销方法，有助于企业扩大品牌影响力，提升网络营销效果，增强市场竞争力，并更好地满足网络用户的需求。本篇重点阐述了网络广告营销、网络事件营销、大数据营销以及O2O营销等主要的网络营销方法，同时介绍了软文营销、论坛营销、病毒式营销、许可 E_mail 营销、二维码营销和场景化营销等网络营销方法。通过对本篇的学习，我们可以掌握开展网络营销的各种方法与实施策略，为今后开展网络营销实践奠定坚实的基础。

项目 8
网络广告营销

学习目标

【知识目标】

（1）理解网络广告的概念与特点。

（2）熟悉网络广告的发布方式。

（3）了解网络广告的分类及不同类型网络广告的特点。

（4）掌握网络广告策划的流程。

（5）掌握网络广告预算与效果评估的方法。

【技能目标】

（1）掌握网络广告的创意策略。

（2）能够为企业制定网络广告整合传播方案。

（3）能够对某一网络广告的效果进行客观评估。

【素质目标】

（1）培养学习网络广告相关知识的兴趣。

（2）树立正确的网络广告策划理念。

（3）遵守社会公德，自觉抵制低俗的网络广告。

项目情境导入

　　"火辣辣的天气就要吃火辣辣的火锅，拉货就找货拉拉。" 2022 年 11 月 14 日，货拉拉推出了《拉货歌 2022》和拉货操，朗朗上口的旋律和简单易学的舞蹈动作让人直呼上头。短短一周线上总播放量就逼近 40 亿次，一轮病毒式的音乐营销由此拉开帷幕。货拉拉在微博发布的《拉货歌 2022》视频截图如图 8-1 所示。

图 8-1　货拉拉在微博发布的《拉货歌 2022》视频截图

货拉拉分别在官方微博、抖音、快手发布了《拉货歌 2022》视频，并同步发起有奖活动和接力挑战赛，以及"货拉拉拉货操大挑战"等话题获得亿次流量曝光，迅速走红网络。仅抖音平台的"货拉拉拉货操大挑战"话题就已吸引了 2.2 万名用户参与其中，获得超 7 亿次播放。

货拉拉的《拉货歌 2022》并不是特例，近年来，品牌定制歌曲已逐渐成为企业营销宣传的一大玩法，不少企业借助洗脑的旋律、简单的舞蹈、朗朗上口的歌词，从抖音、快手、B 站等社交媒体上获得大波流量，快速风靡网络。

问题：网络时代广告的创意与发布方式发生了哪些变化？货拉拉推出的视频《拉货歌2022》为何能大获成功？对我们有哪些启示？

项目分析

与传统广告相比，网络广告具有传播迅速、形式多样、费用较低、能够与目标受众实时互动等诸多优点。随着科技的进步和互联网的深入普及，网络广告在未来有望继续保持强劲的增长势头，进一步颠覆和重塑整个广告行业的格局。同时，随着大数据和人工智能技术的应用，网络广告的投放将更加精准，效果评估也将变得更加科学和客观。

那么，什么是网络广告？网络广告如何分类？网络广告有何特点？如何开展网络广告策划？如何进行网络广告预算？如何对网络广告效果进行评估？本项目将分别对以上问题进行解答。

任务 8.1　了解网络广告的概念与特点

8.1.1　网络广告的概念

网络广告是指以数字化信息为载体，以国际互联网为传播媒介，以文字、图片、音频、视频等形式发布的广告。通俗地讲，网络广告是指广告主为了实现促进商品交换的目的，通过网络媒体发布的广告。

网络广告诞生于美国。1994 年 10 月 14 日，美国著名的 *Wired* 杂志推出了网络版的 Hotwired，其主页上有 AT&T 等 14 个客户的广告横幅。这是广告史上的里程碑。继 *Wired* 之后，许多传媒如美国的有线电视新闻网（Cable News Network，CNN）、《华尔街日报》等，也都纷纷设立自己的网站，将自己的资料上传至网络。在刊登信息的同时，它们也在网络媒体上经营广告业务。自此以后，网络广告作为一种新型的营销手段逐渐成为网络媒体与广告界的热点。

8.1.2　网络广告的特点

与传统广告相比，网络广告具有以下鲜明的特点。

1. 非强迫性

传统广告具有一定的强迫性，无论是广播、电视还是报纸、杂志等，均要千方百计地吸引受众的视觉和听觉，将有关信息强行灌输给受众。而网络广告接受与否的选择权掌握在受众手里，因而具有非强迫性的特点。

2. 实时性与交互性

网络广告在制作完成之后可以实时发布、修改和撤回，这一特性可以帮助企业做到广告变化与经营决策变化同步，从而提升企业经营决策的灵活性。

网络广告是一种交互式的广告，用户可以根据自己的需求，随时与广告主进行互动和沟通，实现信息的双向交流。

3. 广泛性

网络广告的广泛性表现在以下几个方面。一是传播范围广，不受时间地域限制。网络广告可传播到互联网覆盖的所有区域，网络用户浏览广告不受时空限制。二是内容详尽。传统广告由于受媒体的播放时间和版面的限制，其内容也必然受限；而网络广告则不存在上述问题，广告主可根据需要将广告做得十分详尽，以便广告受众进一步了解相关信息。三是形式多样。网络广告的表现形式包括动态影像、文字、声音、图像、表格、动画等，广告主可以根据广告创意需要任意进行组合创作，从而最大限度地调动各种艺术表现手段，制作出形式多样、生动活泼且能够激发消费者购买欲望的广告。

4. 易统计性和可评估性

运用传统媒体发布广告时，评价广告效果比较困难。而在互联网上发布广告，广告主可通过权威公正的访客流量统计系统，精确统计每个广告的浏览量，以及浏览的时间分布、地理分布等，从而有助于广告主和广告商正确评估广告效果，审定广告投放策略。

5. 重复性和检索性

网络广告可以将文字、声音、画面等结合之后供用户主动检索，重复观看。

6. 视听效果的综合性

随着多媒体技术和网络技术的发展，网络广告可以集文字、动画、图像、声音、虚拟现实等形式为一体，营造使人身临其境的感觉，既满足用户收集信息的需要，又使其获得了视觉、听觉的享受，增加广告的吸引力。

7. 经济性

目前，相对于电台、电视、报刊、户外等传统媒体动辄成千上万元的广告费，网络广告具有很强的经济性。

8. 广告发布方式的多样性

传统广告的发布主要是通过广告代理商实现的，即由广告主委托广告公司实施广告计划，广告媒介通过广告公司来承揽广告业务，广告公司同时作为广告客户的代理人和广告媒介的代理人提供双向的服务。相对地，在网络上发布广告为广告主提供了更大的自主权，广告主既可以自行发布，又可以通过广告代理商发布。

课堂讨论

随着网络广告的快速发展，广告的内容和形式越来越多样化和具有创新性。然而，这也带来了一系列关于道德和伦理的问题，如隐私侵犯、误导性广告、数据滥用等。

问题：网络广告商如何平衡用户数据收集与隐私保护之间的关系？广告商和平台应该采取哪些措施来确保广告内容的真实性？网络广告是否应该对不同的目标受众展示不同的内容？这是否涉及歧视或偏见？

任务 8.2　熟悉网络广告的发布方式与类型

8.2.1　网络广告的发布方式

网络广告有多种发布方式，企业既可以通过内部网络平台进行发布，也可以利用现有的外部网络平台来发布；既可以通过传统的 PC 端发布，也可以通过新兴的移动端（如平板电脑、智能手机）发布。其中，内部网络平台包括企业网站、企业博客、企业微博和企业微信等；外部网络平台包括搜索引擎网站或内容网站、专类销售网、友情链接、虚拟社区和公告栏、网上报纸或杂志、新闻组、网络黄页等。此外，PC 端发布的广告形式和移动端发布的广告形式也有很大的不同。到底采取哪一种或哪几种网络广告发布方式，取决于企业自身的实力和具体的业务需要。

8.2.2　网络广告的类型

1997 年我国第一条互联网广告出现，这可视作网络广告的发端。经过 20 多年的发展，网络广告的形式已丰富多样。若是按照演进过程划分，除了最初的按钮广告、旗帜广告、文字链广告、浮动式广告、弹出窗口式广告，以及后来的电子邮件广告、关键词搜索广告、富媒体广告、网络视频广告、植入广告，还有随着移动应用程序日渐兴起的开屏广告、插屏广告、信息流广告等。如果以触发方式及呈现形式划分，网络广告大致可分为展示类广告（品牌图形广告、富媒体广告、视频贴片广告）、搜索类广告（通用搜索广告、垂直搜索广告）、交互类广告（微信摇一摇或滑动式朋友圈广告、短视频定制创意社交话题广告）和其他类广告（分类广告、电子邮件广告、植入广告等）。

为帮助读者清晰了解网络广告的分类，本书将网络广告划分为两大类型，一类是传统的网络广告，另一类是创新的网络广告。以上两大类网络广告又可以划分为若干具体的类型，下面分别进行介绍。

1. 传统的网络广告类型

（1）旗帜广告

旗帜广告（Banner）又称条幅广告、网幅广告、通栏广告，是互联网上最为传统的广告形式，因其形状像一面旗帜，故得此名（见图 8-2）。旗帜广告以 GIF、JPG、SWF 等格式建立的图像文件，可以是静态图像，也可以是多帧图像拼接的动画图像，也可使用 HTML、Flash、Java 等程序使其产生交互性，浏览者点击旗帜广告可打开链接。旗帜广告最常见的规格是 486 像素×80 像素、230 像素×60 像素、88 像素×31 像素，文件大小一般小于 30KB。旗帜广告允许广告主用简练的语言、独特的图片介绍企业的产品或宣传企业形象。

图 8-2　旗帜广告

旗帜广告有横幅和竖幅两种规格，横幅广告(Horizontal Banner)一般设置在网站主页的顶部或底部，竖幅广告(Vertical Banner)一般设置在网站主页的两侧。旗帜广告的计费一般采用 CPM 模式，相对横幅广告，竖幅广告价格会稍低一点。

（2）按钮广告

按钮广告是由旗帜广告演变而来的一种网络广告形式，在制作方法、付费方式等方面与旗帜广告基本一样，但在形状和大小方面有所不同。按钮广告一般尺寸较小，放置位置灵活，表现手法简单，通常由一个标志性的图案构成，如图 8-3 所示。按钮广告的不足在于其被动性和有限性，用户需要主动单击才能了解到有关企业或产品的更为详尽的信息。

图 8-3　京东主页上的按钮广告

（3）企业网站广告

企业网站广告是指企业在自建的网站上所发布的广告。企业在自建的网站上发布广告不受第三方媒体的限制，因此拥有完全的自主权。企业可以根据需要在网站上发布企业形象广告和产品或服务广告等，从而使受众全面地了解企业及企业的产品或服务。海信官网主页广告如图 8-4 所示。

（4）文字链接广告

文字链接广告以一个词组或一行文字作为一个广告，用户单击后可以进入相应的广告页面。文字链接广告可以出现在页面的任何位置，可以竖排或横排。这是一种对用户干扰最小的网络广告形式，但吸引力有限。文字链接广告如图 8-5 所示。

图 8-4　海信官网主页广告

图 8-5　文字链接广告

（5）浮动式广告

浮动式广告可大可小，它会在屏幕上自行移动，甚至会随着鼠标的移动而移动，用户单击即可打开广告链接。图 8-6 所示为浮动式广告。虽然这种广告的吸引力较强，但它会干扰用户正常浏览页面，从而招致用户的不满。很多浏览器或反病毒软件都具有屏蔽此类广告的功能，所以企业在投放这类广告时要充分考虑这一点。

图 8-6　浮动式广告

（6）弹出窗口式广告

弹出窗口式广告是指打开网站后自动弹出的广告。该类广告具有一定的强制性，无论用户点击与否，广告都会出现在用户面前。该类广告被广泛用于品牌宣传、产品促销、招生或咨询等活动。需要注意的是，由于弹出窗口式广告大多具有强制性，用户通常对其比较反感，一般都会主动屏蔽该类广告。

（7）电子邮件广告

电子邮件广告以订阅的方式将广告信息通过电子邮件发送给所需的用户。这是一种精准投放的广告，目的性很强，但需注意必须得到用户的许可，否则会被用户视为骚扰。

（8）关键词搜索广告

关键词搜索广告是充分利用搜索引擎资源开展网络营销的一种手段，属于按点击次数收费的网络广告类型。关键词搜索广告有两种基本形式，一是关键词搜索结果页面上方的广告横幅可以由客户买断。这种广告针对性强，品牌效应好，点击率高。二是在关键词搜索结果的网站中，客户根据需要购买相应的排名，以提高网站的访问率。关键词搜索广告如图 8-7 所示。

图 8-7　关键词搜索广告

2. 创新的网络广告类型

（1）流媒体广告

流媒体广告是指广告主借助流媒体技术（流媒体技术是一种使音频、视频和其他多媒体元素在互联网上以实时的、不需要下载等待的方式进行播放的技术）在网络上发布广告的一种网络广告形式。流媒体技术可将一连串的媒体数据压缩，通过分段发送数据，在网上即时传输影音，从而实现媒体数据边传送边播放，因此大大节省了下载等待时间和存储空间。根据广告所传达的内容分类，流媒体广告可以分为静态广告和动态广告。静态广告指的是图文结合或高品质动画形式的广告，比旗帜广告更具观赏性。动态广告又可分为音频流广告和视频流广告这两种表现形式，这两种广告被认为是传统的广播广告和电视广告在网络媒体上的再现。

（2）富媒体广告

富媒体广告是基于富媒体技术的一种用浏览器插件或其他脚本语言编写的具有视频效果和交互功能的网络广告形式。富媒体并不是一种真正的媒体，而是指目前在网络上应用的一种高频宽带技术。借助富媒体技术，网络广告能够突破网络带宽的限制，实现流畅播放。

同时，富媒体广告自身通过程序设计即可实现调查、竞赛等相对复杂的用户交互功能。此外，相对于传统的网络广告，富媒体广告的表现形式更为丰富，不仅有视频广告、扩展类广告和浮层类广告等，还包含地址栏广告、网页背景广告等表现形式。

（3）网络游戏广告

网络游戏广告是以网络游戏为载体，将广告植入游戏，以网络玩家为目标受众的一种网络广告形式。网络游戏广告将广告变成游戏的一部分，使广告与游戏紧密结合，使玩家在游戏的状态下体验产品的特性，从而大大增强了广告的传播效果。图8-8所示为网络游戏中的OPPO和vivo广告。

图8-8 网络游戏中的OPPO和vivo广告

（4）网络视频广告

网络视频广告是目前较为流行的一种广告形式，可分为传统的视频广告和用户自发制作的视频广告。传统的视频广告是指直接在线播放广告主提供的网络视频，相当于将电视广告投放到网上。而用户自发制作的视频广告是用户自制的原创广告，通过网络平台尤其是移动端网络平台进行展示，以传播广告信息，我们在微信和各类短视频平台上经常可以看到这种类型的广告。图8-9所示为抖音App上的果蔬洗洁精广告。

图8-9 抖音App上的果蔬洗洁精广告

（5）OTT广告

OTT是Over the Top的缩写，是指通过互联网向用户提供各种应用服务，现在泛指互联网电视业务，一般包括智能电视、各类机顶盒终端。OTT广告则是通过OTT终端对用户进行投放的广告，雪佛兰OTT广告如图8-10所示。OTT广告实现了"互联网广告+电视广告"

的叠加溢出效果，OTT 给电视大屏带来诸多互联网元素，使其媒体属性更加丰富。

图 8-10　雪佛兰 OTT 广告

OTT 具备可寻址、可用户画像等特点，平台覆盖海量人群标签，为其开展精准营销奠定基础。目前各平台根据品牌需求，支持人群圈选和定向投放。具体来看，可以实现精准人群/城市/社区定向，将创新的广告内容分时段进行定向投放，精准触达目标消费人群。

（6）社交媒体广告

📢 延伸学习

[QR code]

社交媒体广告的
优势

社交媒体，也称社会化媒体，指的是互联网用户进行创作，分享，交流意见、观点及经验的虚拟社区和网络平台。社交媒体广告是基于社交平台展现的一种广告形式，其中，社交平台包括微信、微博、社交网站、知识变现平台、论坛等。

不同的社交媒体所展示的网络广告类型有所差异，有些是某一社交媒体所特有的。例如，随着微信的出现而诞生的朋友圈广告、公众号底部广告、文中广告、视频贴片式广告、互选广告与小程序广告等。微信小程序广告如图 8-11 所示。

图 8-11　微信小程序广告

（7）移动广告

移动广告是以智能移动终端（智能手机、平板电脑等）为载体发布的广告，具有针对性和交互性强、送达率高等特点。近年来，随着移动网络用户的不断增加，移动广告开始受到广告主的青睐。移动广告的表现形式丰富，不仅包括传统的图片、文字、插播广告、链接广告、视频广告等，还有各种 App 和小程序上出现的创新广告形式，如开屏广告、插屏广告等。喜马拉雅 App 上的开屏广告如图 8-12 所示。

如今，流媒体、虚拟现实建模语言（Virtual Reality Modeling Language，VRML）等网络视频技术的发展为网络广告的发展提供了技术上的保障。随着互联网技术的发展及宽带技术水平的提高，网络广告的表现形式也越来越丰富。

图 8-12　喜马拉雅 App 上的开屏广告

任务 8.3　掌握网络广告策划的流程

网络广告策划是根据互联网的特征及目标受众的特征对广告活动进行的运筹和规划，它本质上与传统的广告策划思路相似，包括确定网络广告目标、确定网络广告的目标受众、选择网络广告的发布渠道、策划网络广告创意等一系列的活动。

微课堂

网络广告的策划流程

8.3.1　确定网络广告目标

网络广告目标是一定时期内广告主期望的，通过在网上发布广告而实现的预期广告活动成果，如促进商品销售，提高商品知名度、美誉度，改变消费者认知，加强与目标消费者的互动，增强市场竞争能力等。因此，网络广告目标不是单一的，而是多元的。

确定网络广告目标的目的是通过信息沟通，使消费者产生对品牌的认识、情感、态度和行为的变化，从而实现企业的营销目标。在确定网络广告目标时应遵循如下原则：一是网络广告目标要符合企业的营销目标。二是网络广告目标要切实可行。三是网络广告目标要明确具体。四是单个网络广告的目标应单一。五是网络广告目标要有一定弹性。六是网络广告目标要有协调性。七是网络广告目标要考虑公益性。

8.3.2　确定网络广告的目标受众

广告的目标受众（Target Audience）即广告传播的诉求对象。目标受众决定了广告媒体的选择和传播策略，同时也决定了广告文案的内容。因此，企业发布网络广告前必须根据广告的营销目标确定目标受众，以确保广告策划具有针对性。

通常，网民在广告接受态度较理性的情况下，希望能够看到与自身需求相关的广告。以受众为核心的网络广告能够精准定位用户需求，改善用户体验和广告效果。随着精准投放和受众营销等概念的市场接受程度不断提升，实时竞价（Real-Time Bidding，RTB）和受众购买（Audience Buying）的需求方平台（Demand-Side Platform，DSP）企业逐渐被市场认可，基于受众购买的网络广告将日益受到广告主的重视。

8.3.3 选择网络广告的发布渠道

企业应根据自身的需求，本着广告效应最大化的原则选择最佳的网络广告发布渠道。常见的网络广告发布渠道主要有以下几种。

1. 企业网站

企业网站是企业在互联网上建立的站点，目的是展示企业形象、发布产品信息、为商业服务提供更多的途径和可能。网站是企业从事电子商务活动的基本平台，是企业进行广告宣传的绝佳窗口。在互联网上发布的网络广告，无论是按钮广告还是链接型旗帜广告都提供了快速链接至企业网站的功能。所以，企业建立自己的网站是非常有必要的。企业的网站主页地址像企业的地址、名称、标志、电话、传真一样成为企业独有的标识，并被转化为企业的无形资产。

2. 博客、微博、微信等自媒体平台

随着微博、微信等自媒体平台的兴起，网络广告拥有了新的发布途径。企业通过自建的博客、微博和微信来推送广告，目标定位准确，针对性很强，受关注程度较高。

3. 搜索引擎网站或门户网站

在我国，搜索引擎是仅次于即时通信、网络视频、网络支付和网络购物的第五大网络应用。根据中国互联网信息中心发布的《第 53 次中国互联网络发展状况统计报告》，截至 2023 年 12 月，我国搜索引擎用户规模达 8.27 亿人，较 2022 年 12 月增长 2 504 万人，占网民整体的 75.7%。百度、搜狗、必应、头条等搜索引擎是网民检索信息的主要工具，每天网络用户访问量巨大。在搜索引擎网站上投放广告，覆盖面广、针对性强、目标精准，而且按效果收费，性价比高。百度搜索引擎网站上的喷墨打印机广告如图 8-13 所示。

图 8-13 百度搜索引擎网站上的喷墨打印机广告

广告主也可以选择与搜狐、网易、新浪、凤凰网等网站合作，这些网站提供了大量的互联网用户感兴趣并需要的免费信息服务，包括新闻、评论、生活、财经等内容。因此，这些网站的访问量非常大，是十分引人注目的站点。目前，这些网站是网络广告发布的主要渠道，并且这些网站发布广告的形式多种多样。

4. 专类销售网

专类销售网是指汇聚某一类直接在互联网上进行销售的产品的网站。以汽车之家网站为例，只要消费者在网站页面上填写自己所需汽车的类型、价位、制造者、型号等信息，然后单击搜索按钮，屏幕上马上就会出现匹配的汽车，包括购买信息。消费者在考虑购买汽车时，很可能会先通过此类网站进行查询。所以，对汽车代理商和经销商来说，汽车专类销售网是一个不错的网络广告发布平台。图 8-14 所示为汽车之家网站主页。

图 8-14　汽车之家网站主页

5. 友情链接

利用友情链接，企业间可以相互传递广告。建立友情链接要本着平等的原则，例如网站的访问量、在搜索引擎中的排名、相互之间信息的补充程度、链接的位置、链接的具体形式（图像还是文本，是否在专门的 Resource 网页，或单独展示链接网站）等都是必须考虑的因素。

6. 虚拟社区和公告栏

虚拟社区和公告栏是网上比较流行的交流沟通渠道，任何用户只要注册，就可以在 BBS 或虚拟社区上浏览、发布信息。企业在上面发表与产品相关的评论和建议，可以起到非常好的口碑宣传作用。

7. 网上报纸或杂志

在互联网技术快速发展的今天，新闻界也不甘落于人后，一些世界著名的报纸和杂志也纷纷在互联网上建立自己的主页。更有一些新兴的报纸与杂志，干脆脱离了传统的"纸"媒介，完完全全地成为一种"网上报纸或杂志"。

8. 新闻组

新闻组也是一种常见的网络服务，它与公告牌相似，人人都可以订阅它，并可成为新闻组的一员。成员可以在新闻组上阅读大量的公告，也可以发表自己的公告或者回复他人的公告。新闻组是一种很好的讨论与分享信息的方式。企业在与本企业产品相关的新闻组上发表公告是一种非常有效地传播广告信息的渠道。

9. 网络黄页

网络黄页是指互联网上专门提供查询检索服务的网站，代表性的网络黄页如中国黄页（见图 8-15）。这类站点就如同电话黄页一样，按类别划分，便于用户进行站点的查询。采用这种方法的好处，一是针对性强，查询过程都以关键字区分；二是醒目，广告处于页面的明显位置，易吸引用户的注意力。

图 8-15　中国黄页网主页

10. 短视频平台

短视频相较于文字和图片，表现方式更为直观，对受众的刺激更为强烈，而且在内容上更为有趣。随着移动互联网技术的发展，网速越来越快，视频播放也越来越流畅，同时，手机流量资费的大幅下降使得资费因素对用户的限制越来越小，这为短视频的爆发式发展奠定了坚实的基础。如今，短视频 App 已成为时下互联网上最热门的应用之一，抖音、快手等短视频平台的用户规模数以亿计，因此成为商家投放网络广告的重要平台。

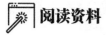 阅读资料

快手 2023 年营收首破千亿元，电商带动广告收入大幅增长

2024 年 3 月 20 日，快手发布了 2023 年第四季度及全年业绩。其全年总收入达 1 134.7 亿元，同比增长 20.5%；经调整净利润和本期利润均实现扭亏为盈，大幅超越市场预期。其中，经调整净利润达 102.7 亿元。

这是该公司首次全年营收突破千亿元、利润突破百亿元，线上营销服务（广告）、直播和其他服务（含电商）对年收入的贡献占比分别为 53.1%、34.4% 和 12.5%。

创下历史新高的广告收入在 2023 年同比增长 23%，达 603 亿元。这主要得益于快手电商业务的快速增长。由于大量新商家涌入，他们的流量曝光需求为快手广告提供了较为强劲的增长动力。

具体到第四季度，其电商业务 GMV（商品交易总额）保持 29.3% 的同比高速增长，规模达到 4 039 亿元，月均买家数突破 1.3 亿。快手方面称，去年"双 11"大促期间，有超过

100 万经营者参与，品牌商品交易额同比增长 155%，其中近 2 500 家品牌增速达 100%。

快手商城标签页在首页的全量开放，也为该平台广告收入带来更多增长空间。快手商城定位于货架电商，页面布局与淘宝、拼多多类似。

随着入驻快手的商家越来越多，商家和主播通过直播先与用户建立情感联系再销售的传统模式对新入驻的商家而言已不再适用，他们需要以更快速高效的方式获得销量转化。

此外，商家过多使用私域流量进行销售，对提升快手自身的流量变现收入价值有限，而快手力推公域流量之后，商家可通过广告投放获得销量，快手平台则获得来自商家的内循环广告收入。

快手电商还上线了诸多新功能，帮助商家提升推广效果，也让自身获得更多广告收入。例如，"全站推广"产品上线的投中诊断、投后复盘和素材实时分析等新功能，可帮助商家在快手全站实现更高的 GMV 转化。而在外循环效果类广告领域，传媒资讯、教育培训和游戏等行业的客户投放也在持续增长。

资料来源：界面新闻。

8.3.4 进行网络广告创意

网络广告策划中极具魅力、最能体现水平的部分就是创意。它包括两个方面：一是内容、形式、视觉表现、广告诉求的创意；二是技术上的创意。网络广告的创意主要来自互联网本身，互联网是一个超媒介，它融合了其他媒介的特点。因为有不同的传播目的、传播对象，互联网可以承载不同的广告创意。同时，互联网是计算机科技和网络科技的结合，注定具有高科技特性，这也带来了更加多变的表现方法，为网络广告创意提供了更多的方向和选择。

网易严选"双 11"广告短片不走寻常路

案例分析

接地气的淘菜菜广告短片

或许，对于很多人来说，买菜是生活中的小事，琐碎而繁杂，甚至一地鸡毛。但会生活的人，总能从一餐一粟的烟火气里收获满满的幸福感。

在我国消费升级的大背景下，下沉市场用户也不再仅仅追求价格，而是对商品品质、丰富品类和品牌信誉有了更多的关注。而且相对一线城市，下沉市场的人们，生活节奏慢，更关注生活本身的乐趣。

基于上述消费市场洞察，阿里巴巴旗下社区电商平台淘菜菜整合盒马集市和淘宝买菜，开启全新的品牌升级。从与消费者强关联的"生活"出发，打出"会生活，淘菜菜"的广告口号，将买菜和幸福生活的智慧巧妙相连，助力用户消费升级，重塑平台心智。

此次淘菜菜品牌升级，瞄准的是下沉市场用户群体，目的是让他们的买菜场景从传统菜市场转到线上。针对这群特殊的大众家庭买菜决策用户，如何打破他们固有的认知？

淘菜菜通过短片所呈现的四个生活场景，延伸出"好牌靠好运，好菜凭好价""舞伴不常有，好货常在手""好女婿难找，好菜任你选""远亲上门难，鲜货易达"，传达平台优价好菜、鲜货直达和好货任选的差异化优势。

案例分析：短片中的四组人物群像，正是淘菜菜精准沟通的目标人群。而短片营造极具烟火气和人情味的生活场景，与他们的生活场景十分契合，再加上人物用方言沟通，增强用户的代入感，引发情感共鸣，进而打破他们对传统买菜的固有认知壁垒。

淘菜菜的广告短片通过市井生活和平台买菜的价值点传递人间真实的生活幸福感，无形中增强了用户对"会生活，淘菜菜"的广告口号的价值认同，淘菜菜也由此树立了充满烟火气和温情的品牌形象。

资料来源：品牌营销官。

良好的创意是网络广告脱颖而出，吸引目标受众注意的关键。为创作出高水平的网络广告，相关人员在进行网络广告创意时，应把握好以下几点。

1. 打造强有力的视觉冲击效果

网络信息浩如烟海，如果广告不具有强大的视觉冲击力，必然不能为目标受众所关注。因此，广告创意者应尽量创作出能瞬间吸引目标受众注意力的广告作品，以便引起目标受众的关注。

2. 传递简单易懂而又有趣的信息

当今社会生活节奏加快，网络用户的时间越来越碎片化，如果广告内容冗长、晦涩难懂或平淡无奇，就难以吸引网络用户。事实上，简单易懂而又有趣的广告更容易被目标受众所关注。例如，抖音上的很多广告时长很短而又非常有趣，不容易使用户产生厌烦的感觉。当然，这也与抖音强大的后台算法有关，它可以根据用户的喜好，进行精准的广告推送。

3. 适度的曝光率

网络用户对广告的关注度会随着广告在线时间的增加而降低，即距离网络广告发布时间越久，用户的关注度就越低。因此，当某一则广告的曝光率达到某种程度，并且出现下降倾向时，广告创意者就必须考虑更换该广告。

4. 发展互动性

随着网络技术的研究和发展，未来网络广告会朝着互动性增强的方向发展。网络广告如能增加游戏活动功能，则会使点击率大大提高。例如，知名连锁餐厅必胜客与深受玩家喜爱的游戏《王者荣耀》在广告方面进行了深度的合作。《王者荣耀》为游戏中的英雄安琪拉设计了一款名为"魔法小厨娘"的皮肤。在这款皮肤中，安琪拉化身为一个正在学习制作美食的小厨娘，手持必胜客的比萨铲，形象十分可爱。在安琪拉"魔法小厨娘"皮肤的封面上，必胜客的标识也被巧妙地植入其中。如在封面的左下角刻有比萨字符，而封面上美食书的另一面则画着一个明显的必胜客标识。除了皮肤设计，《王者荣耀》的游戏内还设置了一些与必胜客相关的互动元素，这进一步加深了玩家对必胜客的印象。

8.3.5　选择网络广告发布平台

选择网络广告发布平台时应注意多个问题，如该平台用户是否与广告目标受众一致、是否有足够多的活跃用户、是否具备流量和数据优势、平台的管理水平如何、广告计价是否合理、平台能够支持哪些广告形式、在审核方面是否有特殊要求等。

任务 8.4　熟悉网络广告预算与效果评估的方法

8.4.1　网络广告预算

发布广告是一项商业活动。对广告活动费用开支计划的设计、安排及分配就是广告预算，它规定了计划期内广告活动所需的金额以及在各项工作上的分配。对广告主来说，广告预算的目标就是力求以最低的成本获得最佳的广告效果。

1. 网络广告预算的编制方法

目前常用的网络广告预算的编制方法主要有以下几种。

（1）期望行动制。这种方法以购买者的实际购买行动为参照来确定广告费用。一般的做法是，先预估一个可能的购买量的范围，再乘以每一单位购买行动的广告费，取其平均值就得到广告预算结果。预期的购买人数一般参照同类商品以往年份的统计数字，每一单位的广告费用可根据商品及企业的目标来定。这种做法尤其适合农产品、大众消费品、家用电器等有较稳定购买量的商品，其预期购买数目较容易接近实际的数字。

（2）产品跟踪制。这种方法通常只确定每一单位商品用多少广告费，再根据实际成交量来确定预算费用，常常使用的是以往的数据，具有时滞性。但好处是便于操作，具有一定的客观性。

（3）阶段费用制。这是广告预算中最常用的方法之一，根据企业营销计划要达到的阶段性目标来制定广告预算。这种方法能够根据市场环境的变化和产品生命周期的广告要求，及时调整广告费用投入，因而被普遍采用。

（4）参照对手制。这种方法主要是参照竞争对手的广告投入情况来制定广告预算，具有较强的针对性，而且也较为灵活。

（5）市场风向制。这种方法依据商业环境的变化来制订预算计划，在商业环境恶化时，一般通过加大广告力度、加大预算等手段扩大市场，但通常需要有较大的成本投入，并且效果要在商业环境改善后才能有所体现。在市场繁荣、商品销售情况良好时，广告预算则可以适当减少。

（6）比例提成制。这种方法根据销售比例或盈利比例来制定广告预算。按销售比例计算的方法是先确定一定的销售额基数，然后根据一定的广告投入比率计算出广告预算。这种方法简便易行，有一定的科学性。

2. 网络广告的付费模式

（1）每千人印象成本（Cost Per Mille，CPM）

传统媒体广告业通常以每千人成本作为确定媒体广告价格的基础。互联网网站可以精确地统计其页面的访问次数，因此网络广告也可以按访问人次付费。所以，网络广告沿用了传统媒体广告的做法，一般以广告网页 1 000 次浏览为基准计价单位。

（2）每千次点击成本（Cost Per Thousand Click-Through，CPC）

该付费模式以网页上的广告被单击并链接到相关网站或详细内容页面 1 000 次为基准。例如，广告主购买了 10 个 CPC，意味着其投放的广告可被单击 10 000 次。虽然 CPC 的费用比 CPM 的费用高得多，但广告主往往更倾向于选择 CPC 这种付费模式。因为 CPC 真实反映了受众确实看到了广告，并且进入了广告主的网站或页面。CPC 也是目前国际上流行的广告付费模式。

（3）每行动成本（Cost Per Action，CPA）

CPA 是按广告投放实际效果（如回应的有效问卷或定单）来计费的方式。计算公式为：CPA=总成本/转化次数。CPA 模式对于广告主而言，能够在一定程度上规避广告费用的风险，因为只有当用户产生实际行动时，广告主才需要支付费用。对于网站或广告发布者而言，CPA 模式存在一定的风险，因为广告投放的成功与否很大程度上取决于产品本身的受关注程度、性价比以及网友的消费习惯等因素，这些因素都是广告发布者难以完全控制的。

（4）每购买成本（Cost Per Purchase，CPP）

这是广告主为避免广告费用风险采用的一种付费模式，也称销售提成付费模式。CPP 的计费是基于用户的购买行为，每当用户通过点击广告完成购买行为时，广告主就需要支付一定的费用给广告发布者或平台。这种方式确保了广告费用与实际销售效果直接挂钩。

（5）按业绩付费（Pay-For-Performance，PFP）

按业绩付费（PFP）是指广告主根据广告引发的具体业绩，如销售额、注册用户数量或特定行为的转化次数等，来支付广告费用的模式。与传统的广告计费模式相比，按业绩付费模式将广告主和广告发布者的利益更紧密地绑定在一起，形成风险共担的机制。

8.4.2　网络广告效果评估

网络广告效果评估是指对网络广告投放的实际效果进行科学、系统和客观的分析与评价。进行网络广告效果评估，能够帮助广告主及时总结网络广告投放的成败得失，以便及时调整网络广告策略，提升广告投放效果。此外，网络广告效果评估还可以为广告主今后的网络广告投放决策提供可靠的依据。网络广告效果评估的关键指标主要包括曝光量、点击率、转化率、页面停留时间等，如表 8-1 所示。

表 8-1　网络广告效果评估的关键指标

指标名称	指标含义
曝光量	曝光量记录了广告在网络上被展示的总次数，是评估广告覆盖范围和可见度的基础数据
点击率	点击率是指广告被点击的次数与广告曝光量的比例，用于衡量用户对网络广告感兴趣的程度
转化率	转化率是用户点击广告后进行进一步操作（购买、注册等）的比例，反映了网络广告对促成用户实际行动的有效性
页面停留时间	页面停留时间是指用户在广告着陆页的平均停留时间，反映了用户对网络广告内容的感兴趣程度
跳出率	跳出率是指用户仅浏览一个页面就离开的比例，反映了网络广告内容与用户期望的匹配程度
互动率	互动率是指用户与具有交互功能的广告的互动程度，反映了用户对网络广告的参与程度及兴趣大小
品牌知名度	衡量网络广告活动后，目标受众对品牌的认知程度和记忆度的增加情况，反映了网络广告对企业品牌传播与塑造的价值
广告投资回报率	广告投资回报率是指通过广告投资所获得的收益与投资成本之间的比率，反映了网络广告投放的经济效益
社交媒体关注度	社交媒体关注度反映了网络广告在社交媒体平台上的影响力和传播效果。通过分析网络广告相关话题在社交媒体上的讨论量、分享数和点赞数等指标，广告主可以了解广告在社交媒体上的受众参与度和病毒式传播潜力

为了获得更为客观、准确的网络广告效果评估指标数据，广告主不仅需要充分利用网络广告平台自带的广告管理软件和稽核工具，更应积极引入第三方认证机构进行独立的效果验证。这些第三方认证机构能够提供更为公正、专业的数据分析，从而帮助广告主更全面地了解广告效果，为优化广告策略提供有力支持。

项目实训

【实训主题】网红品牌的广告策略

【实训目的】通过实训，掌握网红品牌的广告策略。

【实训内容及过程】

（1）以小组为单位组建任务实训团队。

（2）各任务团队在广泛搜集资料的基础上，从广告受众、广告创意特点和网络广告效果评价三个方面对江小白、卫龙辣条和喜茶网红品牌的网络广告进行对比分析。

（3）撰写分析报告，并做成 PPT 进行展示。

（4）由教师给出实训成绩，作为本课程的平时成绩之一。

【实训成果】

请根据以上内容写作《网红品牌的网络广告分析》。

练习题

一、单选题

1. 网络广告于 1994 年诞生于（　　　）。
   A. 中国　　　　　　B. 日本　　　　　　C. 英国　　　　　　D. 美国

2. （　　　）是常见的网络广告形式，又名"横幅广告"，是互联网上最为传统的广告形式。
   A. 按钮广告　　B. 分类广告　　C. 旗帜广告　　D. 视频广告

3. （　　　）可以将文字、声音、画面等结合之后供用户主动检索，重复观看。
   A. 杂志广告　　B. 网络广告　　C. 电视广告　　D. 报纸广告

4. 网络广告策划首要关注的是（　　　）。
   A. 确定网络广告目标　　　　　　B. 进行市场调研
   C. 确定网络广告的目标受众　　　D. 选择网络广告的发布渠道

5. 在（　　　）上投放广告，覆盖面广、针对性强、目标精准，而且按效果收费，性价比高。
   A. 网络黄页　　B. 企业网站　　C. 门户网站　　D. 搜索引擎网站

二、多选题

1. 网络广告的主要特点有（　　　）。
　　A. 非强迫性　　　　　　　　　　　B. 实时性与交互性
　　C. 广泛性　　　　　　　　　　　　D. 易统计性和可评估性
　　E. 视听效果的综合性

2. 网络广告的广泛性表现在（　　　）。
　　A. 内容详尽　　　　　　　　　　　B. 形式多样
　　C. 传播范围广，无时间地域限制　　D. 传播速度快
　　E. 经济性

3. 网络广告的发布渠道包括（　　　）。
　　A. 企业网站　　　　　　　　　　　B. 博客、微博、微信等自媒体平台
　　C. 搜索引擎网站或门户网站　　　　D. 专类销售网
　　E. 友情链接

4. 下列属于网络广告的付费模式的有（　　　）。
　　A. 每千人印象成本　　　　　　　　B. 每千次点击成本
　　C. 每行动成本　　　　　　　　　　D. 每购买成本
　　E. 按成本付费

5. 目前常用的网络广告预算的编制方法包括（　　　）。
　　A. 期望行动制　　　　　　　　　　B. 产品跟踪制
　　C. 阶段费用制　　　　　　　　　　D. 参照对手制
　　E. 市场风向制

三、名词解释

1. 网络广告　　2. 网络视频广告　　3. 网络广告目标　　4. 网络广告策划
5. 网络广告预算

四、简答及论述题

1. 与传统广告相比，网络广告的特点主要有哪些？
2. 关键字搜索广告有哪两种基本的模式？
3. 在确定网络广告目标时应遵循哪些原则？
4. 试论述网络广告发布渠道的选择方法。
5. 试论述进行网络广告创意要注意的几个关键点。

案例讨论

《京东图书 问你买书》短视频广告

最美人间四月天，花开满园春满园。2022 年 4 月 24 日零时，京东图书围绕世界读书日发起的读书月活动圆满收官。在 18 天的时间里，京东图书集结数百万种好书、新书，携手数千家合作伙伴及第三方图书商家，为广大读者带来一场盛大的阅读嘉年华。特别是 2022 年 4 月 21 至 23 日的巅峰 72 小时盛典实现了总体 33% 的同比增幅，有力展现了京东图书以供应链为基础、以阅读为核心的全景生态的勃勃生机，在建设书香社会、推进全民阅读方面履行了企

业的社会责任。

"去年世界读书日买的那本书，拆封了么？" 2022年4月23日，人民网微信公众号的文章中如此发问。

这是京东图书发起"问你买书"活动的契机。京东图书认识到，书的价值需要通过阅读来实现，为免于陷入"买了书却不看书"的怪圈，京东携手作家余华、诗人余秀华发起了"京东图书 问你买书"活动，通过向读者回购图书的公益方式，传递"让好书不再尘封，读者有其书，书者有人读"的价值。《京东图书 问你买书》的宣传海报如图8-16所示。

图8-16 《京东图书 问你买书》的宣传海报

不同于"说教式"的品牌观点输出，京东图书打造了一支别具一格的短视频广告，由作家余华和诗人余秀华出演，向大众传达买书要读的朴素理念。

短视频广告中男主人面对余华的突然到访，显得有些措手不及，即使那本《活着》在书架上已经落了厚厚的一层灰，却硬着头皮说，还偷偷地擦去积灰，这样尴尬的场面让人忍俊不禁。这一小小的细节也点醒了很多人，也许男主人就是现实中很多买书人的真实写照。

在短视频广告的第二部分，诗人余秀华以"我不是余华，我是余秀华"诙谐承接，两个场景相互呼应，一个抛梗，一个接梗，让观众产生浓厚的兴趣，急于了解后面的剧情走向。

而短视频广告中的小女孩念词时表情严肃认真，偶然出现的几处错误读法也成为了点睛之笔，观众都沉浸在这极富感染力的情境中，观点的输出真实而有力量。

如今，"热爱"已经是被品牌们频频主张的万能词语。可如何浇灌热爱、把热爱付诸行动，始终是未诉说的空白。因此，让热爱不被辜负，成为这一次"京东图书 问你买书"想要表达的内核。在此次短视频广告创意中，京东图书不再是与消费者对立的卖书商的角色，而是借作家之口，以朋友的身份，用行动建立与消费者之间的信赖关系，展现品牌的诚意与实力。

与此同时，京东图书还将世界读书日高潮期活动的触角延伸到线上线下各种渠道，在北京、广州、成都、重庆等地的地标性区域都能看到京东读书月的大屏广告；在微博、抖音、微信等流量聚集地，以及大量导购媒体、社交媒体、团购群、内容分发渠道等各种渠道，读者都能够便利地得到京东图书的高潮期信息。

思考讨论题：

1. 京东世界读书日期间的活动为何能激起广大读者的共鸣？
2. 结合本案例，请谈谈短视频广告的网络发布策略。

项目 9
网络事件营销

学习目标

【知识目标】

（1）理解网络事件营销的含义。

（2）掌握网络事件营销的策划要点。

（3）掌握网络事件营销传播的流程。

（4）熟悉网络事件营销成功的关键要素。

（5）掌握开展网络事件营销应注意的问题。

【技能目标】

（1）能够根据企业实际情况完成网络事件营销策划。

（2）能够为某一网络事件营销项目设计传播方案。

（3）能够对某一网络事件营销活动进行评估，指出其问题所在。

【素质目标】

（1）培养学习网络事件营销的兴趣。

（2）树立正确的网络事件营销理念。

（3）培养正能量事件营销的积极意识。

项目情境导入

桃红柳绿的时节，一张方桌前，三五好友或者是家人团聚，在烧烤炉氤氲的烟火气与晚风中，惬意享受生活的美好，是不是让人分外向往？2023 年 3 月以来，"大学生组团坐高铁到淄博吃烧烤"成为热搜话题，迅速火遍全网，这让部分游客、市民和网友直呼"没有做足心理准备"。

简简单单的一顿烧烤，能让游客完成从"宾至如归"到"双向奔赴"的心路历程，淄博烧烤走红的背后，显然不是"小饼卷一切"这么简单。

为了让淄博烧烤持续成为现象级的文化符号、消费符号，巩固住淄博烧烤的"江湖地位"，也为了顺势壮大地方经济，淄博市政府在 2023 年"五一"前后举办了"淄博烧烤节"，并进行烧烤名店"金炉奖"推荐评选，还将 3 月至 11 月定为"淄博烧烤季"。去淄博吃烧烤的火爆场景如图 9-1 所示。

淄博市政府从话题的宣传到人文服务体验以及借势和反应的速度都做得相当亮眼，先以各个局长亲自服务为宣传亮点，推动了一次次带有新闻性质的事件营销，不断助长淄博烧烤的话题热度；并基于话题热度，不断优化城市形象和旅游体验，如在城内专门开通了 21 条烧烤定制公交专线，推出可半价入住的青年驿站等，通过抓住每个服务细节，沉淀城市口碑。可以说，山东淄博借着烧烤的流量之势，打赢了一场城市形象的宣传战役。

图 9-1　去淄博吃烧烤的火爆场景

一顿烧烤火出圈，一座城市被激活。作为一座正处于转型期的传统工业城市，近年来淄博发展既经历着难免的阵痛，也蕴含着无穷的机遇。权威数据显示：2022 年，淄博全市实现生产总值 4 402.6 亿元，比上年增长 4.7%。在新旧动能转换"五年取得突破"的背景下，淄博产业经济发展进入新的阶段。2022 年，淄博全市高新技术产业产值占规模以上工业总产值比重达 47.1%，比上年提高 4.6 个百分点；附加值和技术含量较高的规模以上互联网和相关服务企业、软件和信息技术服务业、商务服务业营业收入分别增长 22.8%、17.6%和73.1%。

问题：请结合本案例，谈谈对网络事件营销的认识。

项目分析

网络事件营销以某一重要事件为核心，将产品融入事件中，通过各种宣传渠道，传递品牌信息，提高品牌知名度和美誉度，是一种较为常见的网络营销方式。精通此道的企业往往可以通过精心策划的事件来吸引目标人群的广泛关注。在网络营销实践中，事件营销因具有成本低、传播迅速、影响面广以及关注度高等优点而备受企业青睐。

那么，什么是网络事件营销？网络事件营销具有哪些特征？如何策划网络事件营销？如何对网络事件进行传播？网络事件营销成功的关键因素是什么？网络事件营销应注意哪些问题？本项目将对以上问题分别进行解答。

任务 9.1　认识网络事件营销

随着信息技术与互联网的不断发展，网络已经成为汇集民意的新渠道。在网络这一传播媒介的协助下，网络事件营销成为企业及时、有效、全面地向大众宣传产品或服务的新型营销模式。近年来，商界不乏利用网络事件营销来提高产品知名度的案例。

9.1.1　网络事件营销的含义

网络事件营销，是指开展网络营销的企业通过策划、组织和利用具有新闻价值、社会影响力以及名人效应的人物或事件，以网络为传播载体，吸引网络媒体、社会团体和消费者的兴趣与关注，以求建立、提高企业或产品的知名度、美誉度，树立良好的品牌形象，并最终促成产品或服务销售的一种新型营销模式。企业利用好网络事件营销，往往可以快速、有效地宣传其产品或服务。著名的"封杀王老吉"网络事件营销就是非常典型的案例，王老吉利用网民的好奇及追捧等心理，向汶川捐款一亿元后，利用正话反说的网络事件营销方式，激发了网民的舆论热情，使王老吉"一夜成名"，迅速提升了其产品的知名度及终端销售量。

9.1.2　网络事件营销的特征

网络事件营销一般具有如下特征。

（1）网络事件营销投入小、产出大。网络事件营销利用国际互联网进行传播，这种营销方式的投入成本较低。如果企业能够提出好的创意并选择最佳的时机，成功地运用网络事件营销有助于迅速提升企业品牌的知名度。

（2）网络事件营销影响面广、关注度高。互联网的时效性和普及性使得信息传播的速度和广度都大为提升。网络事件一旦被关注，借助互联网的口碑传播效应，可以引发极高的社会关注度，甚至可由网络事件上升为被其他大众媒体关注的事件。

（3）网络事件营销具有隐蔽的目的性。企业策划的网络事件营销都有商业宣传目的，但一般情况下，该目的是隐蔽的，大量高明的网络事件营销都隐藏了企业的推广意图，让消费者感觉不到该事件是在做产品推广。例如，联想的"红本女"事件，尽管在事件营销的网络平台选择、时间把握等方面做得足够优秀，但忽略了网络事件"隐蔽性传播，润物细无声"的特点，让多数网友看到后就知道联想是在做广告，没有达到预期目的，以失败告终。

延伸阅读
肯德基的"秒杀门"事件

（4）网络事件营销具有一定的风险性。网络事件营销是一把"双刃剑"，由于传播媒体的不可控制性及事件接受者对事件理解程度的不确定性，网络事件营销很可能引起公众的反感和质疑，造成无法达到营销目的，反而可能使企业面临公关危机的后果。

> **课堂讨论**
>
> 网络媒介传播速度快、范围广、关注度高的特性，造就了网络事件营销的独特优势。网络事件营销可以有效提高企业品牌的推广效力，但由于网络媒介及消费者的接受度等存在不可控的风险，网络事件营销也可能引起消费者对企业品牌的反感。因此，良好的网络事件营销策划是成功的关键。
>
> 问题：为确保网络事件营销可控，企业要做好哪些方面的工作？

9.1.3　网络事件营销的类型

根据事件性质的不同，网络事件营销一般可分为以下 6 种类型。

1. 借用重大突发事件型

重大突发事件是指突然发生的、不在公众预料之中和没有心理准备的事件，重大突发事件多以灾难为主，所以在利用重大突发事件进行网络事件营销时，企业要注意把握好尺度。

2. 借用公益活动型

公益活动事关公众的福祉和利益，借助公益活动开展事件营销，有助于提升企业形象，吸引公众关注并增强用户的黏性。例如，支付宝打造的蚂蚁森林项目，以公益入手，依附移动支付 App，使用户在使用支付宝的同时还能参与节能减排的公益活动，极大地提高了用户的互动热情。

3. 借助公众高关注事件型

公众高关注事件一般是指公众都了解、重视，但尚不知其结果如何的重大事件，如申报世界杯举办权、载人航天飞机发射等。企业借助公众高关注事件开展网络事件营销活动，往往可以起到事半功倍的效果。

4. 借用社会问题型

社会发展的过程就是一个利益重新分配的过程。在这一过程中会产生许多新的矛盾，与这些矛盾相关的话题也是公众关注的焦点。企业借用社会问题开展网络事件营销活动，更容易引起消费者的共鸣。

5. 借用名人人气型

借助名人的号召力，吸引目标消费者和媒介的关注，也是网络事件营销中经常采用的策略。例如，2023 年 6 月 10 日，国外某著名球星开启了自己的第七次中国行。此举不仅引爆了球迷们的热情，还激发了各大酒店、线上平台和赞助商们的"商业狂欢"。

6. 营造事件型

营造事件是指企业通过精心策划的人为事件来吸引消费者的目光，从而实现传播目的的策略。例如，支付宝在官方微博上发布了一条"祝你成为中国锦鲤"的微博，并称转发这条微博就有可能成为全球独宠的锦鲤，被抽中的人将会获得全球免单大礼包。该微博不到六小时转发量破百万，周累计转发量破三百万，成为企业营销史上最快达到百万级转发量的经典案例。

9.1.4 网络事件营销的流程

网络事件营销活动的流程包括确定目标、选择平台、策划事件、预热事件、传播事件和评估效果这 6 大步骤，如图 9-2 所示。

图 9-2　网络事件营销的流程

1. 确定目标

确定目标是网络事件营销的首要程序，具体工作是明确网络事件营销所要实现的预期成果，如提高品牌知名度、增加销量、扩大市场份额等。网络事件营销目标为后继工作指明了方向，也为营销效果的评估提供了考核依据。

2. 选择平台

选择传播平台是网络事件营销的第二步。网络事件营销以互联网为传播载体，论坛、博客、微博、微信，以及各类视频网站等均可作为企业开展网络事件营销的平台。为扩大网络事件营销的影响力和覆盖范围，企业可采用组合策略，同时选择多个网络平台。

3．策划事件

事件的策划无疑是事件营销的灵魂所在。一个成功的营销事件往往能抓住公众的注意力，产生病毒式传播效应。在策划时，企业应寻找那些新奇、独特且能引发公众兴趣的热点事件，并将其与自身的产品或服务巧妙地结合起来。例如，某饮料品牌曾借助热门电影开展网络事件营销，通过设计与电影情节相关联的广告和互动活动，成功吸引了大批消费者的关注。

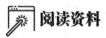 **阅读资料**

"国货之光"鸿星尔克为何能够爆火？

2021 年，国民品牌鸿星尔克发布官方微博称公司心系灾区，已经通过郑州慈善总会、壹基金紧急捐款 5 000 万元物资，驰援河南灾区。此消息一出立即引爆了全网，这时候人们才记起这个已经慢慢被国人淡忘的品牌。

鸿星尔克在 2020 年的时候已经亏损了 2.2 亿元，到 2021 年一季度就已经负债 6 000 多万元，由于财务问题，鸿星尔克的股票一度停止交易，尽管业绩不理想濒临倒闭，但却豪掷千金支援灾区，豪掷一亿元向福建省残疾人福利基金会捐款，此种大无畏精神可歌可泣，一时间，民间自发组织了支援国货鸿星尔克的各种活动，甚至有民众冲进鸿星尔克专卖店扫码付完钱就走。这个国民品牌成功激发了国人的爱国热情，直到最后，鸿星尔克的董事长吴荣照还专门出面呼吁大家理性消费。鸿星尔克从籍籍无名到突然爆火既是偶然也是必然，一个有强烈的社会责任感的企业是不会被民众忘记的，一个爱国的企业家是值得消费者尊敬的。

4．预热事件

在事件信息发布后，为了积聚更多的人气和关注度，企业需要进行一系列的预热活动。这包括与种子消费者（注：种子消费者是指对企业产品或服务高度满意，并积极向他人推荐，能够为企业带来新客户的忠实顾客。）和核心粉丝进行深度沟通和分享，通过他们的口碑传播，将信息更广泛地散播出去。预热活动可以采取多种形式，如线上抽奖、话题讨论、预告片等，旨在激发受众的好奇心和参与热情。

5．传播事件

为了使信息触达更广泛的受众群体，企业需要借助名人效应、主流媒体或具有影响力的平台进行推广。例如，邀请知名人士代言或评论，或是在主流媒体上发布相关报道和广告，都能显著增强信息的传播力度和范围。通过这些方式，企业能够触及到更多层面的人群，进一步提升品牌知名度和影响力。

6．效果评估

网络事件营销结束后，企业还需对实施结果进行全面而又细致的评估。这不仅有助于了解此次网络事件营销活动的成效，还能为今后的营销活动提供宝贵的经验和数据支持。

任务 9.2　掌握网络事件营销策划的要点

"水可载舟，亦可覆舟"，网络事件营销可以让企业"一夜成名"，也可能使企业"一夜败北"。网络媒体传播速度快、范围广、关注度高的特性，造就了网络事件营销的独特优势。网络事件营销可以有效地提高企业品牌的推广效力，但由于网络媒体及消费者的接受度等存在不可控的风险，也可能引起消费者对企业品牌的反感。"凡事预则立，不预则废"，在实际的营销运作中，企业应该注重网络事件营销的事先策划，有效发挥网络事件营销的作用。

微课堂

网络事件营销的策划

9.2.1　良好的创意

良好的创意是网络事件营销获得成功的首要条件。近些年，很多成功的网络事件营销都有较好的创新性。它们通过"唱反调"、制造悬念等方式引起网民的广泛关注，为企业产品赚足了眼球，提高了企业的关注度。"吃垮必胜客"网络事件营销就是一个非常值得我们学习的案例。

必胜客为吸引更多的顾客光顾，在网上发布了一则"吃垮必胜客"的帖子。帖子一经发布，立即在网上热传。该帖子主要表达了对必胜客沙拉高价的不满（注：必胜客的沙拉是自助式的三十多元一位。但规定顾客只能盛一次，能盛多少就是多少，而必胜客给的盘子又小又浅，根本装不了多少），并提供了很多种多盛食物的"秘籍"。随着帖子点击量和转载量的急速飙升，必胜客的客流量迅速增长。其实，这不过是必胜客为了吸引更多的客户而发起的一场成功的网络事件营销活动。

有一位网友这样在网上留言："我当时马上把邮件转发给我爱人了，并约好了去必胜客一试身手。到了必胜客，我们立即要了一份自助沙拉，并马上开始按照帖子里介绍的方法盛取沙拉。努力了几次，我们终于发现盛沙拉用的夹子太大，做不了那么精细的搭建工艺，最多也就搭2~3层，不可能搭到15层。"

而到必胜客试过身手，并且真的装满那么多层沙拉的热心网友，会在网上发帖，介绍自己"吃垮必胜客"的成功经验。甚至有网友从建筑学的角度，用11个步骤来论述如何吃垮必胜客。

"吃垮必胜客"事件抓住了公众的好奇心理，许多消费者看到帖子都纷纷前往必胜客一探究竟。其结果可以想象，随着帖子点击量的急速飙升，这样一个唱反调的营销事件最终使必胜客的流量迅速增长，达到了出奇制胜的效果。

9.2.2　把握网民关注的动向

网络事件营销要想做到有的放矢，就必须把握好网民关注的动向。大多数网民都具有较强的好奇心，喜欢关注新奇、反常、有人情味的事件。一汽红旗的网络事件营销是牢牢抓住公众及媒体关注动向的典型案例。

2021年8月5日，在第32届东京奥运会即将结束之际，一汽红旗官方微博发文，官宣为获得奥运奖牌的中国运动员赠送红旗H9汽车，图9-3所示为一汽红旗官方微博的发文。

一汽红旗官方微博还宣布，每一位中国健儿都是中国的骄傲；一汽红旗汽车也将为获得银、铜牌的每名运动员敬赠红旗H9产品使用权；如果运动员所得奖牌不止一块，则按所得奖牌中最高等级赠送一次。

图9-3　一汽红旗官方微博的发文

一汽红旗为奥运冠军赠车的微博官宣，不仅赢得了媒体的高度关注，更收获了网民的广泛赞誉，并激发了网友的自发传播热潮。该话题下面，网友发文说道"大手笔!可!""格局打开了""请尽情地给他们奖励"。2021 年 8 月 6 日，#为中国健儿送红旗 H9#这一话题登上了微博热搜，并获得了 1.7 亿人次阅读量，6.5 万人次讨论。

奥运会作为世界顶级体育赛事，聚焦了全民目光，奥运会期间凡是与中国健儿相关的话题，都有可能在网络上掀起刷屏式讨论的热潮。一汽红旗的此次网络事件营销正是充分利用了这一点，通过策划对奥运健儿的赞助活动，进一步提升了品牌在大众心中的良好形象。

9.2.3　抓住时机，善于"借势"

所谓借势，是指企业及时地抓住广受公众关注的事件、社会新闻等，结合企业的营销目的而展开的一系列相关活动。如果企业可以充分调动公众的好奇心，则网络事件营销取得成功的概率就会变大。但是，如果企业自身不具备引起互联网和社会关注的新闻价值，就需要采用"借势"的手段，利用已获得较高关注度的事件将网民及新闻媒体的视线吸引到本企业品牌上来。

 **案例分析**

法国队夺冠，华帝全额退款

1998 年，四年一度的世界杯落幕后，法国队夺冠的消息瞬间刷爆微信朋友圈。这一次备受瞩目的除了最终夺冠的法国队，还有一家名叫华帝的中国企业。这个创办于 1992 年，从广东起家的厨电企业凭借"法国队夺冠，华帝退全款"这一出色的事件营销，成功地吸引了中外媒体的目光，并在广大消费者中引起了轰动。

在世界杯开赛前，厨电企业华帝发起了"法国队夺冠，华帝退全款"的劲爆促销活动。当法国队最终夺冠时，华帝受到了前所未有的关注。"法国队夺冠，华帝要上天台了!""这波搞大发了，华帝会不会兑现承诺，怎么兑现承诺？"各种猜测遍传围观群众。连平时不怎么关心足球的人也被这一闻所未闻的营销活动所吸引。图 9-4 所示为华帝的促销海报。

图 9-4　华帝的促销海报

在法国队夺冠当天，华帝的微信、微博搜索指数均暴涨 30 倍。促销活动期间华帝销售额达到了 10 亿元，销售增长率超过了 20%，与总计不到 8 000 万元的退款额相比，华帝的这次事件营销无疑获得了巨大的成功。

案例分析：华帝的此次促销活动，是一次极为成功的借势营销。

一方面，短期来看，华帝促销期间增长的销售收入，远高于为购买"夺冠套餐"的消费者退全款的损失。促销期间，华帝的销售额高达 10 亿元，比平时增长了 20%，与总计不到 8 000 万元的退款额相比，显然是稳赚不赔的。

另一方面，通过这场"退全款"营销，并不是世界杯赞助商的华帝，得到了比真正的赞助商更多的曝光和关注，知名度爆炸式飙升。大量潜在用户的瞩目，企业品牌的推广，将会为企业带来不可估量的长期收益。

9.2.4　力求完美

力求完美是指在策划网络事件营销的过程中，企业应当树立社会营销观念，密切关注网络事件营销传播的力度和效果。在网络事件营销的实施过程中，企业应该巧妙地利用网络媒体的特性，尊重社会公众的感情和权利，保护信息传播渠道的完整和畅通。

9.2.5　诚信为本

"巧妇难为无米之炊"，企业行为的好坏直接决定了企业信誉的好坏，企业只有立足于实际行动，用事实说话，为公众做实事，网络事件的传播才"有米下锅"。因此，网络事件营销策划必须做到实事求是，不弄虚作假，才能真正让公众信服，这是企业进行网络事件营销的最基本原则。恶意的炒作会严重影响网络事件营销的传播效果，损害企业的社会形象。

任务 9.3　掌握网络事件营销的关键要素

成功的网络事件营销需要具备以下 6 个关键要素。

9.3.1　相关性

网络事件营销中的"热点事件"一定要与品牌的核心理念相关联，不能脱离品牌的核心价值，这是网络事件营销成功的关键要素。"热点事件"与品牌核心理念的关联度越高，就越容易带动消费者把对网络事件营销的热情转移到企业品牌上来。

9.3.2　创新性

网络事件营销的创意指数越高、趣味性越强，公众和媒体的关注度就越高，营销的效果也就越好。例如，可口可乐与优酷跨界合作，联合推出 49 款可口可乐的"台词瓶"（见图 9-5）。网友还可以定制独一无二的专属台词瓶，在"我们结婚吧""如果爱，请深爱"等经典台词的前面加上恋人和朋友的名字，让优酷和可口可乐替网友表白。由于创意独特，使用户产生了情感共鸣，该活动一经推出便迅速占领了微信朋友圈，成为人们津津乐道的话题，并最终让可口可乐获得了品牌、口碑和销量的进一步提升。

图 9-5　可口可乐的"台词瓶"

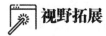

视野拓展

网易严选的事件营销

每逢"双 11"，几乎所有购物平台都在使尽浑身解数让人"买买买"的时候，网易严选高调宣布"退出'双 11'大战"，并指出"要退出的是这个鼓吹过度消费、为销售数字狂欢的'双 11'"，同时劝大众要"理性消费"。

网易严选在"双 11"前发布微博，表示本平台在"双 11"大促期间不做复杂优惠玩法，不发战报，不再为销售额开庆功会，但是会有"全年最大力度补贴"；没有养猫盖楼、组队 PK，手势地图，但是"双 11"的商品价格是全年抄底价，有些商品能够做到"保价一整年"。

同时，网易严选"友好"地劝用户：走好自己的路，不要被复杂的玩法套路。

消息一出，立马引起了轩然大波，"网易严选退出双 11"冲上了热搜，引发了网友的讨论，实现了 1.3 亿人次的阅读量。

网易严选采用逆向潮流的营销方式，将用户痛点和商家痛点纷纷指出，并巧妙地将品牌的营销广告植入到这波反向营销中，在激发大众围观的同时，为品牌节省了大量的营销成本，成为"双 11"系列营销中的一匹黑马。

9.3.3　重要性

事件的重要性是影响网络事件营销效果的重要因素。事件越重要，对社会产生的影响越大，营销价值也越大。因此，企业在网络事件营销策划过程中如何增强事件的关注度，吸引更多的人参与到网络营销事件中来，这是企业必须考虑的问题。

案例

蓝月亮携手腾讯，打造网络事件营销新范本

9.3.4　显著性

"山不在高，有仙则名。水不在深，有龙则灵。"网络事件中的人物、地点和内容越著名，网络事件就越容易引起公众的关注。因此，企业策划网络事件营销一定要善于"借势"与"造势"，多利用"名人""名山""名水"来宣传企业品牌。在这方面，深圳市大疆创新科技公司（以下简称"大疆"）的案例让人印象深刻。

大疆是全球领先的无人飞行器控制系统及无人机解决方案的研发和生产商，客户遍及全球 100 多个国家和地区。在品牌宣传上，大疆善于通过科技名人效应进行圈内推广，很多科技领袖都是大疆无人机的用户，其中就有微软联合创始人比尔·盖茨。网上流传着这样一则趣事，向来不使用苹果设备的比尔·盖茨竟然为了体验大疆无人机而不得不使用了苹果手机。而在国内，互联网领域的王兴、王小川、张一鸣等知名企业家都是大疆的深度粉丝。科技意见领袖与互联网大咖的示范效应，让大疆很快在科技圈内流行起来，使国内外媒体对于大疆的关注度迅速提升。

9.3.5 贴近性

"物以类聚，人以群分。"企业进行网络事件营销的策划需要充分考虑公众的趋同心理。在网络事件营销的实施过程中，如果网络事件在心理上、利益上和地理上与公众接近和相关，能激发公众的兴趣，就更容易被公众接受，使其主动参与到营销活动中。与企业单方面活动相比，此时营销活动会获得更多的关注度，取得更好的宣传效果。在这方面，老乡鸡"200元战略发布会"事件营销堪称经典。仅预算 200 元的老乡鸡战略发布会在 2020 年 3 月 18 日由各社交媒体播出之后，因董事长幽默风趣的语言，搞笑的营销场景，成功吸引了大众的眼球，短时间内在抖音上的视频播放量就超过了 2 300 万。2020 年老乡鸡"200 元"的战略发布会截图如图 9-6 所示。

图 9-6 2020 年老乡鸡"200 元"的战略发布会截图

此次老乡鸡将社交媒体上传播的梗运用到广告中，借势网络热点使品牌获得关注。业内人士戏称，老乡鸡用 200 元的预算实现了 2 亿元的品牌传播效果。

9.3.6 公益性

公益性也是影响网络事件营销成功与否的重要因素。公益是一种社会责任，具有公益意义的营销方案更容易产生良好的社会意义和号召力。公益性网络事件营销是指企业利用互联网平台，通过发起或参与公益活动来提升品牌形象、增强社会影响力，同时为公众创造价值的一种营销方式。

例如，视频分享网站 56 网与世界自然基金会达成战略合作，在推进环保等公益事业领域频频发力，并借鉴国际非政府组织（Non-Governmental Organizations，NGO）成功的公益理念，正式推出了"彩虹计划"大型公益项目，通过该公益项目呼吁人们关注气候变化，关注环境保护，共同保护地球，切合了如今最迫切需要解决的环境问题。其中保护东北虎、地球一小时、中国湿地使者活动都引起了网友的广泛参与，成为网络热点事件。

任务 9.4　熟悉网络事件营销应注意的问题

9.4.1　善于借助热点

企业进行事件营销，一方面可以通过策划亲自"造势"，另一方面也可以借"热点事件"甚至"热点名人"开展营销活动。例如，北京奥运会的成功举办、北京奥运会上中国代表团的骄人战绩、"神舟"系列飞船的发射等，都是世人关注的热点。企业可以利用热点事件资源进行营销活动，需要注意的是，策划网络营销事件时要尽可能把公众关注的热点转移到产品和品牌上。

9.4.2　找好品牌与事件的"连接点"

在关注热点事件的同时，企业应该找到品牌与事件的"连接点"，即网络事件营销应与企业的战略相吻合，切合品牌特性。当网络事件营销可以和企业自身的品牌形象、品牌个性相吻合时，其所发挥的威力和持续的程度远远胜过单一的事件炒作。例如，球迷在喜爱的足球队获得比赛胜利后通常会喝啤酒庆祝，如此啤酒与球赛、球迷之间就有了恰当的联系点。

案例

百事可乐，把乐带回家

9.4.3　注重网络事件营销的创新

网络事件营销的核心在于创新，使公众耳目一新的营销事件才可能获得较好的效果。盲目跟风往往昙花一现，难以收到引人注目的效果。例如，蒙牛通过赞助"神舟五号"飞天收获了名声大振的效果，终端销量得到了大幅度提升。看到蒙牛取得成功后，一些企业纷纷效仿，也想通过类似的赞助活动取得成功，但最终的结果却不尽如人意。由此可见，企业进行网络事件营销的创意策划需要结合企业优势资源，利用适合企业品牌形象的创新性"点子"才可能获得公众的广泛关注。

9.4.4　以公益原则为底线

企业开展网络事件营销必须确保以公益原则为底线。如果企业不关注公益，突破公益原则的底线，就将丧失社会意义和号召力，从而缺少受众的参与，无法达到营销目的，甚至给企业造成严重的品牌信任危机。

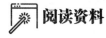 **阅读资料**

"3·15"辣条事件，M 辣条赢了所有

2019 年 3 月 15 日，"危险的辣条"报道曝光了河南兰考县、湖南平江县等地黄金口味棒、爱情王子等辣条制造商。视频中，生产线上膨化后的面球四处飞溅，生产车间地面上，满地粉尘与机器渗出的油污交织在一起。

被曝光后，上述涉事品牌并未做出回应。这个时候，一家没有被提及的品牌倒是顺势"蹭"上了热度，这个品牌就是 M 辣条。

2019 年 3 月 15 日 22 时，就在晚会曝光辣条行业乱象后不久，M 辣条官方微博发布了

一个置顶视频，并配文"行业有乱象，但总有人在坚守底线，做良心产品！听 M 辣条创始人讲述：为了让消费者吃上正宗、健康的辣条，我们做了什么？"

视频展示了 M 辣条的车间，并由品牌创始人亲自讲述品牌理念。在大家质疑辣条安全问题时，这条带着话题的微博在第一时间发出，获得了一大波好感。

2019 年 3 月 16 日，M 辣条又发了一个视频，在这个视频中，其邀请了许多大学生去 M 辣条实地参观，并在微博邀请网友前去考察。

2019 年 3 月 18 日，M 辣条再接再厉，邀请平江县委书记也来车间考察并品尝辣条。

接二连三的微博视频让 M 辣条不仅没有受辣条风波的影响，还提高了知名度。

根据公众发展过程的不同阶段，我们可将公众划分为非公众、潜在公众、知晓公众、行动公众。若在知晓公众转化为行动公众时，企业才有所行动，便为时已晚。M 辣条虽然没有被央视点名，却让辣条风波与其品牌有所关联。M 辣条主动站出来展示自己生产车间的卫生环境，还让县委书记作保，无疑有效稳定住了消费者的情绪。

资料来源：网易订阅。

9.4.5 重视全方位的整合营销

在网络事件营销过程中，企业应树立全面整合的观念，充分利用网络的特性和优势，向社会公众进行立体化信息传播。同时企业还要综合运用组织传播、群体传播、大众传播等多种传播方式，以实现良好的整合营销传播效果，从而达到促进销售的最终目的。

项目实训

【实训主题】借势型网络事件营销案例分析

【实训目的】了解借势型网络事件营销成功运作的要点（注：借势型网络事件营销是指借助热点事件开展的网络营销活动，与之对应的是造势型网络事件营销。前者是借助热点，搭乘便车；后者是无中生有，制造事件）。

【实训内容及过程】

（1）以小组为单位，组成任务团队。

（2）通过阅读相关文献，全面认识借势型网络事件营销。

（3）搜索近年来的借势型网络事件营销经典案例（如超级蓝血月的借势营销、网红品牌卫龙辣条的借势营销等），分析其成功的秘诀。

（4）以小组为单位进行讨论，在讨论的基础上撰写案例分析。

（5）提交分析报告，并在班级微信群进行分享。

【实训成果】

请根据以上内容写作《借势型网络事件营销案例分析》。

练习题

一、单选题

1. 网络事件营销的最终目的是（　　　）。

　　A. 吸引媒体关注　　B. 提升知名度　　C. 树立品牌形象　　D. 促进销售

2. 企业进行网络事件营销的最基本原则是（　　　）。

　　A. 把握网民关注动向　　　　　　B. 力求完美

　　C. 善于"借势"　　　　　　　　　D. 诚信为本

3. 网络事件营销获得成功的首要条件是（　　　）。

　　A. 良好的创意　　　　　　　　　B. 公众的关注

　　C. 抓住时机，善于"借势"　　　　D. 力求完美

4. 网络事件营销的流程不包括（　　　）。

　　A. 确定目标　　　　　　　　　　B. 分析环境

　　C. 选择平台　　　　　　　　　　D. 策划事件

5. 企业开展网络事件营销必须确保以（　　　）为底线。

　　A. 热点事件原则　　B. 公益原则　　C. 公众关注原则　　D. 事件炒作原则

二、多选题

1. 下列属于网络事件营销的有（　　　）。

　　A. "吃垮必胜客"　　　　　　　　B. "买光王老吉"

　　C. "凡客体"　　　　　　　　　　D. "贾君鹏，你妈妈喊你回家吃饭"

　　E. 肯德基的"秒杀门"

2. 以下可以作为网络事件营销传播载体的有（　　　）。

　　A. 博客　　　　　　　　　　　　B. 微博

　　C. 微信　　　　　　　　　　　　D. 论坛

　　E. 视频网站

3. 下列属于网络事件营销特征的有（　　　）。

　　A. 投入小、产出大　　　　　　　B. 影响面广、关注度高

　　C. 具有隐蔽的目的性　　　　　　D. 具有一定的风险性

　　E. 无风险、回报率高

4. 网络事件营销的传播目标包括（　　　）。

　　A. 传播对象　　　　　　　　　　B. 传播范围

　　C. 传播效果　　　　　　　　　　D. 传播速度

　　E. 传播性质

5. 下列关于网络事件营销的说法，正确的有（　　　）。

　　A. 网络事件营销中的"热点事件"一定要与品牌的核心理念相关联

　　B. 事件越重要，对社会产生的影响越大，价值也越小

　　C. 新闻点是新闻宣传的噱头，网络事件营销要想取得成功就必须有新闻点

  D. 策划网络事件营销一定要善于"借势"与"造势"

  E. 策划网络事件营销需要充分考虑公众的趋同心理

三、名词解释

1. 网络事件营销　　2. 重大突发事件　　3. 借势　　4. 公众高关注事件

四、简答及论述题

1. 根据事件性质的不同，网络事件营销可分为哪些类型？

2. 影响网络事件营销成功的关键要素有哪些？

3. 试论述如何策划网络事件营销。

4. 试论述网络事件营销的流程。

5. 试论述开展网络事件营销应该注意哪些问题。

案例讨论

输错价格损失千万元却坚持发货，哪怕是"营销"也温暖人心

  2023年9月20日，"洁柔直播间输错价格亏损千万"引发关注。原来，2023年9月17日，洁柔官方直播间因员工操作失误，将原价56.9元1箱的纸巾误设置为了10元6箱，引发大量用户下单抢购，最终成交订单数超过4万单，损失金额超千万元。

  2023年9月19日，国货品牌洁柔在官方微博发布声明（见图9-7）称，2023年9月17日，由于我们自己的失误，导致平台上某一个产品的订单价格远远低于成本价，由此在短时间内产生大量订单，造成公司损失预计达千万元。虽然公司损失巨大，但诚信和用户始终是洁柔的根本。因此承诺：所有订单将正常发货。

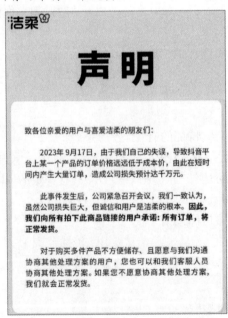

图9-7　洁柔在官方微博发布的声明

  一方面是直播间输错价格，另一方面是承诺正常发货，洁柔的举动引发网友关注。有些

网友表示要退货，认为不能让洁柔遭受损失。

这起事件中，首先是让人感到了温暖：企业讲诚信，能主动承担自身失误造成的损失，同时，消费者也讲"胃口"，下了单又选择退货，双方都表现出了温度与风度。在这一波国货受热捧的流量中，就是因为国货品牌有温度，网友有情怀，在双向奔赴中同频共振，形成了网络上的热度。

此前，活力 28 直播时把 5 公斤和 3 公斤的洗衣粉价格搞错了，每单多卖了 10 元钱，坚持要退 23 万单的多付货款，表示企业再困难也要诚信经营，做人要坦坦荡荡，不能对不起粉丝。活力 28 的"穷不失志"感动了网友，因此上了热搜。

这次，洁柔直播时也出错了，而且错得更离谱，将原价 56.9 元 1 箱的纸巾误设置为 10 元 6 箱（有网友认为，正常的价格应该是 10 元 6 包，这是输错了字），这对消费者来说，简直是"赚大了""泼天的富贵"，洁柔表示要正常发货，如此有担当也令人赞赏。

由于商家标错价格，被消费者下单了，这种"占便宜"被称为"薅羊毛"行为。根据法律专家的观点，无论普通消费者还是"羊毛党"，如果是利用平台漏洞得益，符合法律对不当得利的界定，应予以返还；若造成的损失完全系平台自身过错，消费者并无任何欺诈等心理，平台不能随便拒绝交易。

如果商家发现标错了价格怎么办？按照民法典的规定，重大误解的撤销期限为 90 日，法定期限内当事人可以申请法院或仲裁机构撤销合同。商家如果因失误标错价格，可以依法申请撤销，以此维护自身的权益。这起事件中，洁柔自己标错了价格，消费者通过下单"薅羊毛"是合法合理的。有网友认为洁柔不必坚持发货，这体现了网友的善良。

不过，也有人质疑洁柔的承诺是一种营销手段，看起来，洁柔选择了"将错就错"，愿意为自己的失误买单，虽然会遭受经济损失，但是却能因此收获良好口碑，增加消费者对品牌的好感与美誉度，增加无形的收益，也是值得的。

洁柔直播间输错价格，不管是何原因，只要坚持发货，对消费者来说"买到就是赚到"。即便洁柔是在搞"苦肉计"或是所谓的"炒作"，真金白银"让利"给消费者了，这个并没有玩假，哪怕是"营销"也让人感到暖心。

这起事件中，无论洁柔坚持发货，还是网友表示要退货，都体现出可贵的一面，一个讲诚信，一个讲情怀。就如网友说的，彼此理解生活的不易，让善良温暖人间，大家就都是"赢家"。

思考讨论题：

洁柔公司的这次事件被一些观察者视为一次成功的网络事件"营销"策略，尽管洁柔公司为此付出了巨大的经济损失。你如何看待这次事件？

项目 10
大数据营销

学习目标

【知识目标】

（1）理解大数据与大数据营销的概念。

（2）了解大数据营销的特征与优势。

（3）熟悉大数据运营的方式与大数据营销的关键因素。

（4）掌握大数据营销的策略与方法。

（5）了解开展大数据营销带来的问题。

【技能目标】

（1）能够根据实际情况为某企业开展大数据营销提供思路和建议。

（2）能够全面、客观地评价企业大数据营销效果。

（3）能够对大数据营销带来的问题进行分析，并提出相应的解决对策。

【素质目标】

（1）树立正确的大数据营销理念。

（2）培养学习大数据营销的兴趣。

（3）培养利用大数据营销服务社会的意识。

项目情境导入

刘振是一家服装公司的总经理，早在两年前，他就发现市场越来越不好做，顾客的偏好不断变化，公司推出的新款服装总是滞后于顾客的需求。在刘经理公司的仓库里，卖不出去的服装堆积如山，公司已濒临倒闭。面对经营困境，刘经理在营销专家李教授的建议下，决定实施大数据营销以提升公司经营业绩。

首先，该服装公司运用大数据技术收集用户的购买决策、网站浏览记录，以及购后行为等数据，初步了解顾客对服装款式、颜色、价格、售后等方面的偏好及要求。接下来，该服装公司利用大数据挖掘技术对收集到的信息进行深度挖掘，结果发现，不同年龄段、不同职业、不同社会阶层的顾客对服装的需求有很大的差异，而且一些发现还颠覆了之前的一些认知。例如，越来越多的老年人开始追求时尚和个性化，他们不再满足于传统的、保守的服装款式，而是倾向于选择那些能够展现自己个性和品位的新潮服饰。这种变化在近年来尤为明显，特别是在一些大城市和经济发达的地区。

在大数据决策技术的支持下，刘经理成功调整了公司的营销策略，紧密围绕顾客的需求，面向市场不断推出适销对路的服装。此外，刘经理还利用大数据技术为公司构建了新的信息服务系统，通过这个信息服务系统，可以有效发现潜在顾客，并能够及时向他们推送个性化的产品及优惠信息。这些措施的有效实施，不仅提升了该服装公司营销的精准性，也让顾客在购买过程中有了更好的体验。

在大数据营销的助力下，该服装公司的经营业绩不断提升，很快就走出了之前的困境。

问题： 请结合本案例谈谈对大数据营销的初步认识。

项目分析

大数据时代，数据无孔不入，谁掌握了数据，谁就有可能取得成功。在云计算、物联网、社交网络等新兴服务的影响下，人与人之间、人与机器之间以及机器与机器之间产生的数据信息正在以前所未有的态势增长，人类社会正在步入大数据时代，数据开始从简单的处理对象转变为一种基础性资源。通过对大数据的挖掘与分析，企业能够发掘用户消费偏好，以便进行精准营销，并能够充分发现潜在用户，扩大营销范围，增强营销效果。运用大数据营销，企业还可以有效地进行市场预测，及时发现市场机会，加快做出业务决策。

那么，什么是大数据营销？大数据营销有哪些优势？大数据营销有哪些应用？如何开展大数据营销？如何看待大数据营销带来的一系列负面问题？本项目将对以上问题分别进行解答。

任务 10.1　认识大数据及大数据营销

10.1.1　大数据的概念与特点

1. 大数据的概念

大数据是近年来的热门词汇，美国政府将大数据定义为"未来的新石油"，我国也在国家层面给予了大数据足够的重视。大数据已经超越商业行为，上升为国家战略，由此可见其巨大的价值。

大数据又称巨量资料，是指无法在一定时间内使用传统数据库软件对其内容进行获取、管理和处理的数据集合，需要新处理模式才能具有更强的决策力、洞察力和流程优化能力的海量、高增长率和多样化的信息资产。

2. 大数据的特点

相比于传统处理的小数据，大数据具有规模大、多样性、时效性、准确性和价值大等特点，大数据的特点如表 10-1 所示。

表 10-1　大数据的特点

规模大	数据存储量大，已从 TB 跃升到 PB 级别，甚至开始以 EB 和 ZB 来计数。国家互联网信息办公室发布的《数字中国发展报告（2022 年）》显示，2022 年，我国大数据产业规模达 1.57 万亿元，同比增长 18%；数据产量达 8.1ZB，同比增长 22.7%，占全球数据总量的 10.5%
多样性	大数据包括结构化、半结构化、非结构化等各种格式，以数值、文本、图形、图像、流媒体等多种形态的数据存在
时效性	大数据具有很强的时效性，往往以数据流的形式快速产生。用户若想有效地利用这些数据，就必须把握好数据流，同时数据自身的状态与价值也随着时代变化而发生巨变

（续表）

准确性	处理的结果要保证一定的准确性，不能因为大规模数据处理的时效性而牺牲处理结果的准确性
价值大	大数据虽然蕴含极大的价值，但其价值密度低，需要进行深度分析、挖掘才能获得有价值的信息

大数据规模巨大，处理起来难度显著提升。在大数据营销活动中，企业既要处理传统的结构化数据，如数据库记录等，也要处理文本、视频等难以归类的非结构化数据。这对企业的数据处理能力提出了前所未有的挑战。

10.1.2　大数据营销的含义及特征

1.　大数据营销的含义

大数据营销是通过大数据技术，对由多平台所获得的海量数据进行分析，帮助企业找到目标消费者，并以此为基础对广告投放的内容、时间及形式进行预测与调配，从而实现广告精准投放的营销过程。按照大数据处理的一般流程，大数据技术可以分为大数据采集技术、大数据存储和管理技术、大数据分析技术和大数据应用技术4类。

微课堂

大数据营销
的含义及特征

社交网络的扩张使得数据急速增多。企业将消费者在社交网络中的行为轨迹串联，对其进行分析，即可了解消费者行为习惯，理解消费者需求。例如，亚马逊根据从消费者身上捕获的大量数据研发了个性化推荐系统，能够基于消费者的购物喜好为其推荐具体的产品及感兴趣的内容。

2.　大数据营销的特征

与传统营销相比，大数据营销具有以下特征。

（1）全样本调查

大数据技术的发展，使得人们对由感应器、移动终端等所采集的大数据进行分析，并从中获取有价值的信息成为现实。在大数据时代，商务数据分析不再以抽样调查的方式降低数据处理难度，而是对所采集的全部数据进行分析，从而能够有效避免抽样调查自身存在的误差甚至以偏概全等缺陷。

（2）数据化决策

英国学者维克托·迈尔·舍恩伯格和肯尼斯·库克耶在其经典著作《大数据时代》一书中强调，大数据时代探索的不是"为什么"的问题，而是"是什么"的问题。在大数据时代，事物之间的因果关系已不是数据分析的重点，识别需求才是信息的价值所在。大数据营销将让一切消费行为与营销决策数据化，最终形成一个营销的闭环体系，即"消费—数据分析—营销活动—效果评估—消费"。预测分析将成为大数据营销的核心。全面、及时的大数据分析，能够为企业营销决策的制定提供更好的支撑，从而提高企业的营销竞争力。

（3）强调时效性

在网络时代，网民的消费行为和购买方式极易在短时间内发生变化，在网民需求最高点及时进行营销非常重要。全球领先的大数据营销企业 AdTime 对此提出了时间营销策略，即通过技术手段充分了解网民的需求，并及时响应每一个网民当前的需求，以便用户在决定购买的"黄金时间"内及时收到产品广告。

（4）个性化营销

所谓个性化营销，最简单的解释就是量体裁衣，就是企业面向消费者，直接服务于消费者，并按照消费者的特殊要求制作个性化产品的新型营销方式。互联网提供了大量消费者信息数据，企业可以利用网络资源对消费者各渠道的行为，消费者生命周期各阶段的行为数据进行记录，制定高度精准、绩效可高度量化的营销策略。对于现有消费者，企业可以分析采集到的消费者信息，推断其购物偏好或倾向，进而进行定制化推送。同时，企业也可以根据消费者不同的特性对其进行细分，然后用不同的侧重方式和定制化活动向这些群体进行定向的精准营销。而对于潜在消费者，企业可以根据大数据分析了解消费者对产品特性的倾向，进而对产品精确定位，改善产品，进行有针对性的营销，使潜在消费者真正成为企业的客户。

案例分析

网易云年度歌单刷屏

网易云年度歌单利用海量大数据收集用户的听歌信息和数据，将每个用户对哪首歌听得最多、给出了什么评论、听歌时间、听歌习惯等，都在专属歌单上非常清晰地罗列出来。而且，根据每个用户的听歌喜好，网易云对用户的心情、性格等进行分析，给出大致的标签，加入了更多的个人情感化的内容，使用户体会到定制歌单的细致与用心，从而对其产生好感，进一步将其转发分享，达到传播和刷屏的最终目的。

这其中，大数据起到了非常基础而又重要的技术作用，正是因为大数据，网易云才能与用户形成深层次的创意互动，即时生成专属歌单。再借助情感角度的切入，用心的内容文案引发的感动与共鸣，网易云与每一个用户都能建立起情感上的联系，从而加强用户对网易云的信任和依赖。

案例分析： 从网易云年度歌单刷屏的案例中，我们发现最让大众热衷和在意的莫过于年度歌单的特殊性与专属性，让用户有了独一无二的优越感，同时借助年度歌单回顾一年来的心情也触动了很多用户。总之，只有在大数据的助力下，企业才有可能为每一个用户量身定做产品，达到精细化营销的目的。

10.1.3 大数据营销的优势

企业实施大数据营销，不仅能够提高企业的营销效率，也能够提升消费者的体验，促进营销平台的互通互联。

1. 提高企业的营销效率

大数据营销既能帮助企业实现渠道优化，也能促进企业营销信息精准推送。企业可以通过分析消费者留存于社会化网络平台的信息记录，获取消费者产品或服务的渠道信息，进而依据消费者使用情况对营销渠道进行优化。同时，企业也可以通过大数据技术对消费者进行分类，然后有针对性地向消费者推送相关营销信息。

2. 提升消费者体验

大数据处理技术使企业能够进行精准分析，企业根据分析结果，可以将特定消费者准确划分，从而为潜在消费者推送其所需要的产品信息。消费者所获产品信息的价值越高，就越有利于他们做出正确的购买决策。此外，进行大数据营销的企业，非常关注消费者使用产品后的体验、感受，以便对产品进行改进。大数据营销时代，企业只有将消费者的反馈信息进行合理分析和利用，才能真正发挥大数据营销的作用，使消费者的每一项反馈都能够真切地应用到产品的改进中。

3. 促进营销平台的互通互联

消费者以生活化的形式存在于互联网之上，要想精准掌握消费者的需求，企业就要尽可能多地了解其生活的每一个关键时刻。人们已经充分将日常生活与互联网平台互联，如在社交网站上与亲朋好友互动，在电商平台上进行产品消费，在论坛上发表个性观点，甚至可以在某些平台上进行知识科普。大数据营销需要的是将消费者网络中碎片化的信息重聚，得到消费者整体画像，从而进行个性化营销。因此，大数据营销应用的发展促进了各大互联网平台的相互融合。在线上平台相互打通的同时，大数据营销也促进了线上、线下营销平台的互联。媒体通过跨界融合的方式使报纸、电视、互联网进行有效结合，促进资源共享，使企业能获得大量消费者信息并集中处理，衍生形式多样的营销信息，再通过不同的平台进行传播，从而提升营销效果。

大数据对营销的影响

大数据在营销 3.0 时代发挥着越来越重要的作用，企业通过大数据来细分、挖掘和满足需求，结合相应的效果反馈机制、综合评估分析，结合大数据的精准化、智能化的营销，主要可以实现 3 个方面的改进。

一是受众更"全"。大数据收集的是目标消费者所有的信息数据，可以从市场中获取较以往更加全面和完整的消费者数据。企业通过分析这些数据，可以更真实地掌握消费者的信息，更准确地发现消费者的需求，根据数据来制定符合消费者需求的营销模式和营销组合。

二是投放更"准"。大数据可以用于分析消费者特征、消费行为、需求特点，同时平台、载体、人群的选择让营销更精准，从而促进各行业营销模式精准性的升级，改变行业内原本的营销战略和手段，提高企业的营销效率。

三是转化更"高"。大数据关注数据间的关联性，而不只是关注数据的因果性。企业通过分析海量的相关数据，还可以发现并总结出消费者的消费习惯，根据消费者的消费习惯进行预测，设置特定的场景来激发消费者的购买行为，从而提升目标受众的转化率。

资料来源：搜狐网。

10.1.4 大数据营销的运营方式

企业在开展大数据营销活动时，因获取消费者数据方式的不同，会形成如下三种不同的大数据营销运营方式。

1. 自建平台运营方式

自建平台运营方式需要企业自行构建大数据平台，通过企业自身收集的消费者信息实施大数据精准营销。通过精准营销与目标消费者建立信任关系，提高消费者的忠诚度，进而为企业创造长期的商业价值。这种方式要求企业有能力建立大数据营销的运营机制，并具备充足的人力和财力资源。如果企业具备这些条件，那么自建平台运营是一种非常有效的运营方式。

2. 数据租赁运营方式

数据租赁运营方式是指企业通过付费租赁的方式，从专业的大数据营销平台获取潜在目标消费者的数据，然后向这些目标消费者精准投放企业品牌和产品广告。这种方式可以帮助企业在目标消费者中提高品牌和产品的曝光度，引起他们对企业品牌和产品信息的关注，为后续的消费者关系建立、数据挖掘与分析、品牌推广等市场营销行为打下基础。如果企业不具备构建大数据平台的能力，则可以考虑采用数据租赁运营方式来实施大数据营销。

3. 数据购买运营方式

数据购买运营是指企业在符合法律规范的前提下，向大数据营销平台购买潜在目标消费者的数据，然后通过自建的平台实施大数据营销。与数据租赁运营方式相比，数据购买运营方式更具自主性。在通过自身平台无法获取足够的数据或者需要更加丰富的数据储量时，企业可以采用这种方式。数据购买运营方式一般需要与自建平台运营方式配合使用，才能达到期望的营销效果。

为提高大数据营销的效率和效果，企业应根据自身的实际情况选择适合的大数据营销运营方式。

任务 10.2　掌握大数据营销的策略与方法

大数据开启了一次重大的时代转型，正在改变着我们的生活方式。处于当今移动互联网时代、数据化运营的大环境中，企业的营销策略也发生着一系列重大的转变。

10.2.1　大数据+营销新思维

大数据是一场新的革命，大数据时代的到来将彻底颠覆此前的市场营销模式与理念，加快企业传统营销模式的转变步伐。那么，企业如何利用庞大的网络信息数据有效开展营销呢？下面将对大数据背景下几个营销新思维的应用方法进行具体介绍。

1. 关联营销

关联营销通过大数据技术，从数据库的海量数据中发现数据或特征之间的关联性，实现深层次的多面引导。著名的沃尔玛"啤酒与尿布"关联销售就是利用大数据关联分析开展营销的典范。

"啤酒与尿布"的故事发生于 20 世纪 90 年代的美国沃尔玛超市，沃尔玛的超市管理人员分析销售数据时发现了一个令人难以理解的现象：在某些特定的情况下，"啤酒"与"尿布"这两件看上去毫无关系的商品会经常出现在同一个购物篮中。这种独特的销售现象引起了管理人员的注意，经过后续调查发现，这种现象出现在年轻的父亲身上。

20 世纪 90 年代在美国有婴儿的家庭中，一般是母亲在家中照看婴儿，年轻的父亲前去超市购买尿布。年轻的父亲在购买尿布的同时，往往会顺便为自己购买啤酒，这样就会出现啤酒与尿布这两件看上去不相干的商品经常会出现在同一个购物篮的现象。如果这位年轻的父亲在卖场只能买到这两件商品之一，那他很有可能会放弃购物而到另一家卖场，直到可以同时买到啤酒与尿布为止。沃尔玛发现了这一独特的现象，开始在卖场尝试将啤酒与尿布摆放在相同的区域，让年轻的父亲可以同时找到这两件商品，并很快地完成购物；而沃尔玛超市也可以让这些消费者一次购买两件商品而不是一件商品，从而获得了很好的商品销售收入。"啤酒与尿布"的故事被视为营销界的神话，这是因为沃尔玛将"啤酒"和"尿布"这两个看上去毫不相关的商品摆放在一起销售，竟然都提升了销量。沃尔玛的这个营销案例，被普遍认为是利用大数据分析开展营销的开端，即通过对大数据进行分析，找到商品之间的相关性，确定消费者的购买行为，从而更好地促进营销活动。

关联性在市场营销领域有着广泛的应用。企业通过大数据分析，可以发现不同商品之间所存在的关联性，进而实施有效的捆绑销售策略。

2. 定制营销

互联网思维下的定制营销思维正在蜕变，定制服务领域正在扩展，内涵正在加深，消费者满意度也得到空前的提升。所以，定制营销思维已经不再单纯局限于量身打造产品，而且已经逐步渗透到人们的日常生活中。例如，打车 App 和"定制公交"对交通这一传统行业的改造；旅行线路和产品销售为满足人们个性化和碎片化的需求，通过网络征集、梳理"大数据"后实现小众市场的深度发掘等。

互联网背景下的定制营销思维与传统定制营销思维有明显的不同，追求快速、专注、口碑和极致的用户体验，推崇让消费者来定义产品或服务，快速响应消费者的需求，以互联网为工具传递消费者价值等开放的理念。

在市场竞争日益激烈的情况下，定制营销思维的运用可以帮助企业在市场中获得有利地位。在互联网时代，没有定制营销思维的企业必将被市场淘汰。定制营销思维的必要性主要体现在以下 3 个方面。

（1）大数据时代的需求。"C2B"和"大数据"的互联网概念使众多企业管理者对企业生产模式重新进行思考。随着互联网大数据应用的逐渐普及，基于定制营销思维的产品或服务将开启产品销售的新模式。早在 2012 年，海尔就开展网上投票的活动，鼓励消费者定制自己喜欢的电视。

（2）个性化趋势的要求。当今，青年一代是市场的主流消费群体，他们追求时尚、个性的生活方式。这一消费群体标榜强烈的自我意识，对目前市场上的复制化生产感到厌倦，有着理性加冲动的购物习惯。这一消费群体个性化的生活方式，对企业提出了加强定制思维的要求。

随着消费者的个性化需求持续增长以及互联网的不断发展，企业与消费者之间的距离越来越近。企业利用大数据分析消费者需求，并满足这种需求的目标很快就能实现。

（3）我国创新品牌的需要。我国在升级产业经济结构的过程中，最需要的就是打造品牌。将"中国制造"转变为"中国创造"是适合我国的一种经济结构转变方式。为了明确品牌定位，实现品牌核心价值的传播，企业还需要一整套营销体系的支持，使定制化品牌得到有效传播，更快地被消费者接受。

在当今这个产品越来越趋向于同质化的时代，人们对于能满足自身个性化需求的定制产品有着明显的倾向。企业应当抓住这个机遇，逐步实现产品的定制化，为消费者提供更加优质的体验，从而增加企业盈利。

3. 精准营销

美国西北大学教授菲利普·科特勒将精准营销定义为：在精准定位的基础上，依托现代信息技术手段建立个性化的消费者沟通服务体系，实现企业可度量的低成本扩张之路。简单来说，精准营销就是在合适的时间、合适的地点，将合适的产品以合适的方式提供给合适的人。京东商城通过 E-mail 进行的大数据精准营销值得我们学习借鉴，下面我们来看一下京东商城的具体做法。

延伸学习

利用大数据构建和
生成用户画像

　　京东商城会员王先生打算网购一台空气加湿器。他登录京东商城进行选购，发现心仪的一款产品暂时缺货，王先生为此略感失望。在失望之余他看到京东商城还有"到货提醒"功能，于是他选中了该功能。几天后，王先生收到了一封来自京东商城的电子邮件，通知他之前关注的空气加湿器已经补货。而且该产品正在京东商城做促销，现在下单即可享受 30 元的折扣。王先生对京东商城的服务非常满意，于是毫不犹豫地购买了这款产品。

　　互联网和信息技术的发展，使记录和存储包含受众地址、购买记录和消费偏好等内容的大数据成为现实。数据的信息维度越高，其涵盖的信息越丰富，企业通过大数据技术分析后，获得的受众信息越准确，进而实施营销的精准度就越高，营销效果就越好。企业实施大数据精准营销一般需要具备 3 个条件，即精准的市场定位、巧妙的推广策略和更好的消费者体验。

　　（1）精准的市场定位。古人云，"知己知彼，百战不殆"。企业首先要明确自己的产品定位，消费者是哪些人，同时也必须对消费者有非常准确的了解，明白消费者的需求是什么，哪些消费者需要自己的产品。也就是说，企业准备将产品推向市场时，必须先找到准确的市场定位，然后集中自身的优势资源，才有可能获得市场战略和营销活动的成功。企业要获得成功，必须能够在恰当的时间提供恰当的产品，并用恰当的方式将产品送到恰当的消费者手中。这些"恰当"达到一定程度，就可称为"精确"。

　　（2）巧妙的推广策略。企业进行市场推广，一般都采用广告、促销和渠道等营销手段。企业尽管知道投入的巨额广告费用中的大部分会浪费掉，但不知具体浪费在何处。在互联网和信息技术高速发展的时代，通过大数据分析，企业能够较为准确地定位目标消费者，实施有效的推广策略，实现精准营销、销售，减少营销费用的浪费。

　　（3）更好的消费者体验。在以市场为导向、消费者为中心的营销新时代，要想获得收益，企业必须关注消费者价值。只有实现消费者价值，企业才能获得丰厚的利润和回报。在精准营销中，企业必须通过采取全面多方位的措施真正实现更好的消费者体验。

10.2.2　大数据+网络社交媒体

　　"金杯银杯不如口碑。"随着社会化媒体的盛行，消费者行为对企业营销的影响在日益扩大。当今，消费者通过网络媒体平台对产品信息的反馈比以往任何时候都更加及时、全面。一则微博发出，短时间内通过转发评论就能引发社会关注，其时效性高于传统媒体。近些年逐渐盛行的社交媒体——微博、微信逐渐展示其营销力量，消费者通过口碑传播可以在几天之内颠覆人们对一个品牌的认知。企业应抓住机会，利用大数据技术在社交网络平台上提炼大众意见，捕捉消费者群体的产品需求，并以此为依据，结合网络社交媒体做好营销活动。下面以常用的微信、微博、E-mail、网络社交媒体为例进行介绍。

1. 大数据+微信

　　大数据的迅猛发展对当下的网络营销产生了巨大的影响，也赋予了微信大数据营销以价值。由于拥有海量用户，微信平台会产生海量的数据。因此，微信除了有众多渠道可以帮助商家进行营销，其本身的大数据特性也对商家的营销起着巨大的作用。在这方面，小米手机的"9:100万"的粉丝管理模式值得称道。

"9:100万"的粉丝管理模式，是指小米手机的微信公众号后台客服人员有9名，这9名员工最重要的工作是每天回复100万名粉丝的留言。

每天早上，当9名客服人员在计算机上打开小米手机的微信公众号后台，看到后台用户的留言时，他们一天的工作也就开始了。其实小米公司自己开发的微信后台可以自动抓取关键词回复，但客服人员还是会进行一对一的回复，小米公司通过这样的方式大大提升了用户的品牌忠诚度。

当然，除了提升用户的忠诚度，用微信提供客户服务也给小米公司带来了实实在在的益处，使小米公司的营销成本、客户关系管理成本降低。过去，小米手机做活动通常会群发短信进行通知，100万条短信发出去，就是4万元的成本，相比之下，微信的作用显著且成本更低。

2. 大数据+微博

基于大数据分析技术的微博营销，能够有效识别目标客户，使营销活动更具针对性。下面就以伊利营养舒化奶的世界杯微博营销为例来做进一步的阐述。

俄罗斯世界杯期间，伊利营养舒化奶与新浪微博深度合作，在"我的世界杯"模块中，使网友可以披上自己支持的球队的国旗，在新浪微博上为球队呐喊助威。该活动将伊利营养舒化奶的产品特点，与世界杯足球赛流行元素相结合，借此提高品牌知名度，加深球迷印象。在新浪微博的世界杯专区，超过200万人披上了自己支持的球队的国旗，为球队助威，相关博文的转发量也突破了3000万条。同时，该活动还选出了粉丝数量最多的网友，使其成为球迷领袖。

伊利营养舒化奶的"活力宝贝"作为新浪俄罗斯世界杯微博报道的形象代言人，将体育营销上升到一个新的高度，为观众带来精神上的振奋感，使观众观看广告成为一种享受。如果企业、品牌不能和观众产生情感共鸣，即使在比赛场地上铺满企业的Logo，企业也可能无法实现预期目的。

伊利营养舒化奶的世界杯新浪微博营销活动其实是基于大数据技术的分析而进行的。特别是在目标受众方面，伊利营养舒化奶通过大数据分析，确定其目标受众为"活力型和优越型"人群，他们一般有着共同的产品诉求。本次微博营销活动让球迷将活力与营养舒化奶有机联系在一起，使关注世界杯的人都注意到了伊利营养舒化奶，将"营养舒化奶为中国球迷的世界杯生活注入健康活力"的信息传递出去。

3. 大数据+E-mail

E-mail营销是在用户事先许可的情况下，通过E-mail的方式向目标用户传递有价值的信息的一种营销手段，具有操作简单、应用范围广、成本低、针对性强等特点。企业常通过E-mail发送电子广告、产品信息、销售信息、市场调查、市场推广活动等信息。然而，E-mail营销信息常被认为是垃圾邮件，会降低人们对企业的信任度。随着大数据技术的发展，企业通过大数据分析能够获知用户的行为倾向、消费偏好，使通过E-mail进行有针对性的精准营销成为可能。

如今，已有越来越多的企业采用电子邮件开展产品的网络推广和客户维护，精准的 E-mail 营销是互联网时代的制胜利器。

10.2.3　大数据+移动营销

移动营销是基于对大数据的分析处理，深入研究目标消费者，获取市场信息，进而制定营销战略，并通过移动终端（智能手机或平板电脑等）向目标受众定向和精确地传递个性化即时信息，通过与消费者的信息互动达到市场营销目标的行为。移动营销具有便携性、精准性、互动性等特点。这些特性使消费者能够通过手机或者各种智能化的移动设备随时随地参与消费活动，完成品牌搜索、产品信息互动、相关价格查询对比、下单购买、反馈评价等一系列购买行为。

如今传统电商巨头纷纷布局移动电商，众多新型移动电商购物平台不断涌现，传统企业也在积极"试水"移动端营销。有的商家推出"PC 端+移动端+线下门店"多渠道购物业务，进行线下线上联动营销，包括推出支付宝支付、微信支付等移动支付形式，既在一定程度上减缓了消费者排队等候的苦恼，又使其营销活动更加新颖。

移动营销手段不仅使企业大大降低了广告宣传的费用，而且还降低了营运的成本。企业要想方便地与消费者进行"一对一"的推广，只需开发一款 App 或者注册微信公众账号即可精准定位消费群体，细分各个消费群体的类别，精确定位每一个消费群体，在精准定位的基础上实现消费者的个性化需求服务，使消费者获得满意的购物体验。此外，很多企业还推出"微信红包"等活动，鼓励消费者在手机上抢红包，以增加人气。同时，企业还开展团购活动，激励消费者积极参与。在这个过程中，越来越多的消费者关注企业的公众号，下载企业的 App，企业因此获得了更多的用户信息，为今后实施精准营销奠定了基础。

当前通过手机购物的消费者越来越多，企业应该努力把营销活动做到消费者的手机端，从而实现真正的精准营销。同时，在大数据时代，手机成为产生大数据的重要终端，企业在手机端的营销布局变得越来越重要。

任务 10.3　认识开展大数据营销所引发的问题

10.3.1　消费者个人隐私泄露问题

大数据技术具有随时随地保真性记录、永久性保存、还原画像等强大功能。消费者的身份信息、行为信息、位置信息甚至信仰、观念、情感与社交关系等隐私信息，都可能被大数据记录、保存和呈现，每一位消费者几乎每时每刻都暴露在智能设备面前，时时刻刻都在产生数据并被记录。这增加了消费者个人隐私被泄露的风险。

在大数据分析过程中，个人隐私信息很可能被无意中泄露或滥用。例如，通过大数据分析可以推断出个人的生活习惯、消费偏好、健康状况等信息，而这些信息很可能被商业机构利用，给个人带来困扰。更可怕的是，恶意攻击者可能通过网络入侵、恶意软件感染等手段获取个人隐私信息，进而进行不法活动。如果任由网络平台运营商或商家收集、存储、兜售用户数据，消费者的个人隐私将无从谈起。

 **延伸阅读**

应对大数据时代个人隐私保护挑战的策略

1. 加强数据安全防护

企业和政府应加大对数据安全技术的投入，建立完善的数据安全防护体系，防范恶意攻击和数据泄露事件的发生。此外，企业和政府应加强数据使用者的安全意识教育，提高数据安全防范意识。

2. 规范大数据使用行为

在大数据使用过程中，政府应建立严格的隐私保护规范，明确数据的收集、存储、分析和利用等方面的要求。同时，政府对违反隐私保护规定的行为应加大处罚力度，以保障个人隐私权益。

3. 提高公众隐私保护意识

政府应通过媒体、教育等多种途径，加强对公众个人隐私保护的宣传教育，提高公众的隐私保护意识和技能。同时，公众也应学会合理行使自己的隐私权，关注自己的个人信息是否被滥用。

4. 加强国际合作

面对全球化的挑战，各国政府需要加强国际合作，共同制定和执行隐私保护政策，打击跨国网络犯罪，共同应对大数据时代的个人隐私保护问题。

资料来源：网易订阅。

10.3.2 大数据杀熟问题

大数据杀熟是指开展网络营销的商家利用所拥有的用户数据对老客户实行价格歧视的行为。具体表现为商家为获得利润最大化，对购买同一件商品或同一项服务的消费者实行差别定价，给予老客户的定价要高于新客户。大数据杀熟现象存在已久，早在2000年时就有亚马逊的消费者发现《泰特斯》（Titus）的碟片对老客户的报价为26.24美元，但对新客户的报价为22.74美元。近年来，我国大数据杀熟的现象屡见不鲜。比如，在团购平台上充值成为会员之后反而要比非会员支付更高的配送费，在某购物平台上购物老客户不仅没有获得优惠，反而要比新客户支付更高的价格。

2021年3月，复旦大学孙金云教授发布的一项"手机打车"研究报告引发了网友的热议。孙教授的研究团队在国内5个城市收集了常规场景下的800多份样本，最后得出一份打车报告。报告显示：苹果机主更容易被专车、优享这类更贵的车型接单；如果不是苹果手机，则手机越贵，越容易被更贵的车型接单。该报告结果让人们对大数据用户画像、大数据杀熟产生的消费陷阱意难平。

大数据杀熟实际上是企业根据用户的画像，综合购物历史、上网行为等大数据轨迹，利用老用户的"消费路径依赖"专门"杀熟"。2019年北京市消协所做的调查显示，88.32%的被调查者认为"大数据杀熟"现象普遍或很普遍，有56.92%的被调查者表示有过被"大数据杀熟"的经历。同时，被调查者认为网购平台、在线旅游和网约车等"大数据杀熟"问题最多，在线旅游高居榜首。北京市消协2022年发布的互联网消费大数据"杀熟"问题调查结果显示，86.91%的受访者表示有过被大数据"杀熟"的经历，50.04%的受访者曾在在线旅游消费中遭遇过大数据"杀熟"。但遗憾的是，由于"大数据杀熟"具有隐蔽性，消费者若要进行维权往往难以举证，维权困难。

建设新型消费社会，消费者权益必须得到有效保障。2021 年 8 月 20 日，第十三届全国人民代表大会常务委员会第三十次会议表决通过《中华人民共和国个人信息保护法》，其中明确不得进行"大数据杀熟"。2022 年 1 月，国家网信办等四部门联合发布《互联网信息服务算法推荐管理规定》，自 2022 年 3 月 1 日起施行。该规定针对算法歧视、"大数据杀熟"、诱导沉迷等进行了规范管理，要求保障算法选择权，告知用户其提供算法推荐服务的情况；应当向用户提供不针对其个人特征的选项，或者便捷地关闭算法推荐服务的选项。此外，企业不得利用算法推荐服务诱导未成年人沉迷网络，应当便利老年人安全使用算法推荐服务；不得根据消费者的偏好、交易习惯等特征利用算法在交易价格等交易条件上实施不合理的差别待遇等。

10.3.3　消费者信息安全问题

大数据营销可能会涉及的消费者信息安全问题主要有以下几个方面。

1. 数据泄露风险

在大数据营销中，企业通常需要收集和处理大量的消费者数据，包括个人信息、购买记录、浏览行为等。如果这些数据没有得到妥善的保护和管理，就有可能发生数据泄露，导致消费者的个人信息被非法获取和利用。

2. 隐私侵犯问题

大数据营销需要对消费者数据进行深度分析和挖掘，以发现消费者的需求和偏好。在这个过程中，企业如果不注重保护消费者的隐私，过度使用消费者的个人信息，就可能侵犯到消费者的隐私权，进而损害消费者的合法权益。

3. 数据滥用风险

在大数据营销中，消费者数据具有很高的商业价值。如果企业没有建立完善的数据管理和使用机制，就有可能导致数据被滥用，如用于不正当的竞争行为、恶意营销等，给消费者带来不必要的麻烦和损失。

4. 信息安全技术挑战

随着信息技术的发展，大数据营销中涉及的数据类型和规模不断扩大，对信息安全技术的要求也越来越高。如果企业的信息安全技术不够先进或存在漏洞，就难以保证消费者数据的安全性和完整性。

为保护消费者信息安全，实施大数据营销的企业可采取如下措施：（1）建立完善的数据管理和使用制度，明确数据的收集、存储、使用、共享等环节的规范和标准。（2）加强信息安全技术的投入和研发，提高数据的加密、备份、恢复等能力。（3）加强对员工的培训和教育，提高员工的信息安全意识和技能水平。

项目实训

【实训主题】某品牌大数据营销

【实训目的】通过实训，熟悉大数据营销的基本思路与方法。

【实训内容及过程】

（1）以小组为单位组建任务实训团队。

（2）各实训团队选择一个比较熟悉或感兴趣的品牌作为实训对象。

（3）通过社交媒体平台收集有关该品牌的数据，包括用户关注度、点赞数、评论数等。

（4）使用统计软件对收集到的数据进行分析，识别该品牌在社交媒体上的表现和受众特征。

（5）基于数据分析结果，为该品牌制定一份社交媒体推广策略，包括目标受众、推广内容、推广渠道等。

（6）撰写实训报告，提交老师批阅。

【实训成果】

请根据以上内容写作《某品牌大数据营销实训报告》。

练习题

一、单选题

1. 大数据营销的核心是（　　　）。
   A. 精准营销　　　　B. 预测分析　　　C. 个性化营销　　　D. 移动互联网

2. 大数据应用需依托的新技术有（　　　）。
   A. 大数据存储与管理技术　　　　　B. 大数据分析技术
   C. 大数据采集技术　　　　　　　　D. 以上3个选项都是

3. "在网络时代，网民的消费行为和购买方式极易在短时间内发生变化，在网民需求最高点及时进行营销非常重要"体现了大数据营销的（　　　）特征。
   A. 全样本调查　　B. 数据化决策　　C. 强调时效性　　D. 个性化营销

4. 沃尔玛将尿布和啤酒摆放在一起销售采用了（　　　）营销策略。
   A. 精准营销　　　　B. 关联营销　　　C. 定制营销　　　D. 免费营销

5. 所谓（　　　）最简单的解释就是量体裁衣，就是企业面向消费者，直接服务于消费者，并按照消费者的特殊要求制作个性化产品的新型营销方式。
   A. 关联营销　　　　B. 定制营销　　　C. 个性化营销　　　D. 服务营销

二、多选题

1. 大数据营销需依托的技术有（　　　）。
   A. 数据采集技术　　　　　　　　B. 数据挖掘、分析技术
   C. 数据存储技术　　　　　　　　D. 数据呈现技术
   E. 因果分析

2. 下列属于大数据营销特征的有（　　　）。
   A. 全样本调查　　　　　　　　　B. 数据化决策
   C. 强调时效性　　　　　　　　　D. 市场导向
   E. 个性化营销

3. 企业实施大数据精准营销一般需要具备的条件有（　　　）。
   A. 精准的市场定位　　　　　　　B. 巧妙的推广策略
   C. 更好的物流设施　　　　　　　D. 较多的产品种类
   E. 更好的消费者体验
4. 大数据营销常用的方法主要有（　　　）。
   A. 关联营销　　　　　　　　　　B. 微博营销
   C. 微信营销　　　　　　　　　　D. 移动营销
   E. 定制营销
5. 大数据营销的三种运营方式是（　　　）。
   A. 自建平台运营方式　　　　　　B. 数据定制运营方式
   C. 数据代运营方式　　　　　　　D. 数据租赁运营方式
   E. 数据购买运营方式

三、名词解释

1. 大数据　　2. 大数据营销　　3. 全样本调查　　4. 精准营销　　5. 大数据杀熟

四、简答及论述题

1. 大数据的特点有哪些？
2. 大数据营销的优势有哪些？
3. 大数据营销的策略与方法有哪些？
4. 试论述大数据营销带来的主要问题。

案例讨论

社区连锁超市的大数据营销

某社区连锁超市老板王先生最近对大数据产生了浓厚的兴趣。他通过调研越来越深刻地认识到，在当今的大数据时代，大数据无孔不入，只有有效掌握了大数据营销的方法，才有可能把自己的连锁超市经营成功。

王先生认为通过对大数据的挖掘与分析，自己的连锁超市能够更好地发掘用户消费偏好，既可以进行精准营销，又可以充分发现潜在用户，扩大营销范围，增强营销效果，所以他决定将大数据营销应用到自己的超市经营实践中。

王先生决定开始实施大数据营销后，需要解决的问题很多，但他最关心的是采取什么样的大数据营销策略和方法才能取得期望的营销效果。

思考讨论题：

1. 在开展大数据营销之前，王先生需要做好哪些准备工作？
2. 请结合社区连锁超市的经营特点，从专业角度为王先生提供大数据营销建议。

项目 11
O2O 营销

学习目标

【知识目标】

（1）准确理解 O2O 营销的含义。

（2）掌握 O2O 营销的特点。

（3）熟悉 O2O 营销的分类。

（4）掌握 O2O 营销的策略与方法。

（5）掌握 O2O 线上线下"闭环"形成的原理。

【技能目标】

（1）能够根据企业实际情况为其开展 O2O 营销提供建议。

（2）掌握 O2O 社会化营销的常用技巧。

（3）能够全面、客观地评估企业 O2O 营销的效果。

【素质目标】

（1）建立 O2O 营销新思维。

（2）培养学习 O2O 营销的兴趣。

（3）培养开展网络营销活动的创新意识。

项目情境导入

近年来，一大批电子商务平台企业通过导购引流和技术赋能反哺实体零售，赋予线下零售新的价值，带动数字技术向实体经济深入渗透。传统实体线下零售也加快应用大数据、物联网、人工智能等数字技术转型升级，由仅仅依赖传统资源渠道发展转变为围绕用户需求和体验不断创新。利用新零售、本地直播、智慧门店、即时配送、销售预测等降本增效，扩大提升销售服务能力，如加强全渠道运营，促进线上线下消费融合，实现"一店多能"；提升消费体验，打造一刻钟便民生活圈，增强便民效能。在整个过程中，线上线下消费数据被融合打通，线上线下消费场景优势结合，线上线下经济主体共同创造价值并分享成果，形成全渠道融合，共同繁荣发展的良好局面。

问题：请根据上述材料谈谈商业科技创新应用对线上线下消费融合的促进作用。

项目分析

随着移动互联网与互联网金融的飞速发展，"逛在商场，买在网上"的新消费方式开始挑战传统的商业模式。面对如此变化，O2O 营销模式成为营销行业备受关注的新宠。无论是互联网巨头还是移动互联网创业者，都纷纷从人们的衣、食、住、行等多个方面入手，在 O2O 领域"排兵布阵"，抢占市场先机。

那么，什么是 O2O 营销？它对我们的网络消费生活有何影响？O2O 营销有哪些类别？企业实施 O2O 营销的策略和方法有哪些？本项目将对以上问题分别进行解答。

任务 11.1 认识 O2O 营销

11.1.1 O2O 营销的含义

2006 年，沃尔玛提出"Site to Store"的 B2C 战略，即通过 B2C 完成订单的汇总及在线支付，消费者到沃尔玛连锁店取货。这其实就体现了 O2O 营销的思想，但一直没有人明确提出 O2O 的概念。直到 2010 年，美国 TrialPay 公司的创始人亚历历克斯·兰佩尔（Alex Rampell）首次提出了 O2O 的概念。兰佩尔指出，O2O（Online to Offline）主要包括 O2O 电子商务平台、线下实体商店、消费者等要素。其核心是利用网络寻找消费者，之后将消费者带到实体商店进行消费，如图 11-1 所示。O2O 营销主要适用于适合在线上进行宣传展示，具有线下和线上的结合性，并且消费者再次消费的概率较高的商品或服务，适合的行业主要有餐饮、电影、美发、住宿、家政以及休闲娱乐等。

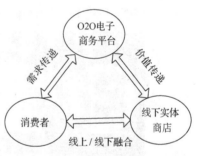

图 11-1 O2O 营销的商业模式

我国较早实施 O2O 营销的企业是大众点评网和携程，其"线上下单，线下消费"的商业模式也被业界称为典型的 O2O 营销范例。如今，O2O 营销这种线上与线下融合的营销方式不仅改变了企业传统的营销理念，也在一定程度上改变了人们的日常生活方式。下面就以普通职员小李的一天来说明 O2O 营销对消费者日常生活的改变。

早晨，小李吃过早餐，用出行软件打了一辆特惠快车。下楼后，他坐着约定的车到达单位，用手机绑定的支付宝直接付费。在线签到后，他开始了一天的工作。中午，小李在某外卖 App 上下单订了一份猪脚饭。30 分钟后，热腾腾的美食由外卖员送到小李的面前。下班后，小李和朋友们约好去聚餐。通过大众点评搜索附近美食，他在网上下单预订了某饭店的一份 4 人餐，并在线完成支付，然后小李一行 4 人去该饭店就餐。酒足饭饱后，小李又在团购网站上团购了 KTV 的券，并在 KTV 出示订单号进行消费。晚上，小李回到家后，在手机上对今天的出行、外卖、晚餐、KTV 一一进行了点评。小李的一天仅是 O2O 式生活的一角。从该案例可以看出，移动互联网已经深入人们生活的方方面面，并成功完成了线上线下的融合。

11.1.2　O2O营销的特点

O2O营销一般具有以下几个特点。

1. 商品或服务由线下的实体商店提供，质量有保障

在通常的O2O营销过程中，消费者要先根据需求在网上选择合适的商品或服务，在线上下单后再到线下实体商店进行消费。烘焙小屋就是一个典型的O2O应用案例，如图11-2所示。消费者只需通过扫描二维码在微商城线上下单，然后到店里取走早餐即可。O2O营销平台上的商品或服务均由实体商店提供，因此商品质量有一定的保障。

2. 营销效果可查，交易流程可跟踪

O2O营销可以较快地帮助实体商家提高知名度。O2O订单通过网络达成，在销售平台中留有记录，可使商家通过网络追踪每一笔交易，因而商品推广的效果透明度高。

3. 交易商品即时到达，方便快捷

O2O营销强调本地化服务，即消费者通过线上平台找到附近的线下服务提供商。这种模式使得消费者能够快速获得附近商家提供的商品或服务，既方便又快捷。

4. 商品信息丰富、全面，方便消费者"货比三家"

O2O营销平台可以将餐饮、酒店、美发以及休闲娱乐等各类型的实体商店集为一体，典型的代表为大众点评。该平台能够为消费者提供丰富的商品信息，并且还有消费者点评及推荐，以便为新的消费者选择商家提供参考。大众点评推荐的美食信息如图11-3所示。

图11-2　烘焙小屋的下单流程

图11-3　大众点评推荐的美食信息

5. 宣传及展示机会更多，帮助商家寻找消费者，降低经营成本

O2O营销有利于盘活实体资源，为商家提供了更多宣传展示的机会，从而便于吸引新消费者。O2O的宣传及送货上门服务，降低了商家对地段的依赖，缩减了商家的经营成本。

同时，O2O营销平台所存储的用户数据，有利于商家维护现有的消费者。根据消费者的消费情况及评价信息，商家可以深度挖掘消费者需求，进行精准营销，合理安排经营策略。

11.1.3　O2O 营销的分类

O2O 营销的实质是将用户引流到实体商店，为实体商店做推广。从广义上来讲，O2O 的范围特别广泛，只要是涉及线上又涉及线下实体商店的模式，均可被称为 O2O。O2O 营销有线下到线上、线上到线下这两种最基本的方式。

1. Online to Offline（线上到线下）

这是 O2O 营销的普遍形式，将消费者从线上引流到线下实体商店进行消费。线上到线下的交易流程图如图 11-4 所示，实体商店与线上平台（如网站、App 等）合作，在线上平台发布商品信息，消费者利用互联网在线上平台搜索相关商品，在线购买心仪的商品，在线完成支付。线上平台向消费者的手机发送密码或者二维码等数字凭证，消费者持该数字凭证到实体商店消费。大众点评、美团等平台就是 O2O 营销的典型代表。

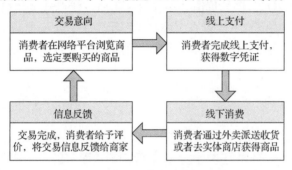

图 11-4　线上到线下的交易流程图

案例分析

美团外卖的 O2O 营销

餐饮 O2O（Online to Offline）模式即线上到线下的餐饮模式，是指通过互联网线上平台提供订餐、外卖等服务，将线下实体餐厅与线上消费者相连接。近些年随着移动互联网的迅猛发展，餐饮 O2O 模式在全球范围内快速兴起，并深受用户的喜爱。

美团外卖是我国首家运用餐饮 O2O 模式的互联网公司。美团外卖通过手机 App 和网页端的在线订餐平台，满足用户在家或办公室的需求，提供方便快捷的美食外卖服务。首先，美团外卖通过与各大餐饮店进行合作，整合线下的餐饮资源，提供用户多样化的美食选择。用户可以通过美团外卖 App 在线浏览附近参与合作的餐厅，选择自己喜欢的菜品，下单付款后，美团外卖会将完成支付的订单信息和用户送达地址传递给对应的餐厅，餐厅负责制作和配送食物。这种模式可以大大提高用户的订餐效率。其次，美团外卖通过与第三方物流公司合作，建立高效配送体系。在用户下单之后，第三方物流公司会根据用户的配送地址和餐厅的制作速度进行调配，以最短的时间送达用户手中。这种高效的配送体系极大地提高了用户的使用体验，方便用户在忙碌的工作生活中享受美食。最后，美团外卖通过积分和优惠券等营销手段来吸引用户。用户使用美团外卖 App 订餐后，可以获得一定的积分，积分可以用来抵扣后续订单的金额；同时，美团外卖还会不定期地推出各种优惠券活动，用户可以参与活动获取优惠券并在下单时使用。这种营销手段使用户既享受到了便捷又享受到了实惠。

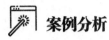

案例分析

美团外卖 O2O 模式的成功要素主要包括：合作餐厅资源整合、高效的配送系统，以及营销手段的运用。这个模式不仅帮助用户方便快捷地享受美食，也给餐厅带来了更广阔的市场和销售渠道。其他企业可以借鉴美团的经验，结合自身的特点和需求，开展线上和线下的联动，提升用户体验，增加营收和市场份额。

2. Offline to Online（线下到线上）

Offline to Online 又被称为反向 O2O，它将消费者从线下吸引到线上，即消费者在实体商家体验后，选择好商品，在线上平台进行交易并完成支付。例如，可口可乐开盖礼、麦当劳支付宝付款、母婴店扫描二维码加会员下单等都是反向 O2O 的典型案例。

值得注意的是，O2O 营销的价值并不仅仅在于通过线上展示和线下体验更好地连接消费者与商家，而是商家为消费者提供系统性的贯穿于整个交易流程的完整服务，包括售后的产品维护等。只有这样完整的购物体验和服务，消费者才更乐意分享，从而进行口碑的二次传播和持续购买。

> ### 课堂讨论
>
> 某商超本身是做线下实体商店的，后来开始向 O2O 营销转变，通过线下实体商店和线上平台，实现了全产品全渠道的线上线下同价，从而打破了实体商店零售在转变过程中线下价格与电商渠道价格相冲突的魔咒。
>
> 因开展了线上销售渠道，该商超的线下实体商店已不再是仅具有销售功能的门店，而是包含了展示、体验、物流、售后、推广等新的功能，增强了线下零售的竞争力，促进了实体商店的发展。
>
> 问题：请结合材料谈谈传统商超如何开展 O2O 营销。

任务 11.2 掌握 O2O 营销的策略与方法

相对于实体商店传统的"等客上门"营销方式，O2O 营销代表着一种全新的营销逻辑，O2O 营销采用的是与其他营销方式不同的策略和方法。下面分别从 O2O 线上推广、O2O 线下培育、O2O 线上线下"闭环"这三个方面来展开介绍。

微课堂

O2O 营销的策略与方法

11.2.1 O2O 线上推广

1. 自建网上商城——与线下实体商店对接

企业在互联网上建立自己的网上商城，在线上对产品或服务进行宣传推广，消费者在该平台下单后，可以选择到实体商店体验消费，也可以直接享受送货上门的服务。一般大型连锁加盟的生活服务类企业会采用这种自建网上商城的方式，从而有效地将线上平台与线下实体商店实时对接。由于是自己的网站平台，商家对网站的管理比较方便，对目标消费者的营销针对性强，但企业自建 O2O 网上商城需要投入较多的资金。

2. 创建自有 App——充分利用移动互联网

在智能手机高度普及的今天，使用手机上网的人越来越多。无论是学习还是衣、食、住、行，各大企业均不断推出各种手机 App（见图 11-5），希望能够在移动互联网中占有一席之地，营销大战也从 PC 端转移到了手机移动端。例如，在共享单车兴起的时候，有一张共享单车 App 的手机截图曾蹿红网络。在这张截图上，20 多个共享单车应用的图标占满了整个手机屏幕，如图 11-6 所示。因此，企业在进行 O2O 线上推广时，可以根据需要创建自己的 App，以充分发挥移动互联网的功能。

图 11-5　各种手机 App

图 11-6　共享单车 App

3. 借助网络社交媒体——聚集人气

O2O 营销与网络社交媒体的结合，可以看作是线上与线下、社交与商业的完美融合。

网络社交媒体，如微信、微博等，拥有庞大的用户基础和高度的用户黏性，是 O2O 营销的重要入口。例如，企业在社交媒体上发布优惠信息、活动预告等，往往可以迅速吸引大量目标消费者的关注，引导他们到线下实体商店进行消费。

在 O2O 营销中，消费者可以通过网络社交媒体分享自己的消费体验，这种口碑传播对于提升品牌形象和扩大品牌影响力具有重要作用。同时，消费者的分享也能激发更多潜在消费者的购买欲望。

网络社交媒体积累了大量的用户数据，包括用户兴趣、消费习惯等。这些数据为 O2O 营销提供了精准定位目标消费者的可能。结合大数据分析技术，企业可以向不同类别的消费者推送个性化的商品和优惠信息，并采用不同的营销技巧，从而提高营销效果。表 11-1 所示为针对不同类别消费者的营销技术。

表 11-1　针对不同类别消费者的营销技巧

不同类别的消费者	营销技巧
爱美食的消费者	免费试吃、美食推荐
节约的消费者	免费领、团购
较少出门的消费者	手机购物、送货上门
有情感需求的消费者	节日问候、贺卡祝福
追求享受的消费者	高级会员、奢侈品推广

（续表）

不同类别的消费者	营销技巧
好奇心强的消费者	悬念营销
关注娱乐新闻的消费者	邀请名人
注重养生的消费者	保健博文、养生话题
努力上进的消费者	励志软文
爱美的消费者	美妆、潮流
需要送礼的消费者	包装精美的礼品

借助网络社交媒体，企业可以开展多种富有创意的 O2O 营销。华美食品开展的"会说话的月饼"微活动，就是其中一个较为典型的案例。

华美食品在临近中秋之际，用微信、微博、微视"三微"举办了一场促销活动——华美"会说话的月饼"，具体过程如下。

（1）用户购买华美月饼，扫描二维码进入华美微信服务号活动主页面。

（2）用户拍摄微视频短片，录制并上传祝福视频，复制微视频祝福链接，输入华美月饼独有的祝福编码，然后提交。

（3）用户分享祝福到微信朋友圈，就有机会抽取华美食品提供的丰厚奖品。而收到月饼礼物的用户，扫描二维码即可查看祝福视频。

华美食品"会说话的月饼"活动在网络上掀起了一场前所未有的浪潮，越来越多的消费者加入了买月饼送祝福活动的热潮中。全新的祝福方式广受年轻人的喜爱，并且还吸引了许多网络红人参与。

月饼原本是节令性食品，华美"会说话的月饼"凭一次全新的创意祝福活动以及过硬的品质与服务，创造了一个前所未有的销售高峰。

4. 借助第三方消费点评网站——实施口碑营销

O2O 商业模式主要是针对消费者的吃喝玩乐需求，瞄准了服务行业中生活服务这片市场的"蓝海"。生活服务类市场因消费者多元化的需求和庞大的消费群体，展现出巨大的增长潜力和销售空间。生活服务类商品适合利用口碑营销的模式进行推广，即第三方消费点评网站通过信息分类、优惠折扣、团购等手段为消费者提供商家信息，利用口碑分享来帮助商家推广。常见的第三方消费点评网站主要有大众点评、美团、口碑、饿了么等。用户可以在这些第三方消费点评网站上查找附近的商家信息，阅读其他用户的评价，并分享自己的消费体验。

5. 开展促销活动——优惠拉动消费

俗话说"货比三家"，在互联网飞速发展的今天，"货比百家"已经实现。对于企业来说，价格策略仍然是见效最快，最能拉动消费的方法之一。在这方面，某打车软件的做法值得很多企业学习借鉴。用户使用该打车软件并分享红包，即可领取优惠券；邀请好友助力，可领出行券；可 1 元购买 90 元券包，也可邀朋友拼团，每人花费 0.01 元即可得到上述优惠券包……一个个看似简单的活动，最终衍生为既能传播品牌，又能激活老用户，还能实现以老带新，抢占市场份额，甚至可以成为商业化变现或推动跨界合作、品牌合作的利器。

11.2.2　O2O 线下培育

对于 O2O 营销来说，企业也应该准确地定位自己的用户群体。用户在哪里，企业就要去哪里，能否对目标用户进行精准定位决定了一个商业模式的成败。

1. 体验营销

体验营销是一种通过提供个性化的体验和感受来吸引和留住消费者的新型营销方式。实施体验营销的企业，注重在产品或服务中融入更多的体验元素，从而让消费者在购买或使用过程中获得更多的乐趣和满足感。

在 O2O 营销中融入体验营销理念，使消费者在购买及消费过程中获得更好的感受，不仅能够提升消费者的满意度，而且能够促成线下用户向线上用户的转换，实现反向 O2O。在这方面，M 服饰的做法值得借鉴。

以"不走寻常路"著称的 M 服饰提出了"生活体验店+ App"的 O2O 模式。该模式通过在优质商圈建立生活体验店，为到店用户提供 Wi-Fi、平板电脑、咖啡等便利的生活服务和消费体验，吸引用户长时间留在店内使用平板电脑或手机上网，登录并下载品牌自有 App，以此实现线下用户向线上的转化。"生活体验店+ App"在服装零售 O2O 领域是一个大胆、新颖的尝试，在这种模式下，门店将不再局限于静态的线下体验，不再是简单的购物场所，同时也是用户可以惬意上网和休息的休闲之地。这可以增加 M 服饰 App 的下载量，提高用户的手机网购使用率和下单量。

2. 会员卡应用

商家通过积累、分析会员信息，可以通过 E-mail、电话、短信等方式有针对性地向相应用户发送产品信息，深度挖掘用户需求，维护用户关系。会员卡应用是一种长期的促销手段。当然，会员卡不必为实体卡片，商家可以采用电子会员卡的形式，如扫描二维码、关注公众号、注册手机号成为会员等。商家通过用户的会员信息，可以更加方便地掌握用户的地理位置信息、到店消费信息等，利用折扣优惠吸引用户再次消费。

3. 粉丝模式

粉丝模式是指商家把 O2O 工具（第三方 O2O 平台、自有 App 等）作为自己的粉丝平台，利用一系列推广手段吸引线下用户不断加入，通过品牌传播、新品发布和内容维护等社会化手段吸引粉丝，定期推送给粉丝优惠和新品信息等以实施精准营销，吸引粉丝直接通过 App 购买商品。图 11-7 所示为粉丝模式。

图 11-7　粉丝模式

粉丝模式利用社会化平台的粉丝聚集功能，通过实体商店对现场用户进行引导，然后通过粉丝在线互动提高黏性，以便在新品发布、优惠活动或者精准推荐的拉动下，提高移动端的销售能力。其中，服装品牌歌莉娅的做法可供参考。歌莉娅在 O2O 方面选择了与阿里巴巴旗下的微淘合作，在精选出的全国各地近百家门店内摆放了微淘活动物料，吸引到店顾客扫描实体商店内的二维码成为歌莉娅微淘粉丝，随时接收歌莉娅的新品推荐、活动发布、穿衣搭配建议等信息。微淘的推荐链接可以直接指向歌莉娅天猫旗舰店，促进用户直接下单。据统计，短短5天的活动让歌莉娅的粉丝增长了20万人，活动期间共有超过110万用户打开手机访问了歌莉娅天猫旗舰店。

4. 二维码

随着移动互联网的发展，二维码在商店、地铁、报纸等处随处可见，用户通过手机扫描二维码可以浏览产品或服务的信息并获取优惠折扣，形成"无处不渠道，事事皆营销"的营销新态势。二维码凭借体积小、信息含量大的优势，既方便商家存储产品或服务信息，也方便用户消费，成为商家将用户从线下引流到线上的便捷工具。在这方面，E-mart超市的阳光二维码定时促销就是一个将用户从线下引流到线上的典型案例。

E-mart超市是一家超大型连锁超市，其注意到在中午时段的销售规模明显下降，于是思考如何能够扩大该时间段的销售规模。随后E-mart超市设计了一个柱状物体，利用阳光和阴影形成一个只在12~13时之间出现的二维码优惠券，以趣味性吸引用户，并以折扣促进该时间段的销售。它将这些实物二维码放置在首尔街头的某些地方，利用阳光照射的阴影形成别具一格的二维码图形。用户用手机扫码后，会被引导至手机购物的网页，获得各种优惠券。同时使用该超市的App购物后，用户购买的商品可以直接被快递到家。

二维码凭借其一键连接线上线下的功能，大大提升了营销活动的趣味性和用户参与的便捷性，可以吸引众多用户参与商家的活动，便于商家与用户建立互动关系，最终创造有价值的用户体验。在未来的营销时代，二维码必将开辟一个巨大的市场，开创营销服务的新天地。

5. 新技术赋能

人工智能、虚拟现实、大数据等先进信息技术，能够实现"智能体验、全域运营、导购分销、数字营销"的融合，帮助传统实体商家快速构建"从在店到离店""从线上到线下""门店+网店"每天24小时、每周7天的不间断服务的服务能力，经营突破时空增长界限。

🔖 阅读资料

公私域O2O联合营销，构筑品牌新高度

私域O2O的优势在于针对性强、触点丰富、体验多维，能够更好地与已有消费者建立紧密联系，提供个性化的购物体验。而美团、饿了么、淘宝买菜等公域O2O平台的广泛覆盖和用户规模，为品牌商提供了更大的曝光机会和市场份额。通过跨平台投放广告，品牌能够更好地触达潜在用户，实现品牌知名度的进一步提升，为销售增长打下坚实的基础。

通过将私域O2O和公域O2O的营销资源进行整合，共同开展品牌推广活动，品牌可以实现互补推广，达成更广泛的品牌宣传和更好的销售效果。私域O2O和公域O2O的联动配合，促使私域O2O用户和公域O2O用户产生互动，推动私域O2O与公域O2O的互相引流，提升消费者活跃度。私域O2O和公域O2O之间的数据互通共享，也能帮助品牌更好地了解消费者在不同渠道的行为和偏好。

11.2.3 O2O线上线下"闭环"

如果没有线上的产品展示，消费者将很难获得商家信息；如果没有线下实体商家的产品

体验，线上交易也只能建立在空谈之上。在 O2O 营销的过程中，要做到线上线下互动并非易事，这要求线上平台功能健全、线下服务创新实用。O2O 营销需要线上到线下的双向借力，线上线下的"闭环"营销才是 O2O 营销的核心。

O2O 闭环是要实现线上与线下的对接和循环。通俗的解释就是商家通过网上促销引流，吸引消费者到线下实体商店消费，消费者在线下实体商店购物或接受服务，消费者购物或接受服务后在线上对消费进行评价，商家基于消费者的评价对消费者进行二次营销，引导消费者再次到实体商店消费，由此形成一个消费的闭环。

O2O 闭环主要由以下关键环节组成：一是线上引流。商家通过线上平台（如官网、社交媒体、广告等）发布优惠活动、产品信息，吸引消费者关注。消费者在线上浏览信息，产生购买意愿。二是线上预订/购买。消费者通过线上平台预订服务或购买产品，可使用商家发放的优惠券或积分。完成支付后，消费者收到数字凭证（如二维码、订单号等）。三是线下体验。消费者凭借数字凭证到线下实体商店消费，在店内享受服务或提取购买的商品。四是线下消费反馈。消费完成后，消费者可以通过线上平台进行反馈、评价和分享。五是数据分析与再营销。商家收集并分析消费者的购买行为、偏好和反馈数据。基于数据分析，商家进行精准的再营销活动，如个性化推荐、定向广告等。六是闭环循环。通过不断的线上引流、线下体验、反馈分析和再营销，形成 O2O 闭环的良性循环。

阅读资料

海尔消费金融打造 O2O 闭环

海尔消费金融 App 针对用户"痛点"，全面打通线上无纸化申请和快速审批全流程。用户只需打开海尔消费金融 App，按照办理流程完成注册账号—实名认证—激活额度—申请贷款四大步骤，最高可贷 20 万元，最快当天就可通过审核获取额度。

用户可以申请 50% 的额度变现，也可以直接在海尔消费金融的线上商城进行消费。此外，用户还可以通过内置搜索功能，查找离自己最近的线下网点。海尔消费金融布局的 3 000 多家线下网点的产品也支持使用额度支付，真正实现 0 元购物。用户只需每月 12 日前确保绑定的还款银行卡内有足够的余额，系统就能实现自动划扣。

此外，海尔消费金融致力于通过线上线下无缝对接，零时差提供消费金融服务。App 的上线不仅为用户提供便捷的线上申请、线上查询、线上线下消费、线上还款等服务，还对海尔消费金融打造一站式家庭消费金融生态圈，构建互联网金融 O2O 闭环有重要的推动作用。

海尔消费金融以家庭消费需求为核心，搭建家电、家装、家居、教育、健康、旅行等垂直化消费金融场景，汇聚了包括海尔家居家电产品线、红星美凯龙、有住网、绿城电商、犀牛电商、环球雅思、环球游学、新私享旅行等在内的诸多品牌，使用户能更轻松便捷地寻找到自己需要的 O2O 金融产品或服务。

任务 11.3　分析 O2O 营销应用实例

在移动互联网飞速发展的时代，O2O 商业模式成为企业抢夺移动互联网领域市场的利器。无论是传统企业还是电商企业，都发现了线上线下融合起来的巨大"钱景"，纷纷从人们的衣、食、住、行等多个方面入手，在O2O领域"排兵布阵"，抢占市场先机。然而，"知易行难"，线上线下的完美融合并非易事。如果做得好，可以实现线上线下共赢；反之，则很有可能造成线上线下相互抵触的窘境。如何完美地融合线上资源和线下资源仍是每个企业孜孜追求的目标。下面具体介绍两个O2O营销的典型案例，看看他们的营销策略能够给我们带来哪些启示。

11.3.1　富春田翁农产品店O2O营销

随着互联网的普及，越来越多的生鲜农产品通过电商方便快捷地送达消费者手中。生鲜农产品电商模式有利于解决生鲜农产品买难卖难的问题，有助于改善生鲜农产品产业链，带动小农户有机衔接现代农业，提升生鲜农产品流通效率，不断提高农业产业竞争力。该模式对于推进乡村产业发展，促进乡村全面振兴和共同富裕有着巨大作用。

按照交易主体的不同，生鲜农产品电商一般分为三类：B2C模式、O2O模式和C2B模式。本案例以位于杭州近郊的杭州盘古生态农业开发有限公司（以下简称盘古公司）运营的"富春田翁农产品店"为研究对象，对其生产、配送和销售的O2O模式进行解析。

1. 盘古公司发展概况

盘古公司是以蔬果的种植、加工、销售为主，兼有蔬果新品种、种植新技术引进与推广、土地流转等业务的农业龙头企业。该公司成立于2011年，2014年成立并运营电商平台"富春田翁农产品店"。2020年该电商平台销售额超890万元，2021年通过团单、电商平台销售额达1 200万元。该公司主要种植叶菜类和茄果类蔬菜及水果，年产叶菜类蔬菜3 500吨、茄果类蔬菜2 000吨，水果年产量7 000多吨，常年帮助基地周边的40余户大户销售各类蔬果，销往杭州主城区及江浙沪地区，2021年销售额达2 000万元。盘古公司社区宣传现场如图11-8所示。

图11-8　盘古公司社区宣传现场

2. "富春田翁农产品店"运营的主要做法

（1）坚持适度规模化的生产策略，确保农产品产量和质量

盘古公司生产基地位于浙江省杭州市富阳区东洲街道东洲岛上，生态环境优良，特别适宜农作物生长。该公司成立之初，通过流转土地建立了200多亩农产品种植基地，后又通过

土地整理、设施配套，吸引本地及外地种植大户承包土地，形成部分自种、部分外包的生产格局。基地所生产的农产品均可由盘古公司通过线上和线下统一销售，种植大户也可根据市场行情自行销售。为了保证农产品质量，盘古公司建立农产品检测中心，常年免费为周边基地种植大户提供农产品检测服务；同时成立农资供应部，为富阳及周边地区的基地种植大户提供优质种子、化肥、种植技术指导等服务。该公司种植的多类蔬果已通过"绿色食品认证"，基地先后获得"浙江名牌产品""浙江省科技型中小型企业"、省级乡村振兴"实训基地"、省级"放心菜园"示范基地、"省供销系统百强基地"等荣誉称号。

2015 年，该公司又牵头成立了杭州汉禾农产品专业合作社联合社，各类农产品种植面积达 1 500 亩以上，极大地带动了周边村民及种植大户的生产和销售，同时为平台提供更加丰富多元的生鲜农产品货源。

（2）坚持高效率配送的服务策略，确保农产品新鲜和配送及时

盘古公司的生产基地距离富阳城区 6 千米，距离杭州市 15 千米，交通极为便利。依托其优越的交通区位条件，盘古公司构建了以杭州主城区为核心市场，以杭州主城区以外的江浙沪市场为拓展市场的农产品销售市场格局，提出了"吃当地，食当季"的口号，以期为消费者提供新鲜、自然、本土化的生鲜农产品。

在备货方面，"富春田翁农产品店"的生鲜产品采取"零库存"策略，即前一天晚上接单统计、报单备货，第二天早晨分装打包，当天配送到户到点，保证了食材的新鲜。在配送方面，盘古公司以"自营物流+与顺丰物流合作"的形式，形成了高效及时的配送体系。

通过线上线下融合发展方式，盘古公司着力打造"富春田翁"农产品品牌。目前"富春田翁农产品店"的粉丝已经过万人，用户的复购率达 60%，大家对这一平台最多的评价就是"配送及时""吃得新鲜"。

（3）坚持数字化赋能的营销策略，确保客源高黏度和高复购率

从 2021 年开始，越来越多的沪、杭等地区客户在电商平台下单，盘古公司逐渐将销售范围拓展至杭州主城区以外的江浙沪市场。为此，该公司从 2021 年开始与顺丰物流合作，为江浙沪地区的消费者送去优质、安全、绿色的农产品。电商配送平台经过多年发展，已与杭州地区多家农产品种植及加工企业建立合作关系，累计上架了 60 多类 500 余种杭州地区优质的特色农产品，让部分耐储存、有特色的农产品销往更多更远的地区，使更多的顾客能品尝到优质农产品。

通过"富春田翁农产品店"积累的居民、企业消费数据库，盘古公司可了解所服务的每个家庭、每个单位的消费特点，建立精准的消费者画像。通过电商平台的数字化赋能，一方面使盘古公司可使用最少的服务人员运营电商平台，从而最大化降低人工费用；另一方面，盘古公司通过电商平台销售数据分析，反向指导公司自营及所关联的村民和种植大户的生产计划，通过精准的产销对接，实现农产品种得好、卖得出，消费者吃得好、黏性强、复购率高。

3. "富春田翁农产品店"运营启示

生鲜农产品电商发展的主要瓶颈是生鲜农产品流通环节过多及流通成本居高不下。盘古公司通过"富春田翁农产品店"电商平台和社区团购的运营，将以农产品批发市场为主的销售方式改变为通过电商平台直达消费者，大大减少了流通环节，并通过"零库存"备货及高

效物流配送体系的构建，大大减少了生鲜农产品的损耗率，显著降低了流通成本，使消费者可享受到新鲜、优质、及时的生鲜农产品，提高了消费者的黏度和复购率。

"富春田翁农产品店"的运营以盘古公司为关键节点，一头连着富阳本土的农村社区生产主体，以适度规模化和社区组织化保障了农产品生产的产量和品质，为生鲜农产品电商化发展奠定基础；另一头通过服务以杭州主城区为核心的城市社区消费主体，以电商平台数据形成精准消费者画像，反向指导生产主体的生产计划以及构建高效物流配送体系。由此，盘古公司建立了根植于城乡社区的从生产端到消费端的完整产业链条，形成了富有生命力的适度规模 O2O 电商模式，这一模式对城郊地区农业经营主体如何通过电商化促进生产和销售具有一定的借鉴意义。

资料来源：郑军南，张官良，何见妹.城郊地区适度规模生鲜农产品电商 O2O 模式解析——以"富春田翁农产品店"发展为例[J]. 中国农民合作社，2022（09）：36-38。

11.3.2　永辉超市试水 O2O

永辉超市成立于 2001 年，是我国较早将生鲜农产品引进现代超市的流通企业之一，已发展成为以零售业为龙头，以现代物流为支撑，以实业开发为基础的大型集团企业。永辉超市初次尝试拓展自己的 O2O 业务是在 2013 年 5 月，然而仅仅上线不满百日就因为销售额不佳，产品大多内损导致亏损严重而悄然下线。

在初次尝试失败之后，永辉超市调整发展战略卷土重来，在 2014 年 1 月以"永辉微店"重新上线其 O2O 业务。作为一个全新的 O2O 业务平台，"永辉微店"将线上微店选购、线下实体商店提货融合起来，使消费者可以在线上以微店为输入端，下达订单之后在线下的任意一家永辉超市实体商店进行取货。该项业务率先在福州地区的 8 家门店上线试运行。消费者通过 App 下单，基本可实现货物"半日送达"。同年，永辉超市引入了亚洲第一套"JOYA"自助购物系统、自助收银系统、自助会员建卡发卡系统、自助查价机等，并且接入微信及支付宝，打通支付环节，从而形成线上线下的消费闭环。

到了 2015 年，随着国家明确提出"互联网+"概念，永辉超市开始推动 O2O 项目的上线，发展"实体商店+互联网应用"，并开始支持各种创新业务，包括海淘和"中央厨房"等。2015 年 12 月，永辉超市与京东 O2O 正式合作，永辉超市北京首店上线京东到家 App 并开始正式运营，双方通过资源互补，在全国范围内拓展生鲜 O2O 市场。

2016 年，永辉超市不再满足于单一的线上 App 平台，陆续推出了永辉生意人、永辉到家、永辉管家等多款网络化服务产品，分别上线了 App，上马了"永辉数据中心""供零在线"运维监控平台"Zabbix"，并且入股福建地区的第一家民营银行——福建华通银行。

2017 年年初，今日资本投资永辉云创，持股 12%。获得大笔资金之后，永辉超市开始加速孵化"超级物种"，打造云创生活等项目。其中"超级物种"是永辉超市在互联网和新零售方面布局最多、投入最大的项目。这一与阿里巴巴的盒马生鲜类似的体验式生鲜卖场里，集合了多种类型的特色"工坊"，组成了永辉特色的产品生态体系。到 2018 年 12 月，永辉超市以 35.31 亿元的价格购入万达商管 6 791 万股股份。通过入股万达商管，永辉超市夯实了未来在线下深化布局的基础。

由于生鲜 O2O 对生鲜品种、定位人群的限制很大，为了应对这种挑战，有效解决生鲜损耗和物流成本，永辉超市将消费者分流到就近的社区，让消费者自行取货。永辉超市从 2001 年创立以来，不仅没有回避生鲜品的经营，反而面对挑战将其作为市场切入点和最重要的卖点，并采用完全自营的方式来经营。其 O2O 模式的核心就在于，以零售终端作为流通供应链的主导者，通过对供应链采购管理、物流管理和销售管理三大核心环节的建设、整合与优化，实现生鲜产品流通全过程的高效率和低成本，从而获得低价格、低损耗、高毛利的"两低一高"竞争优势。在 O2O 模式运营的过程中，永辉超市以产品资源为核心，以生鲜产品作为自身的特色，凭借其对生鲜产品的经营管理能力来带动其他产品的销售。永辉超市利用自身的供应链和实体商家，来提高消费者的购物体验。

"电数宝"电商大数据库显示，2023 年生鲜电商交易规模达到 6 424.9 亿元，同比增长 14.7%。生鲜电商行业 2023 年渗透率为 12.5%，同比增长 21.59%。虽然目前我国生鲜电商的交易规模和市场渗透率仍处于较低水平，但随着人们网购生鲜产品习惯的逐渐养成，生鲜电商未来的发展前景一片光明。面对生鲜电商广阔的市场成长空间，永辉超市应如何把握新兴消费群体并顺应新的消费趋势成为需要重点考虑的问题。

永辉超市在 20 周年内部信中给出了答案——提升科技支撑能力，加快数字化转型，加大"线上店"投入，推进线上线下全渠道融合发展，打造"手机里的永辉"。

一方面，永辉超市正持续通过云化、智能等技术手段完善数字化门店建设，提升门店管理效率及用户购物体验；另一方面，永辉超市也在通过建设线上线下全渠道营运营销平台，全力支持到家、到店业务。在重庆、成都、福州这三大标杆城市，永辉超市以"永辉生活"为抓手、营销为驱动，打通供应链资源、聚焦履约基础能力打造，全面推进全渠道数字化转型战略。

财报显示，2023 年第一季度，永辉超市线上业务营收 40.2 亿元，占比 16.9%，日均 46.9 万单，客单价提升·6%。"永辉生活"自营到家业务已覆盖 952 家门店，实现销售额 19.5 亿元，日均单量27.3 万单；第三方平台到家业务已覆盖 942 家门店，实现销售额 20.7 亿元，日均单量 19.6 万单。"永辉生活"注册会员数已突破 1.05 亿户。

项目实训

【实训主题】O2O 营销的策略与方法

【实训目的】通过实训，掌握 O2O 营销的策略与方法，能够以小组为单位完成 O2O 营销策划方案。

【实训内容及过程】

（1）以小组为单位组建任务实训团队。

（2）阅读以下材料：小明和小亮是兄弟俩，小明是哥哥，比小亮大五岁。小明学习不好，上完高中后在家人的资助下开了一家社区超市。小亮学习优秀，以优异的成绩考上了南开大学商学院市场营销专业。大三寒假期间，小亮到哥哥小明的超市帮忙，发现哥哥的超市生意非常冷清，而隔壁王哥家生意却异常火爆。都是超市，面对的消费群体几乎相同，商品的价格又相差无几，为何哥哥的生意就比不过王哥家的生意呢？小亮决定一探究竟。经调查发现，王哥采用了 O2O 营销模式，消费者通过王哥超市的微信小程序就可搜索商品和在线购买，非常方便。小亮终于了解到哥哥生意不景气的原因，他觉得哥哥也要开展 O2O 营销，否则很难在与王哥的竞争中占据优势。

（3）根据上述材料，为小明的超市完成 O2O 营销策划方案，重点阐述营销策略与方法部分。

（4）各团队分享策划书，由同学们在课下讨论。

【实训成果】

请根据以上内容写作《××社区超市 O2O 营销策划方案》。

练习题

一、单选题

1. O2O 营销的核心是（　　　）。
   A. 利用网络寻找消费者　　　　　　B. O2O 电子商务平台
   C. 线下实体商店　　　　　　　　　D. 在线支付

2. O2O 商业模式主要瞄准了服务行业中（　　　）这片市场的"蓝海"。
   A. 公共服务　　　B. 生活服务　　　C. 医疗服务　　　D. 金融服务

3. O2O 营销是一种利用网络争取线下用户和市场的新兴商业模式，下列不属于 O2O 营销特点的是（　　　）。
   A. 商品或服务由线下的实体商店提供，质量有保障
   B. 营销效果不可查，交易流程不易跟踪
   C. 商品信息丰富、全面，方便消费者"货比三家"
   D. 宣传及展示机会更多，帮助商家寻找消费者，降低经营成本

4. O2O 营销的实质是将用户引流到（　　　）。
   A. 微信平台　　　B. 实体商店　　　C. 购物网站　　　D. 以上均不正确

5. 通过（　　　），可形成"无处不渠道，事事皆营销"的营销新态势。
   A. 精准营销　　　B. 粉丝模式　　　C. 二维码　　　D. LBS

二、多选题

1. O2O 营销模式的要素主要包括（　　　）。
   A. O2O 电子商务平台　　　　　　　B. 线下实体商店
   C. 消费者　　　　　　　　　　　　D. 在线支付
   E. 资本

2. 我国较早实施 O2O 营销的企业是（　　　），其"线上下单，线下消费"的商业模式被业界称为典型的 O2O 营销范例。
   A. 大众点评网　　　　　　　　　　B. 当当网
   C. 拼多多　　　　　　　　　　　　D. 阿里巴巴
   E. 携程

3. O2O 线上推广常用的方法主要有（   ）。

    A. 自建网上商城   B. 微博营销

    C. 微信营销   D. 设立线下体验店

    E. 借助第三方消费点评网站

三、名词解释

1. O2O   2. Online to Offline   3. Offline to Online   4. 粉丝模式

5. O2O 闭环

四、简答及论述题

1. 哪些行业适合采用 O2O 模式？为什么？

2. O2O 营销的特点是什么？

3. O2O 营销闭环是如何实现的？

4. 试论述 O2O 营销线上推广的方法。

5. 结合富春田翁农产品店 O2O 营销模式案例，试述生鲜农产品的 O2O 营销模式运营策略。

案例讨论

连州农特产 O2O 体验中心揭牌运营

乘八面来风，应万众期盼，2020 年 12 月 12 日，连州农特产 O2O 体验中心揭牌运营。该体验中心根据连州市省级电子商务进农村综合示范县（市）推动农村产品上行建设要求构建而成，总面积达 1 300 多平方米，包含"连州农特产产品展示厅、清远市工程研发中心、广东省博士站"。在全面解决连州农特产线上线下销售、深加工新品研发、品牌建设等问题的同时，帮助连州市完善农村电子商务服务体系建设，优化农村电子商务发展环境。

近年来，连州市以农业供给侧结构性改革为主线，以增加农民收入为核心，不断完善农村电子商务服务体系建设，加快推进电子商务进农村综合示范工作，农村电子商务发展环境进一步优化，精准扶贫工作取得实效。

连州物产种类丰富，有连州菜心、玉竹、百合、沙坊粉、星子红葱、砂糖橘等。该电子商务 O2O 体验中心将以"互联网+旅游+农特产品"的线上、线下互动模式，有效推动特色产品走出连州，打造特色农产品销售全产业链，构建连州"互联网+"新经济，促进连州农业提质升级。

体验中心以"政府监督主导、企业参与运营"的模式，最大限度地保障中心农特产品品质、特色，并对游客提供精准、便捷、完善的服务，从而形成口碑效应带动线上流量，积极打造连州农特产品品牌建设，推动连州市名特优农产品上行、对连州市农村电子商务发展起积极带头示范作用，带动乡村农副产品进城，为解决城乡二元结构，最终为实现"精确扶贫、美丽乡村"目标贡献应有力量。

揭牌仪式上，连州市领导表示，连州市农特产 O2O 体验中心，既是连州特色现代农业开拓市场的创新方法，也是助推连州脱贫攻坚工作的载体。连州一定要以体验中心揭牌运营为契机，深度融合"产业+电商+扶贫"，切实解决产业小、散、弱问题，充分发挥该平台作用和孵化器功能，把公共服务中心建设好、运营好，探索出一条适合实际、符合市场发展规律的电商发展"连州新模式"，通过线上与线下结合、上行与下行结合、销售与生产结合、传统与现代结合，畅通产品流通渠道，有效推动绿色农特产品走出连州，走向全国。

连州农特产 O2O 体验中心揭牌运营的当天，在连州农特产展示厅内汇聚了连州当地名特优新、地标保护、无公害、有机、绿色农特产品及其深加工产品，嘉宾们通过面对面的亲身体验，在现场试饮、试吃、看样品、选购下单，以及享受物流配送到家服务，直接感受到连州农特产及其深加工产品的优良品质，体验中心也实现了游客线下至线上的引领、持续性消费引流，形成了良好的口碑效应。

资料来源：清远日报。

思考讨论题：

1. 农特产品开展 O2O 营销需要注意哪些问题？
2. 连州农特产 O2O 体验中心揭牌运营具有哪些示范效应？

项目 12
其他网络营销方法

学习目标

【知识目标】

（1）掌握论坛营销的概念与操作流程。

（2）掌握病毒式营销的概念与策划要点。

（3）熟悉网络软文营销的流程。

（4）熟悉许可 E-mail 营销的主题与内容设计技巧。

（5）熟悉二维码营销的方式与渠道。

（6）熟悉场景化营销的模式。

【技能目标】

（1）能够帮助企业制定论坛营销策划方案。

（2）能够帮助企业制定病毒式营销策略。

（3）能够完成高水平网络软文的创作。

（4）掌握许可 E-mail 营销的技巧。

（5）掌握二维码营销的方法与技巧。

（6）能够帮助企业策划场景化营销方案。

【素质目标】

（1）培养持续关注网络营销热点的意识。

（2）提高对新生事物的敏感度和洞察力。

（3）建立新媒体营销思维模式。

项目情境导入

情境 1：新浪和某运动品牌联手打造了"×品牌新浪竞技风暴"体育网络社区，创造了"我为鞋狂""同城约战""星迷会"等主题板块，让粉丝们在社区内自由创造，极大地调动了他们的参与热情，同时该品牌所传递的竞技精神也融入了社区，为品牌创造了正面价值，此次活动取得了很好的推广效果。

情境 2：某饮料品牌在粉丝的积极参与下，制作了纯公益性质的"世界再大，也要回家"沙画视频。该视频采用沙画形式，穿插了游子离家的感人场景，在一幕幕父母痴痴等待的画面中勾勒了浓浓亲情，引发了受众强烈的共鸣。短短 10 天时间，这条视频就达到了 200 多万人次的转发量，以低成本实现了良好的传播效果，成功实现了病毒式传播。

情境 3：西南某地山清水秀物产丰富，盛产竹荪、蘑菇等各种山珍。由于缺乏宣传，该地的特产并不为人所熟知。当地一些返乡创业的年轻人在网上开店销售家乡特产，效果都不太好。后来，这些网店在电商专家的帮助下，通过网络软文营销成功打开了销路。

情境 4：某女士是 J 商城的会员，每隔一段时间她就能收到 J 商城给她发的电子邮件。这些电子邮件除了告知她商城的最新优惠活动和促销信息，还为她提供了个性化的购物建议和专属的会员特权。她非常欣赏 J 商城的这种贴心服务，因为这让她能时刻掌握最新的购物动态，同时也能享受到更多的购物优惠。这种便捷的购物体验让她对 J 商城的忠诚度越来越高，她也经常向朋友们推荐这个商城。

情境 5：前些年某新创品牌矿泉水的一物一码营销开启了快消品行业的二维码营销新模式。通过二维码营销，企业在简化销售流程的同时，还能通过微信红包、积分商城、线上优惠券等方式吸引目标消费者。

情境 6：上班族经常要面对加班的情况，忙碌了一天的人们通常会感觉很疲倦。于是 HN 功能饮料别出心裁，将生活中的加班情景与喝 HN 功能饮料结合起来，打出相应的广告语："困了累了喝 HN"。有了这么贴近生活的广告情景，上班族平常加班时自然而然地就会想到 HN 功能饮料。

问题： 上述情境分别描述了哪种网络营销方式？请谈谈你对以上网络营销方式的基本了解和认识。

项目分析

在网络时代，注意力是稀缺的资源。为吸引目标用户的关注，越来越多的企业开始借助网络论坛和网络软文开展营销活动。此外，随着网络信息技术的飞速发展，借助口碑实现用户自发传播的病毒式营销，借助电子邮件实施精准营销的许可 E-mail 营销，借助二维码突破线上与线下营销瓶颈的二维码营销，通过构建贴近消费者生活方式的场景，引发消费者情感共鸣的场景化营销等方式也应运而生。

那么，该如何理解上述 6 种网络营销方式？企业该如何借助上述营销方式开展网络营销活动？本项目将对以上问题分别进行解答。

任务 12.1 熟悉论坛营销

论坛营销伴随着论坛的产生而兴起和发展，虽然是网络营销中较为简单和原始的推广手段，却以易上手、实用性强、性价比高而一直沿用至今，逐渐成为众多网络营销方法中不可或缺的一种。

微课堂

论坛营销

12.1.1 论坛营销概述

1. 论坛营销的含义

论坛营销是一种常见的网络营销方法，是指企业利用网络论坛交流平台，通过文字、图片、视频等方式发布产品或服务信息，以宣传企业、展示产品、提供销售服务、增进与网络用户关系并最终促成产品销售的网络营销行为。

2．论坛营销的特点

（1）成本低，操作简单。企业开展论坛营销几乎不需要成本，因为在主流论坛上从注册到发帖都是免费的。另外，论坛营销的操作非常简单，一般只需要注册论坛账号、发帖、顶帖、回复即可。

（2）适宜口碑传播。论坛内的所有内容都是由用户的发帖产生的，如果帖子传递的营销信息能够成功激起用户的兴趣与讨论，就会产生良好的口碑效应。

（3）传播针对性强，便于开展精准营销。开展论坛营销的企业可以在针对特定行业（如旅游、健康、餐饮、培训等）的论坛中发帖，把信息有针对性地、精确地发送给目标受众，从而实施精准营销。

（4）沟通氛围好，互动性强。论坛中的用户往往具有相同的兴趣和爱好，感兴趣的话题容易引发大家的共鸣。企业通过与论坛中的用户积极沟通、友好互动，能进一步提升营销的宣传效果。

12.1.2　论坛营销实务

1．论坛营销前的准备工作

论坛营销前的准备工作非常重要，是决定论坛营销成败的关键。

（1）确定论坛营销的目标。确定目标是开展论坛营销的第一步。与其他营销方式的目标相同，论坛营销的最终目标也是促进销售，但在不同阶段，论坛营销的具体目标有很大差异。到底是增加流量、注册量，还是提升品牌知名度、塑造良好的口碑，或是直接提升销量等，都要视具体情况而定。

（2）了解论坛营销的产品。开展论坛营销的企业要对产品的性能、质量、销售亮点、存在的不足等进行充分了解，以便在后期的论坛营销中将产品客观、诚恳地介绍给目标受众。

（3）了解目标受众在论坛中的行为与需求。开展论坛营销之前，企业应明确目标受众聚集在哪些论坛，目标受众在论坛里喜欢做什么，他们喜欢什么样的话题、资源及内容等。另外，企业还要了解论坛中的目标最有共性的问题有哪些，哪些问题是最需要解决的，以及企业能解决其中的哪些问题等。

（4）了解竞争对手。所谓"知己知彼，百战不殆"，企业在开展论坛营销前要了解竞争对手有没有做过类似的推广、效果如何等，还要分析他们具体的推广方式。

2．论坛的选择

选择适宜的论坛开展营销非常重要，企业在筛选时应注意以下几点。

（1）论坛数量要适宜。目标论坛数量不是越多越好，企业要量力而行，根据自身的人力、物力而定；否则选择太多的论坛，企业无力维护，反而会成为负担。选择论坛时要优先考虑有潜在客户的论坛、人气旺的论坛、有签名功能的论坛、有修改功能的论坛，以及有链接功能的论坛等。

（2）论坛质量很关键。论坛质量是营销的关键，判断论坛质量高低要看论坛氛围如何，用户群是否集中、精确等。

（3）论坛大小不是决定性因素。论坛不一定越大越好，不要忽略小型论坛和地方性论坛。很多企业做推广的时候不愿意在小型论坛、地方性论坛发帖。其实地方性论坛、小型论坛的影响力虽然有限，但可能是企业目标客户集中的地方，而且相对大论坛来说，其限制也更少。

（4）尽量选择人气旺的论坛。论坛的人气往往是决定帖子能否火起来的首要因素。企业在开展论坛营销之前可以通过多种途径对目标论坛的人气进行分析，如通过网络文献、搜索引擎检索、咨询专业人士等，然后再对目标论坛进行选择。

3．论坛账号注册

在论坛营销活动中，账号名称的重要性不言而喻。名字简单、富有特色，并且具有亲和力的论坛账号更容易被识别和记忆。一般可以直接用公司名、产品名作为论坛账号，当然也可以用一些富有特色、具有一定寓意的名字。尽量不要用晦涩难记的名字，最不推荐的是英文名或无意义的字母组合，那些随意打出的英文名或字母难以给人留下深刻的印象。

4．熟悉目标论坛

企业选定论坛后，最好不要急于采取营销活动，如发布广告帖等，否则容易被禁言、封号。企业应该先了解论坛的特点和规则，以及论坛各版块的特点、差异和论坛用户的特点等，再根据所推广的产品类型，选择潜在客户群集中的论坛及版块，发布形式不同的内容，满足不同论坛、不同版块和人群的要求，从而高效率地进行论坛营销。

5．撰写论坛帖

论坛帖的质量非常重要，它能直接影响论坛营销的效果。下面分别介绍两类常见的论坛帖的撰写技巧。

（1）硬广帖的撰写技巧。硬广帖可以利用高权重论坛做 SEO 长尾关键词的排名，如在一些高权重论坛上的广告版块发帖。一般一个帖子中最好只有 1~3 个关键词，标题出现一次长尾关键词。为了避免长尾关键词堆积，还可以在帖子的回复中使用长尾关键词。

（2）软文帖的撰写技巧。在论坛上发软文帖可降低帖子被删除的概率，所以企业一定要高度重视软文帖的写作。高水平的论坛软文帖能够将企业的产品和形象巧妙地融入其中，潜移默化地影响着目标受众。论坛软文帖的常见类型见表 12-1。

表 12-1　论坛软文帖的常见类型

类型	说明
事件帖	符合网友价值观的具备话题传播力人物及事件的帖子
亲历帖	讲述网友身边真实的生活故事和体验的帖子
攻略帖	解决网友生活中碰到的难题，给网友带来帮助的帖子
搞笑帖	轻松、有趣，能够给网友带来会心一笑的帖子
揭秘帖	能够满足网友的窥探欲望，不同于官方新闻角度资讯的帖子
悬疑帖	能够引发网友好奇心，带来不断猜测和讨论的帖子
感动帖	能够给网友带来视觉或心灵的美好和感动的帖子
典藏帖	具备收藏价值的经典帖子，可能是优秀的网民原创作品（文字、图片、视频、Flash），甚至是经典的广告创意
直播帖	以论坛发帖的形式写一些精彩的故事或者个人生活经历从而引起大家的关注和讨论

在撰写软文帖时应注意掌握的主要技巧包括：①写好软文帖的标题。②在卖点和用户需求间找到平衡点。③把握写作语气和词汇。④配图和排版。⑤合理布局关键词。

📢 延伸学习

撰写软文帖应
掌握的技巧

6. 如何做好发帖维护

（1）有选择性地发广告。不要在论坛上随意发广告，尤其是广告性很强的帖子。基本上所有的网民都会排斥论坛广告，同时对发广告的人会产生抵触心理。为了避免被用户排斥甚至被封号，企业切勿在论坛上滥发广告。

（2）借助论坛达人发帖。论坛达人是指在人际传播网络中经常为他人提供信息，同时对他人施加影响的"活跃分子"。论坛达人是论坛的中心，他们在信息传播效果的形成过程中起着重要的中介或过滤作用。由论坛达人传递的信息更容易为受众所接受，他们所推荐的产品常会受到受众的青睐。

（3）长帖短发。在论坛中看帖的人大多缺乏耐心，长篇大论的帖子不管写得多么精妙，都很少有人能够坚持看完。所以企业一定要长帖短发，将一帖分成多帖，以跟帖或连载的形式发，每隔一段时间发一帖，使用户有所期待。

（4）注重负面信息的处理。在很多论坛中，消费者在购买产品后，可能会发表对该产品的负面言论，这种负面言论通常会比正面言论获得更多关注。企业在进行论坛营销时要特别注意处理产品的负面信息，对有负面信息的帖子要及时跟帖澄清事实、消除误解。

（5）利用其他外部资源做好辅助推广。发布帖子后，企业可以在第一时间邀请论坛好友或者 QQ 好友、微信好友等参与话题，以增加文章的浏览量和给予好评。为了增加分享量，每一个论坛中都会安装百度分享插件，企业可以通过百度分享把文章传递到站外。此外，企业可以在条件允许的情况下购买置顶帖，组织论坛发帖团队广为传播等，这些方法都会大幅度提高用户的参与度，提升最终的营销效果。

7. 论坛数据监控和营销效果总结

经过一段时间的论坛营销推广，企业需要知道在哪些论坛发过帖，这些帖子的宣传效果如何，这个时候就需要统计和管理，并分析营销成功或失败的原因，对帖子进行及时的维护。

任务 12.2　掌握病毒式营销

12.2.1　病毒式营销概述

1. 病毒式营销的概念

病毒式营销是利用目标受众的自发传播行为，使营销信息像病毒一样快速扩散，从而达到推广产品和品牌的目的。病毒式营销常被用于网站推广、品牌推广、为新产品上市造势等营销实践中。需要注意的是，病毒式营销成功的关键是要关注用户的体验和感受，即是否能给受众带来积极的体验和感受。

2. 病毒式营销的特点

病毒式营销通过自发的方式向目标受众传递营销信息，因此它有一些区别于其他营销方式的特点与优势。

（1）推广成本低。病毒式营销与其他网络营销方式的最大区别就是它利用了目标受众的参与热情，由目标受众自发地对信息进行二次传播。这样原本应由企业承担的推广费用就转嫁到了外部媒体或目标受众身上，他们充当着免费的传播媒介，因此大大节省了企业的广告宣传费用。

案例分析

雪王驾到

在蜜雪冰城的营销活动中，雪王几乎是永远的主角。在2023年8月，新茶饮界的网络营销"高手"蜜雪冰城，推出了首部形象IP动画片《雪王驾到》（见图12-1），又给了大家一个惊喜。

图12-1　动画片《雪王驾到》画面

动画片《雪王驾到》于2023年8月25日上线，共12集，一经开播就引爆全网。微博上#蜜雪冰城做动画了#的标题相关阅读量超2 900万人次；在B站上，《雪王驾到》上线三天后，前3集的总播放量就突破200万次；前4集的总播放量已经超过600万次；在蜜雪冰城的抖音首页，围绕雪王的视频合集有"雪王逛大厂"，是联动其他国内品牌合拍的视频，如卫龙；更新最久的"雪王日记"，雪王IP有可能出现在任何能想到的场景中，依然是搞怪和玩梗，主打一个接地气；还有"雪王音乐"。相关视频的总播放量超过了3亿次。而在社交媒体平台上，更是刮起了"反派是瑞幸还是星巴克"的新社交风暴……

案例分析：蜜雪冰城的这次营销活动是一个典型的病毒式营销案例。动画作为一种受众广泛的娱乐形式，具有很强的吸引力和传播性。通过动画片，蜜雪冰城成功地塑造了一个可爱、有趣、接地气的雪王形象，使其更容易被消费者接受和喜欢。蜜雪冰城在各大社交媒体平台（微博、B站、抖音等）上积极推广其动画片和相关视频，发布精彩的视频内容，并巧妙地利用话题标签和互动活动，引发了用户的关注和讨论，进一步推动了信息的快速传播，从而实现了推广产品和品牌的目的。

（2）传播速度快、传播范围广。在当今的网络社会，信息传播极为迅速，所有信息几乎都可以做到实时传播。而且随着自媒体的兴起，网民可借助博客、微博、微信、短视频平台等转发感兴趣的信息，相当于无形中形成了一个强大的"信息传播大军"，因而能大大拓展信息的传播范围。

（3）效率高、更新快。病毒式营销的信息传递者是目标受众"身边的人"，因而具有更高的传播效率。同时，在整个病毒式营销的过程中，营销信息可以做到实时修改，更新速度极快。

病毒式营销有很多成功的案例，但一些违反公众道德、误导公众的病毒式营销也不少。典型的如"看到本文后请转发给身边至少 5 位亲朋好友，如不转发，××日内必遭劫难等"。

问题：你是如何看待上述现象的？我们应如何规范病毒式营销活动？

12.2.2　病毒式营销的策划与实施

1. 病毒式营销的策划

病毒式营销策划的核心是制造具有爆炸性的传播话题。话题只有足够出人意料，足够新鲜有趣，才能激起网络用户的兴趣和转发的热情。病毒式营销的话题有很多种，最常见的有 3 种，分别是情感性话题营销、利益性话题营销和娱乐性话题营销。

情感性话题营销是指开展病毒式营销的企业以情感为媒介，从受众的情感需求出发，寓情感于营销之中，激发受众的消费欲望，并使之产生心灵上的共鸣。例如，前些年异军突起的白酒品牌江小白，就是靠一手漂亮的"情感牌"营销赢得了消费者尤其是年轻消费者的心，江小白的情感营销如图 12-2 所示。江小白那充满了"情感"的营销活动，总是让人们心里充满了温情。

图 12-2　江小白的情感营销

利益性话题营销是指开展病毒式营销的企业，以引人注目的利益话题来激起受众的高度关注和参与热情。

娱乐性话题营销是指开展病毒式营销的企业将娱乐元素融入话题，通过营造轻松愉快的沟通氛围来增强受众的黏性，并最终促进产品的销售。

延伸学习

七喜品牌汽水的病毒式营销

七喜品牌汽水通过融合一系列热门话题和小人物幻想等各种搞笑因素于一体的趣味性视频，对七喜汽水当时的"开盖有奖""中奖率高达27%"等活动进行了生动的演绎，牢牢地抓住了观众的眼球。其视频在优酷、土豆、人人网、开心网、微博等各大视频及社交网站被大家疯狂转发，取得了很好的营销效果。面对市场上众多大品牌饮料产品的竞争，七喜汽水在产品功能、口味上并无太多特别之处，但其选择了扬长避短，突出自身特色，在视频中通过传递"中奖率高"的特点使得消费者一下子就能记住了该品牌，从而与其他品牌进行了有效区分。随后，七喜汽水通过视频续集的方式发动了第二波、第三波大规模营销，大幅提升了品牌知名度。七喜汽水当年的销售额也一举进入饮料类的前三甲。

2. 病毒式营销的实施

病毒式营销的实施一般需要经过规划整体方案、进行创意构思和设计营销方案、制造话题和选择信息传播渠道、发布和推广话题等，下面就对每一阶段的具体工作做简要介绍。

病毒式营销的第一步是规划整体方案。在这一阶段，企业需要制定病毒式营销的总体目标，拟订实现目标的计划，设立相应的组织部门并配备所需的人员。

病毒式营销的第二步是进行创意构思和设计营销方案。企业在进行病毒式营销创意构思时一定要追求独特性和原创性，人云亦云或跟风抄袭等不仅难以激发起受众的兴趣，甚至会让人反感和厌恶。因此，病毒式营销对创意人员有着很高的要求，需要企业能慧眼识人，找到能担此大任的优秀人才。企业在这一阶段的另一个任务是设计营销方案。病毒式营销不是将话题抛出后就大功告成，而是要从多个方面综合考虑，设计全面具体的营销方案，要制定应对不同情况的营销措施。例如，当话题发布后，激起了受众强烈的兴趣并被争相转发时，企业就应该再次制定对应的方案，借势营销，以增强营销效果。

病毒式营销的第三步是制造话题和选择信息传播渠道。企业在制造话题时要融入情感、利益和娱乐等元素，这样更容易获得受众的关注。在选择信息传播渠道时，企业应首先考虑目标受众最易接触的平台，如论坛、QQ、微博、博客、微信或短视频平台等，并从中进行选择。企业也可采取组合策略，充分利用各种传播渠道发布信息。

病毒式营销的第四步是发布和推广话题。企业发布和推广话题时要选准时机，尽可能吸引有影响力的名人参与。

病毒式营销的第五步是对营销效果的总结和分析。企业对营销效果进行总结和分析，可以帮助企业从中发现问题，适时调整病毒式营销的策略，并为下一次活动提供借鉴。

任务 12.3　熟悉网络软文营销

12.3.1　网络软文营销的含义

网络软文营销又叫网络新闻营销，是企业通过门户网站、自建网站或行业网站等网络平台，传播一些具有阐述性、新闻性和宣传性的文章，包括网络新闻通稿、深度报道、案例分析、付费短文广告等，从而把企业、品牌、人物、产品、服务、活动项目等相关信息以新闻报道的方式，及时、全面、有效、经济地向社会公众广泛传播的新型营销方式。

通常情况下，网络软文营销会与博客营销、微博营销、微信营销、论坛营销等配合进行，这样的组合营销能强化营销的效果，提升产品的形象与销量。

需要注意的是，软文推广虽然和软文营销类似，却有一定的区别。软文推广侧重的是执行，软文营销的重点是策略。假如临时写一篇软文，直白地在文中推广产品，这就是软文推广。软文营销通常有一个详细的策略来指导软文的内容，文中不一定直接提到产品，可能只是以一个词、一句话、一个概念作为铺垫，然后一步步写出内容，由浅入深，最后达到营销目的。

12.3.2 网络软文营销的流程

1. 确定网络软文营销的目标

网络软文营销的第一步是确定营销目标。在确定网络软文营销目标时，企业应充分考虑营销的总体目标。同时，网络软文营销要有阶段性目标，企业要注意给予目标一定的弹性，要能够根据营销环境的变化做出适当的调整。

2. 撰写网络软文

网络软文示例

突如其来的爱情

网络软文的撰写要服务于网络软文营销的目标。企业在撰写网络软文之前要充分了解受众，使软文能够直抵受众的内心，引发受众的共鸣。网络软文是开展网络软文营销的基础，网络软文不只是为了吸引更多的流量或传递某种商业信息，更是为了最终达到交易或交换的目的，并转换和改变受众固有的价值观与信念。例如，曾被阿里巴巴评为"网商十大博客"之一的"闻香识女人"的博主"闻香"是一位经营桂花产品的企业家。她在已发表的近 2 000 篇文章中，以女性特有的视角记载了桂花的幽香，描绘了心灵的感悟。这些文章中既有探寻人间真情的杂文，又有桂花产品活动记事；既有抒情散文，又有小说等。虽然形式各异，但文章主题大多围绕其桂花产品，从桂花的种植到产品的加工，她以不同的视角全面介绍了其企业文化和产品价值，如《桂花园挂满红灯笼》《和桂花入门者的交流》《阿凡达之神树——桂之树》等。可以说，这些软文已经与产品融为一体，是从对产品的感悟升华到心灵情感上的认识后写出的作品，因此具有强大的感染力和吸引力。

延伸学习

网络软文的写作技巧

网络软文的写作技巧主要包含以下几个方面。

第一，要写好标题。标题的作用在于吸引，好的标题能够起到事倍功半的效果。好的软文标题要简单明了、不落俗套、观点独特、突出热点，而且还要找到用户的痛点，引发共鸣。但需要注意的是，标题最好紧扣文章的主题内容，不要一味地标新立异，即不做网络上所谓的"标题党"。

第二，要保证原创。网络软文要尽可能原创，虽然可以适当借鉴他人好的观点（最好控制在 10%左右），但要保证整体内容的原创性。原创性的网络软文更容易激起用户的阅读兴趣，也更容易被其他网络媒体转载，因此也就有了更好的传播效果。

第三，网络软文的内容要紧紧围绕用户的需求，要有真正的价值，而且要有明确的观点。网络软文创作人员在撰写软文时，一定要明白为什么要写这篇软文，写这篇软文要达到什么样的效果。为了能达到这样的效果，需要向用户传递什么样的信息，需要表达什么样的观点。网络软文的情节要引人入胜，曲折动人；或风趣幽默，让读者感受到阅读的乐趣；或制造悬念，能够充分激发读者的想象力。另外，在网络软文中引用权威的数据做支撑也是非常必要的，这样的软文会更容易让用户信服。

第四，网络软文一定要紧跟社会热点。在撰写网络软文时，创作人员一定要了解时下的社会热点。写作前可以查看百度风云榜，及时了解当天或者近两天出现的一些社会热点事件或者热点人物。网络软文如果能够与这些热点相结合，可以有效地提高软文的曝光度和关注度。

第五，添加评论和使用图片。在软文中添加适当的评论不仅可以帮助读者更好地理解品牌或产品的特点和优势，而且还可以增加软文的互动性和趣味性。此外，在软文中使用高质量的图片可以增加视觉效果，帮助读者更好地了解品牌或产品的外观和特点，同时也可以增加软文的可信度和说服力。

第六，认真分析读者的阅读习惯。例如，在发表文章的时候，如果篇幅过长，最好能分成上、下篇或者分页，这样既能方便读者阅读，还能加深读者的印象。

3. 选择网络软文发布的媒体

发布网络软文时，企业可选择的媒体很多，如门户网站、地方网站、论坛、博客、微信、QQ 等，企业在发布网络软文之前要充分了解各种媒体的特点、受众特征，并结合所要营销的产品进行综合考虑，可以采用组合媒体发布策略，使网络软文尽可能地全面覆盖，从而提升传播效果。

4. 发布网络软文

企业在发布网络软文时要掌握发布时机，使网络软文的出现恰逢其时。例如，在华为 Mate 7 手机推出之际，一篇名为"千万不要用猫设置手机解锁密码"的文章登上了微博热搜。该软文标题让人感觉非常有趣，引发了人们的猜想。软文的内容也很生动有趣，写的是作者某一天突发奇想用猫设置手机解锁密码的缘由、经过、意外和结果。该软文同时附上了手机和猫的照片，让人感觉可信度很高。华为发布的这篇软文内容丰富、画面真实、代入感强，口语化叙述加上无滤镜的图片使该软文的生活气息非常浓厚。该软文的标题颇具悬念，能够吸引受众进一步阅读正文。该软文中还加入了猫这种可爱的动物元素，创意独特。华为的这篇软文不仅内容有趣，发布的时机也掌握得恰到好处，不仅让受众因这篇软文了解到了华为 Mate 7 这款新上市手机的解锁功能，也让受众产生了模仿软文作者做法的冲动。

5. 做好网络软文营销效果的监测工作

做好网络软文营销效果的监测工作，我们可以及时发现问题、总结不足，以便加以改进。网络软文营销效果的监测指标主要有以下 3 个。一是网络软文流量指标，主要有点击率、IP 等数据。二是网络软文的转载指标，即有多少次转载。三是网络软文的收录指标，即搜索引擎的收录情况。以上指标能反映网络软文的被浏览情况、受欢迎程度等，进而体现网络软文营销的效果。

任务 12.4　掌握许可 E-mail 营销

12.4.1　许可 E-mail 营销概述

1. 许可 E-mail 营销的概念

E-mail 是一种利用计算机通过电子通信系统进行书写、发送和接收的信件，是一种利用电子手段进行信息交换的通信方式。凡是利用 E-mail 开展营销活动的商业行为都可以称为电子邮件营销，但未经用户许可而大量发送的电子邮件通常被称为垃圾邮件。发送垃圾邮件开展营销活动是一种违法的商业行为，很容易招致用户的反感。而许可 E-mail 营销则是在用户允许的情况下，通过电子邮件的方式向目标用户传递有价值信息的一种网络营销手段。用户允许商家发送电子邮件是开展许可 E-mail 营销的前提。因此，一些网站在用户注册成为会员或申请网站服务时，就会询问用户"是否愿意接受本公司不定期发送的产品的相关信息"，或者提供一个列表供用户选择希望收到的信息，在用户确定后，商家才可以在提供服务的同时附带一定数量的商业广告。

2. 许可 E-mail 营销的两种基本方式

按照 E-mail 地址资源所有权的划分，许可 E-mail 营销可分为内部列表许可 E-mail 营销和外部列表许可 E-mail 营销这两种基本方式。两者各有其侧重点和优势，并不矛盾，必要时企业可以同时采用。

内部列表就是平时所说的邮件列表，包括企业通过各种渠道获取的各类用户的电子邮箱地址资源（更具体的可以是用户的注册信息）。内部列表许可 E-mail 营销就是在用户许可的前提下，营销者利用注册用户的邮箱地址开展的 E-mail 营销。外部列表是指专业服务商或者其他可以提供专业服务的机构提供的电子邮箱地址资源，如专业的 E-mail 营销服务商、相同定位的网站会员资料、免费邮箱服务商等。外部列表许可 E-mail 营销就是在用户许可的前提下，营销者利用专业服务商提供的电子邮箱地址资源开展的 E-mail 营销。

内部列表许可 E-mail 营销和外部列表许可 E-mail 营销各有优势。表 12-2 分别从主要功能、投入费用、用户信任程度、用户定位程度、获得新用户的能力、用户资源积累情况、邮件列表维护和内容设计、许可 E-mail 营销效果分析 8 个方面对两种方式进行了比较。

表 12-2　内部列表许可 E-mail 营销和外部列表许可 E-mail 营销的比较

比较项目	内部列表许可 E-mail 营销	外部列表许可 E-mail 营销
主要功能	顾客关系管理、顾客服务、品牌形象提升、产品推广、在线调查、资源合作	品牌形象提升、产品推广、在线调查
投入费用	相对固定，主要是日常经营和维护费用，与邮件发送量无关，用户数量越多，平均费用越低	没有日常维护费用，营销费用由邮件发送量、定位程度等决定，发送数量越多，费用越高
用户信任程度	用户主动加入，对邮件内容信任程度高	邮件为第三方发送，用户对邮件内容的信任程度取决于服务商的信用、企业自身的品牌、邮件内容等因素
用户定位程度	高	取决于服务商提供的邮件列表中用户信息的精准度
获得新用户的能力	用户相对固定，对获得新用户效果不显著	可针对新领域的用户进行推广，吸引用户能力强
用户资源积累情况	需要逐步积累，规模取决于已有的用户数量	在预算充足的情况下，可进行多方合作，快速积累用户
邮件列表维护和内容设计	需要依靠企业的专业人员操作	由服务商的专业人员负责，可对邮件发送、内容设计等提供相应的建议
许可 E-mail 营销效果分析	由于是长期活动，较难准确评估每次邮件发送的效果，需长期跟踪分析	有服务商提供专业分析报告，可快速了解每次活动的效果

内部列表许可 E-mail 营销以少量、连续的资源投入获得长期、稳定的营销资源，外部列表许可 E-mail 营销则是用资金换取临时性的营销资源。内部列表许可 E-mail 营销在顾客关系和顾客服务方面的效果比较显著，外部列表许可 E-mail 营销可以根据需要选择投放给不同类型的潜在用户，因而在短期内即可获得明显的效果。

3. 实施许可 E-mail 营销需要注意的问题

在实施许可 E-mail 营销时，企业需要注意以下具体问题。一是针对已有用户信息，分类整理用户邮件资料，按照其消费习惯，制定个性化的营销信息并定期沟通联系。二是充分把握任何可以获取用户电子邮箱地址的机会，如以打折优惠作为获得用户电子邮箱地址的条件。三是正确使用许可邮件列表，采用"内部期刊""信息简报"等形式定期发送最新活动通知、促销信息等。四是与用户充分沟通，由用户确定收邮件的频率与邮件的类型。五是在用户生日或节日时发送祝福邮件，拉近与用户的关系。六是奖励优秀用户。好用户值得特殊的礼遇，企业可发送邮件告知他们专享的优惠等。

12.4.2 许可 E-mail 营销的主题与内容设计技巧

1. 邮件主题设计技巧

邮件主题能让用户了解邮件的大概内容或最重要的信息，是企业许可 E-mail 营销最直观的体现。一个好的邮件主题应能够引起用户的兴趣，进而使其决定阅读邮件正文。企业在设计许可 E-mail 主题时应掌握的技巧主要有：一是要把邮件最重要的内容体现在邮件主题上。二是主题要明确，要与邮件内容相关联。三是邮件主题尽量要完整地体现品牌或者产品信息。四是邮件主题应含有丰富的关键词。五是邮件主题不宜过于简单或过于复杂。六是邮件主题要有吸引力。

设计许可 E-mail 营销的主题时应掌握的技巧

2. 邮件内容设计技巧

如果说许可 E-mail 营销中邮件主题的作用在于吸引用户，那么邮件内容的作用则是说服用户。为了达到最终的营销目标，设计许可 E-mail 营销邮件的内容时，企业应掌握如下的技巧。

一是目标要一致。这里的一致是指许可 E-mail 营销的目标应与企业总体营销战略目标相一致，因此邮件内容应在既定目标的指引下进行设计。

二是内容要系统。一些开展许可 E-mail 营销的企业不能从整体上对邮件内容进行规划，定期、有规律地向用户发送有系统性、联系性的邮件内容，培养用户的黏性。

三是内容来源要稳定。许可 E-mail 营销是一项长期任务，必须有稳定的内容来源，这样才能确保按照一定的周期发送邮件。邮件内容可以是自行撰写、编辑或者转载的，无论哪种来源，都需要保持相对稳定性。

四是内容要精简。内容过多的邮件不会受到欢迎。首先，用户邮箱空间有限，占用空间太多的邮件会成为用户删除的首选对象；其次，接收或打开较大的邮件耗费的时间也较多；最后，太多的信息让用户很难一目了然，反而降低了许可 E-mail 营销的有效性。

五是内容要灵活。邮件内容应在保证系统性的前提下，根据企业营销目标的调整而做出相应的改变。同时，企业也要根据用户消费行为和偏好的变化改变邮件内容的写法。

六是选择最佳的邮件格式。邮件常用的格式包括纯文本格式、HTML 格式和富媒体格式，或者是这些格式的组合。一般来说，采用 HTML 格式和富媒体格式的邮件内容丰富，表现形式多样，视觉效果会更好；但存在文件过大，需要发送链接或附件，导致用户在客户端无法直接阅读邮件内容等问题。到底哪种邮件格式更好，目前并没有定论，如果可能，企业最好给用户提供多种不同的内容格式供用户选择。

任务 12.5　了解二维码营销

12.5.1　二维码营销概述

1. 二维码及二维码营销的概念

二维码是日本电装公司于 1994 年在一维条码技术的基础上发明的一种新型条码技术。二维码是某种特定的几何图形按照一定的规律，在二维方向上分布的记录数据符号信息的图形。在代码编制上，二维码巧妙地利用构成计算机内部逻辑基础的"0""1"比特流的概念，使用若干与二进制相对应的几何图形来表示文字、数值信息，通过图像输入设备或光电扫描设备自动识读以实现信息自动处理。二维码图像指向的内容非常丰富，可以是产品资讯、促销活动、在线预订等。二维码的诞生丰富了网络营销的方式，它打通了线上线下的通道，为企业带来了优质的营销途径。

二维码营销是指企业将营销信息植入二维码，通过引导消费者扫描二维码来推广该营销信息，以促进消费者产生购买行为。在当今网络营销逐渐从 PC 端向移动端倾斜的时代，二维码营销以其低成本、应用广泛、操作简单、易于调整等优点得以迅速发展。

2. 二维码营销的优势

从企业的角度来看，二维码营销主要具有如下优势。

（1）方便快捷。用户只需用智能手机扫描二维码，就可随时完成支付、查询、浏览、在线预订、添加关注等操作，帮助企业方便快捷地开展网络营销活动。

（2）易于调整。二维码营销内容的修改非常简单，只需在系统后台更改，不需要重新制作投放，成本很低。因此，二维码营销的内容可根据企业营销的需要而实时调整。

（3）有利于实现线上线下的整合营销。二维码为人们的数字化生活提供了便利，能够更好地融入人们的工作和生活。企业进行二维码营销时，可将链接、文字、图片、视频等植入二维码，并通过各种线下途径和网络平台进行投放，从而方便企业实现线上线下的整合营销。

（4）易于实施精准营销。开展二维码营销的企业，可以对用户来源、途径、扫码次数等进行统计分析，从而制定针对用户的更精准的营销策略。

（5）帮助企业更容易地进入市场。随着移动营销的快速发展和二维码在人们工作和生活中的广泛应用，功能齐全、人性化、省时实用的二维码营销策略能够帮助企业更容易地进入市场。

12.5.2　二维码营销的方式与渠道

1. 二维码营销的方式

从企业运营层面来看，二维码营销主要包括以下几种方式。

（1）植入社交软件。植入社交软件是指以社交软件和社交应用为平台推广二维码。以微信为例，微信可以让企业和用户之间建立友好的社交关系，企业通过设置微信二维码提供各种服务，能为用户带来便捷的操作体验。

（2）依托电商平台。依托电商平台是指将二维码植入电子商务平台中，企业依托电商平台的流量，引导用户扫描二维码。现在很多的电商平台中都有二维码，用户扫描二维码后即可下载相应 App，或关注网店账号。

（3）依托企业服务。依托企业服务是指企业在向用户提供服务时，引导用户扫描二维码对企业进行关注，或下载相关应用。例如，在电影院使用二维码网上取票时，企业通过二维码引导用户下载相应 App，或查看相关营销信息。

（4）依托传统媒介。依托传统媒介，是指将二维码与传统媒介结合起来，实现线上营销和线下营销的互补，如在宣传海报上印刷二维码，提示用户扫码进行预约和订购，参加相应促销活动等。

2. 二维码营销的渠道

二维码营销的渠道既包括线上渠道也包括线下渠道。企业很少会选择单一的渠道开展二维码营销活动，而是会选择在线上和线下同时进行。

（1）二维码营销的线上渠道。

可供企业选择的二维码营销线上渠道有很多，但较为适合的是社交平台和即时通信工具。这是因为社交平台和即时通信工具均具有很强的社交属性和分享功能，可将企业植入的二维码快速、广泛地进行传播，从而达到企业的营销目的。常见的二维码营销线上渠道包括用户基数大且与企业目标消费者定位较为吻合的网络论坛和贴吧，以及微信和微博等。尤其是微信，除了具有以上所说的社交和分享功能，它还具有二维码扫描功能，能够非常方便地帮助用户读取二维码信息，轻松实现扫码支付、扫码订单、扫码收款、扫码骑行等多种应用。

（2）二维码营销的线下渠道。

与其他营销方式相比，二维码对线下渠道也有很强的适应性。随着二维码的应用场所越来越多，二维码营销的线下渠道也在不断拓展。目前主要的线下渠道包括线下虚拟商店、实体商品的包装及快递包装、宣传单、画册、报纸、杂志以及名片等。线下二维码营销的关键是吸引用户扫描二维码，这样才能有效促进企业线上营销与线下营销的融合。

任务 12.6 掌握场景化营销

12.6.1 场景化营销概述

1. 场景化营销的概念

场景化营销是指将营销方式与消费者的生活场景结合起来，针对消费者在该场景中所具有的心理状态或需求进行的营销行为，使消费者获得良好的购物体验，以实现商家的营销目标。场景化营销的核心就是利用场景来唤起消费者在该场景下的心理状态和需求。

2. 场景化营销所需的技术与设备

场景化营销的实施需要有相关技术及设备的支持与辅助，下面分别进行介绍。

（1）场景化营销所需的技术。

① 数据分析技术。实施场景化营销需要依靠强大的数据分析技术，以深入了解目标受众的行为习惯、消费偏好及场景需求。通过收集和分析用户数据，企业可以精准地识别出用户的场景需求，为制定个性化的营销策略提供数据支持。

② 移动互联网技术。移动互联网技术的普及使得用户可以随时随地接收和分享营销信息。在实施场景化营销时，企业需要充分利用移动互联网技术，如推送通知、地理位置服务等，向目标受众传达相应场景的营销信息，提升用户参与度和转化率。

③ 物联网技术。物联网技术可以连接各种设备，实现智能化管理和控制。在场景化营销中，物联网技术可以应用于设备的智能化管理，如智能照明、智能空调等，提升场景的舒适度和用户体验，同时收集用户与设备的交互数据，为优化营销策略提供数据支持。

（2）场景化营销所需的设备。

① 营销设备。根据营销场景和目标受众的需求，企业需要准备相应的营销设备，如展示屏、音响设备、VR/AR 设备等，以创造丰富、有趣的场景体验。同时，设备的性能和维护也是实施场景化营销的重要考虑因素。

② 用户设备。在实施场景化营销时，用户的设备也是关键因素。企业需要确保目标受众能够方便地通过自己的设备接收和分享营销信息，如智能手机、平板电脑等。此外，企业还需要考虑用户设备的兼容性和性能，以确保营销活动的顺利进行。

3．场景化营销的"人、货、场"三维度

随着移动互联时代的来临，场景化营销得到越来越多企业的重视。场景化营销通过描绘一定的场景，即在特定时间、地点，为消费者构建特定的生活场景，将产品和消费者的某些心境联系起来，以引起他们情感上的共鸣。一般而言，场景化营销是一种全流程营销，通过形成"用户、产品、场景"的闭环，将"人、货、场"三维度统一起来，如图 12-3 所示。

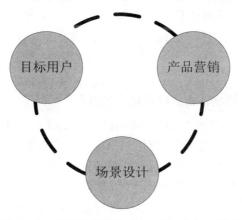

图 12-3　场景化营销的"人、货、场"三维度

"人、货、场"三维度场景化营销主要是以客户线上购物体验为核心，围绕客户有可能使用产品的场景进行各种主题的"人、货、场"三维度场景立体设计。其中，场景化营销是以"人"为核心，即以客户、顾客为中心，从客户需求出发。"货"指产品营销、货物营销，可以测品、测款，选择判断并打造热销。例如，消费者开心了想吃彩虹糖，因为"玩味无限"；饿了会吃士力架，因为"横扫饥饿，补充能量，零反式脂肪"。"场"主要指主题和场景，

构思不同的消费场景，从而增强客户体验。场景化营销中的"场"是特定的时间、空间、人与人关系的集聚，构思出不同的消费场景，主要指主题和场景。比如，在不同的场合，咖啡扮演的角色也不同。在星巴克和咖世家，咖啡与商务相融合，而在漫咖啡和咖啡陪你，咖啡成了消费者在闲谈时的甜品。场景化营销就是从不同客户的不同需求出发，集合特定情境、环境、氛围等，提供相对应的产品、服务，从而与客户在情感上产生共鸣，激发客户的购买欲望。

场景化营销因为与日常生活相结合，是用户相对容易接受的营销手段。商业争夺战已渐渐变成了以用户体验为中心的场景化战争，谁描绘的场景能抓住用户的痛点，谁赢的概率就越大。把握住场景营销的核心理念，坚持以用户为中心是灵活运用场景营销的重要前提。

12.6.2 场景化营销的模式

场景化营销需采用不同的营销模式与用户构建营销关系，常见的场景化营销模式主要有以下6种类型，下面分别进行介绍。

1. 场景+LBS营销：精准化的LBS场景营销

LBS（Location Based Services）营销是一种基于消费者地理位置信息的营销方式，通过向消费者推送相关信息和提供个性化服务，来吸引消费者并促进销售。LBS在场景营销中最大的商业价值就是用户的即时定位，将商家、场景、用户实时地联系起来，使商家在实时了解客户的即时位置信息、生活方式、行为习惯、兴趣爱好等的基础上，构造实时的营销场景，精准地为用户服务。商家可以利用LBS平台的线上签到数据、消费数据等为消费者提供相应的优惠和折扣，与此同时再对用户进行细分，人性化和个性化地满足消费者的需求，进而使用户对商家产生好感，保持忠诚度。LBS所具有的搜索记录、拍照上传等功能，还可以将产品通过社交途径传播得更远，对于商家来说，这就在无形中实现了自己的口碑传播，从而吸引到更多的消费者。例如，星巴克（Starbucks）的App会通过LBS技术识别用户的位置，当用户身处星巴克所拥有的地理围栏（是一种虚拟地理边界技术，用户在进入某一地区地理围栏时触发自动登记）区域内时，对食物和饮品感兴趣的标记用户就会收到一条短信，提供附近星巴克分店的折扣信息。这种个性化推荐不仅吸引了更多的用户进店，还提高了用户的满意度和忠诚度。

2. 场景+新零售：打造实体商店场景化营销模式

在数字化时代，实体商店如何吸引更多的消费者成为了一个重要的话题。在这个领域中，场景营销是一种非常有效的方法。场景营销是指将产品或服务与特定场景相结合，通过创造独特的体验和情感连接，使消费者更容易记住品牌并愿意购买产品或服务。海底捞火锅在这方面的做法就值得我们借鉴。海底捞火锅以"服务至上、客户至上"为基本理念，深耕服务，从而获得了良好的口碑传播红利。例如，基于客户需要排队的现实，海底捞免费为等待的客户提供美甲、豆浆、小吃、水果等服务，从而为客户创造了新的场景体验，增强了用户的品牌黏性。

对于实体商店，企业还可以通过产品组合的体验设计来营造卖场顾客体验氛围。打破产品原有的组合，根据卖场的功能划分重新摆放产品，使产品的特点与所摆放的位置相一致，这种方法有助于引起顾客的情感认同。如果产品没有放到合适的场景中，消费者难以想象出产品组合后的效果，便无法引起目标消费者精神上的共鸣，从而使其失去消费热情。因此，实体商店将合适的产品放到相应的场景中是十分必要的。在这一方面，宜家家居是设计产品组合体验方面的典型案例，它通过场景化营销设计，为顾客营造良好的购物氛围，显著提升了产品销售业绩。

店内设计：宜家的卖场采用开放式布局，将各种风格的家居产品巧妙地融入不同的展示空间。消费者可以在逛店的过程中感受各种家居搭配的效果，从而激发消费者的购买欲望。

产品陈列：宜家的产品陈列技巧十分独特，将各种家居元素进行组合搭配，呈现出不同的生活场景。例如，床品区往往会展示不同风格的卧室场景，消费者可以直观地感受产品的搭配效果。

色彩搭配：宜家的卖场，色彩搭配十分和谐，能够满足不同消费者的审美需求。通过运用冷暖色调和对比色系，宜家让消费者感受到不同的家居氛围。

灯光效果：宜家的灯光设计既符合产品的特点，又能营造出舒适和谐的购物环境。通过合理的光线布局和色彩调节，宜家让消费者更加直观地感受产品的细节和整体效果。

宜家通过布置特定的场景，让消费者更直观地感受产品的设计风格和实用性，从细微处着手为顾客营造良好的场景氛围。

3. 场景+O2O营销：共创 O2O 场景营销新生态

O2O（Online To Offline）场景化营销是指将线下的场景商机与互联网结合，核心目的是流量变现，内在逻辑是将线上和线下场景转化为流量，然后通过流量来促成销售或传播。O2O 场景营销的优势在于通过场景渠道，将线上用户与线下消费实现完美对接，使互联网实现落地化，使用户在线上购买商品时能享受商家线上优惠价格，在线下购买商品时能享受以往没有过的贴心服务。在这方面，淘宝特享牵手欧莱雅推出校园产品体验馆的做法值得我们借鉴。

淘宝特享牵手欧莱雅在线下开启特享产品体验馆，首次面向学生群体，打造线上线下联动的校园 O2O 新模式。淘宝特享·欧莱雅特享产品体验馆位于中山大学新校区的综合楼二楼。在体验馆陈列着欧莱雅为年轻群体开发的最新产品线试用装，学生可在现场试用，每个试用装都配备了专属二维码，学生试用满意后，可以通过扫码直接在淘宝特享频道下单购买。通过线下体验、线上交易的方式，既能让消费者拥有真实可感的体验，又能避免集中囤货造成库存风险，一举两得。这是中国首个开在校园内的电商 O2O 实物产品体验店。它打破了校园 O2O 市场上只下单、派货的常见模式，加入了百分百真实体验的场景，帮助学生群体足不出户就能在校园空间内寻找到适合自己的产品。

当然，O2O 场景化营销不仅适用于电商场景，还适用于电视节目、社区服务、餐饮、服装，以及出行等一系列紧贴用户生活的场景。例如，很多电视节目已经不再局限于室内录制，更多的是走到线下互动，如《奔跑吧兄弟》《极限挑战》《花儿与少年》《变形计》等。同时，O2O 场景化营销的玩法，不是单纯的场景技术应用，而是充分挖掘消费者的生活圈和生活场景的价值，吸引消费者到终端，并产生持续的规模化的商业变现。

4. 场景+渠道：移动互联网时代的 O2M 场景模式

O2M（Offline to Mobile）商业模式，是指将线下的产品或服务转移到移动终端。即互联网+分享经济新模式，是将线上线下资源最终都指向移动端，实现"线下实体商店+线上电商+移动终端"的组合式运营模式，打造更便捷、更人性化的购物模式。O2M 模式可以理解为 O2O 模式中细分的一种商业模式。O2M 电子商务模式并不代表企业将产品简单地移到线上出售，而是利用线上方式的便利性、多元性给顾客带来不一样的交互体验，使顾客足不出户，就可以在互联网上深度体验产品，对品牌或产品产生一定的兴趣，在此基础上积极引导顾客到线下进行更直观的视觉体验。例如，某家具企业通过高质量的网页界面或 App 界面向消费者展示品牌特色与理念，利用 AR 扩增实景技术、VR 技术模拟室内效果，消费者在得到趣味性体验的同时甚至可以感受到每件家具的使用体验。消费者可以随时随地观看或体验产品。

在 O2M 场景营销模式中，场景和营销渠道是两个关键点。场景是商家为消费者提供的一种以满足消费者个性需求为主的服务模式，而渠道是指商品在企业与消费者之间的流通路线。场景可以分为渠道场景和渠道外场景。渠道场景会充分利用各种渠道最终实现成功交易，渠道外场景不需要借助渠道即可完成交易。

5. 场景+社群营销：以用户为中心的场景社群营销

社群是指具有相同兴趣爱好、个性特点的人聚集在一起，在这样的群体中，群成员有着相似的消费习惯。在互联网时代，社群成为一种更加可靠的用户积累渠道，成为场景营销过程中的"中坚力量"。

社群思维是一种非常前沿的场景用户维护运营方法。在这种思维模式下，企业更加注重使场景中的产品与用户建立一种更加亲密的关系，使用户与产品之间形成一种"朋友"的情感，从而使用户因为共同的情感倾向聚集在一起。在生活中，各种各样的社交群都可以作为社群营销的基础。例如，一些线上论坛、微博或微信群等，还有线下移动端或客户端的社区等都可以作为社群营销的对象，企业基于群成员共同的兴趣爱好、认知、价值观等形成场景社群营销的三大要素。

6. 场景+内容营销：电商内容化下的短视频和网络直播场景化营销

在电商内容逐渐升级换代的情况下，直播和短视频等新媒体进入了电商渠道，它们之间形成了很好的配合及融合，成为电商营销模式中的重要内容，场景+内容营销催生了电商营销场景下的短视频和网络直播场景营销。短视频和网络直播丰富了电商营销模式，也拉近了消费者与商家之间的距离，使消费者对产品的了解更加全面，这种更优质的营销内容使电商企业步入了以内容为主的营销场景。例如，主播们在直播间边吃边聊边带货，营造了真实而温馨的场景。

12.6.3 场景化营销的实施流程

场景化营销的实施流程依次为目标市场定位、场景选择与分析、产品与场景匹配、场景氛围营造、消费者情感连接、互动体验设计、营销信息传播、数据分析与优化，下面分别进行介绍。

1. 目标市场定位

场景化营销的首要步骤是明确目标市场定位。这包括确定目标消费者群体、了解他们的需求和偏好，以及分析竞争对手的营销策略。通过市场调研和数据分析，企业可以更加精准地定位目标市场，为后续的场景选择和产品匹配奠定基础。

2．场景选择与分析

在明确目标市场后，企业需要选择合适的场景进行营销。场景的选择应基于目标消费者的生活习惯、兴趣爱好和购物行为等因素。同时，企业还需要对所选场景进行深入分析，了解其特点、受众群体以及潜在的营销机会。通过场景分析，企业可以更好地理解消费者的需求和期望，为后续的产品匹配和氛围营造提供依据。例如，家居用品品牌可以选择在家具卖场、建材市场或者家居展览会等地方进行场景营销，这些地方通常有较大的人流量和专业的消费群体，能更好地展示品牌形象和传播效果。

3．产品与场景匹配

在选择合适的场景后，企业需要将产品与场景进行匹配。这要求企业深入了解产品的特点和优势，将其与场景的特性和受众需求相结合，实现产品的差异化竞争。例如，在旅游场景中，企业可以推出与旅游主题相关的特色产品，如旅游纪念品、旅游保险等，以满足游客的个性化需求。

4．场景氛围营造

场景氛围的营造是场景化营销的关键环节。企业需要通过布置场景、设计道具、调整灯光和音乐等手段，营造出符合产品特性和受众需求的氛围。氛围的营造不仅要引起消费者的注意，还要激发他们的购物欲望和情感共鸣。例如，在时尚购物场景中，企业可以通过炫酷的灯光和动感的音乐营造出时尚前卫的氛围，吸引年轻消费者的关注。

5．消费者情感连接

场景化营销注重与消费者的情感连接。企业需要通过精心设计的场景和产品，触发消费者的情感共鸣，使其对品牌产生认同感和归属感。例如，在节日营销场景中，企业可以通过推出节日限定产品或举办节日主题活动，让消费者感受到品牌的温暖和关怀。

6．互动体验设计

互动体验是场景化营销的重要组成部分。企业需要通过设计各种互动环节和活动，使消费者亲身参与和体验产品的独特魅力。场景互动可以是线下和线上的交互形式，包括问答互动、互动游戏、体验式购物、微信群组交流等。例如，某咖啡品牌在网红咖啡馆推出一款新品咖啡，通过线上微博或微信进行邀约和营销，以吸引年轻人群体的关注和参与。需要注意的是，互动体验的设计应遵循简单易行、有趣好玩的原则，使消费者在轻松愉快的氛围中了解产品、产生购买欲望。

7．营销信息传播

场景化营销需要充分利用各种营销渠道和媒体，将营销信息传递给目标消费者。企业可以通过社交媒体、广告投放、内容营销等手段，将场景化营销的信息传播给受众群体。同时，企业还可以利用口碑营销和用户生成内容等方式，扩大营销信息的传播范围和影响力。

8．数据分析与优化

在实施场景化营销的过程中，企业需要不断收集和分析数据，了解营销活动的效果和受众反馈。通过数据分析，企业可以发现营销活动的优点和不足，为后续的优化和改进提供依据。同时，企业还可以根据数据分析结果调整营销策略和方案，提升场景化营销的效果和转化率。

项目实训

【实训主题】许可E-mail营销的主题与内容设计

【实训目的】通过实训，掌握许可E-mail营销的主题与内容设计技巧。

【实训内容及过程】

（1）以小组为单位组成任务实训团队。

（2）阅读以下材料，按要求完成实训任务。

某时尚女装京东旗舰店计划在即将到来的"6·18"购物节举办盛大的促销活动。为吸引会员前来购物，旗舰店将向每一位会员发送促销邮件。该时装旗舰店主要经营韩式潮流女装，目标客户为18~30岁的都市女性。本次促销活动内容丰富，包括满赠、包邮、限时抽奖、满减等，优惠力度较大。

（3）请各团队为该旗舰店设计邮件的主题和内容。

（4）请各团队将促销邮件分发至老师和同学们的邮箱。

（5）请各团队对其他团队的促销邮件进行评述。

【实训成果】

请根据以上内容写作《某时尚女装旗舰店的许可E-mail营销主题与内容设计》。

练习题

一、单选题

1. （　　）是论坛的中心，他们在大众传播效果的形成过程中起着重要的中介或过滤的作用，由他们将信息扩散给受众，受众会更加容易接受。

    A. 网红　　　　　　　　B. 论坛达人　　　C. 论坛管理员　　　D. 以上均不是

2. 在实施病毒式营销的过程中，首要步骤是（　　）。

    A. 规划整体方案　　　　　　　　B. 信息源和传递渠道设计

    C. 原始信息发布　　　　　　　　D. 效果跟踪管理

3. 病毒式营销策划的核心是（　　）。

    A. 选择信息传播渠道　　　　　　B. 发布话题

    C. 推广话题　　　　　　　　　　D. 制造具有爆炸性的话题

4. 网络软文营销的第一步是（　　）。

    A. 撰写网络软文　　　　　　　　B. 选择网络软文发布的媒体

    C. 确定营销目标　　　　　　　　D. 发布网络软文

5. 场景化营销实施的最后一步是（　　）。

    A. 目标市场定位　　　　　　　　B. 场景选择与分析

    C. 数据分析与优化　　　　　　　D. 场景氛围营造

二、多选题

1. 下列关于论坛营销中论坛选择的说法，正确的有（　　　）。
   A. 目标论坛数量越多越好
   B. 目标论坛越大越好
   C. 小的论坛和地方性论坛有时候也可以成为目标论坛
   D. 一般的论坛营销不需要建立论坛数据库
   E. 选择论坛可以只注重数量，不注重质量

2. 病毒式营销的主要特点包括（　　　）。
   A. 推广成本低　　　　　　　　B. 传播速度快
   C. 具有公益性　　　　　　　　D. 效率高
   E. 更新快

3. 设计许可 E-mail 营销邮件内容应掌握的技巧包括（　　　）。
   A. 目标要一致　　　　　　　　B. 内容要系统
   C. 内容来源要稳定　　　　　　D. 内容要精简
   E. 内容要灵活

4. 二维码营销的优势包括（　　　）。
   A. 方便快捷　　　　　　　　　B. 双向互动
   C. 易于实施精准营销　　　　　D. 易于调整
   E. 帮助企业更容易地进入市场

5. 场景化营销所需的技术主要包括（　　　）。
   A. 数据分析技术　　　　　　　B. 移动互联网技术
   C. 物联网技术　　　　　　　　D. 防火墙技术
   E. 数据加密技术

三、名词解释

1. 论坛营销
2. 病毒式营销
3. 网络软文营销
4. 许可 E-mail 营销
5. 场景化营销

四、简答及论述题

1. 论坛软文帖的撰写技巧有哪些？
2. 简述病毒式营销的实施步骤。
3. 实施许可 E-mail 营销需要注意哪些问题？
4. 试论述二维码营销的渠道。
5. 试论述场景化营销的实施流程。

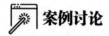

案例讨论

一"节"带万店，"越夜越精彩"

节庆是城市活力的引擎，更是城市形象的代言人，是营造事件的常用方式。历经三十余年的发展，青岛国际啤酒节早已不是单纯的节庆活动。在推动消费扩容升级、产业提质增效的当下，更好地发挥啤酒节平台效应和品牌效能，成为更强烈的期待。当前，青岛西海岸新区各景区景点、商圈街区同步进入"啤酒节时间"，丰富的消费主题活动精彩纷呈。以啤酒为纽带，不断拓展文旅新业态，创新文旅消费新模式，西海岸新区啤酒文化经济产业带加速成形，构建起一个包含文化、艺术、旅游等要素在内的全域文旅休闲新场景。

1. 德国啤酒节带动"夜经济"

走进位于中德生态园和乐邻美食街的德国啤酒节，一场德式风情的夏日狂欢盛宴呈现在眼前。美食摊位、德国啤酒区、舞台演出和游戏互动区等互相配合，使此次德国啤酒节自开幕以来就持续升温，辐射带动着周边的"夜经济"。

2. 夜市美食街焕发新活力

距离金沙滩啤酒城不远处，有一处刚刚开街不久的"网红街"——南岛"嗨儿街"。傍晚时分，走入南岛"嗨儿街"，"太阳下山，就是我们喝酒的信号""无啤酒，不青岛""凭海临风最自在"……一系列的网红标语和光影霓虹灯互相映衬，再配合上"嗨儿街"创新增添的五颜六色的"网红箱"，年轻气息十足。海鲜是这里的"主角"，海参、蛤蜊、海胆、海蛎子、鲅鱼……多种类的本地海鲜为"嗨儿街"撑足了"排面"。此外，新鲜、美味更是"海鲜大军"的标配。在啤酒城感受完节庆的激情氛围，再来美食街感受"人间烟火气"，享受美食美酒，体验这座"啤酒城市"的夜文化，"沉浸式"玩转西海岸了。

3. 光影狂欢节打造新体验

享受完啤酒城内清爽的啤酒，再来感受一场光与影的"邂逅"。青岛红树林度假世界的第五届光影狂欢节上，"海洋、浪漫、狂欢、未来"四大主题裸眼3D梦幻城堡光影奇境和无人机天幕秀轮番上演，光与影、楼体与科技、现实与虚幻巧妙结合，现场如梦似幻的各类光影秀引人入胜。裸眼3D直角屏、网红感应花、五彩烟火缤纷泡球、梦幻森林、森林萤火虫等近20个光影灯组，让市民或游客感受"一处一浪漫、一步一换景"的"沉浸式"光影游园体验。

在青岛红树林度假世界的第五届光影狂欢节这段时间，随处可见市民或游客相聚市井长巷、畅玩特色市集的场景，热闹与繁华洋溢在西海岸新区的各个角落。在金沙滩啤酒城的带动下，西海岸新区各项节庆活动与夜市商街"串珠成链"、聚链成群，啤酒节的溢出效应、节庆效应不断发酵。

思考讨论题：

1. 请结合案例谈一谈如何进行场景化营销创意。

2. 在节庆活动中，应如何创新和拓展文旅新业态，打造全域文旅休闲新场景？

第 IV 篇　策划篇

导语： 网络营销策划是网络营销的核心组成部分，是关乎企业网络营销成功与否的重要因素。策划者要做好网络营销策划，不仅需要其掌握扎实的网络营销理论知识，还需要其拥有创新思维和丰富的实操经验。本篇为全书的策划篇，主要阐述网络营销策划的基本方法与实际应用。通过学习本篇内容，我们可以掌握网络营销策划的核心要点，提升网络营销策划能力。

项目 13
网络营销策划与应用

学习目标

【知识目标】

（1）掌握网络营销策划的含义与原则。

（2）熟悉网络营销策划的流程。

（3）掌握网络营销策划书的基本结构和撰写步骤与要点。

（4）掌握网络营销产品策划方法。

（5）掌握网络营销推广策划方法。

（6）掌握网络营销节日活动策划方法。

【技能目标】

（1）能够帮助企业撰写网络营销策划书。

（2）能够帮助企业制定网络营销产品策划方案。

（3）能够帮助企业制定网络营销节日策划方案。

（4）能够找到不同节日与产品之间的契合点开展网络营销策划。

【素质目标】

（1）培养学习网络营销策划知识的兴趣。

（2）树立科学的网络营销策划理念。

（3）遵纪守法，依法开展网络营销策划活动。

项目情境导入

2020 年国庆期间最大的电影票房黑马非《我和我的家乡》莫属。2020 年 10 月 9 日，国庆档电影榜单出炉，《我和我的家乡》以 18.7 亿元的票房成绩、4732 万的观影人次独占鳌头。消费者在感受家乡巨变的同时，也纷纷以在线下单、实地旅游等方式支持家乡的好货与美景。

作为这部电影的官方合作伙伴，电商平台拼多多特别上线了"家乡好货"专区，并对对应影片故事分别设置了京津冀、云贵川、江浙沪、西北和东三省销售专场，通过特色产品的集中展示、大规模的补贴让利，进一步带领消费者体验家乡风貌的深刻变化。消费者可在拼多多 App 的"家乡好货"专区页面选购各地的特色产品，如图 13-1 所示。

受电影的影响，不少消费者对影片提及的陕西、贵州、浙江、辽宁等地区的好货与美景产生了浓厚的兴趣。相关地区的特色农产品和农副产品的销量随着电影票房一路上涨，国庆期间，拼多多"家乡好货"专区的产品订单量突破 1 亿单。

图 13-1　拼多多 "家乡好货" 专区页面

问题：请结合本案例谈一谈对网络营销活动策划的认识。

───── 项目分析 ─────

随着网络营销和数字化技术的迅猛发展，营销策划的价值日益凸显。精心的网络营销策划能够帮助企业实现精准的市场定位，提升品牌形象，增强用户黏性，拓展营销渠道，进而增强市场竞争实力。

那么，什么是网络营销策划？网络营销策划应遵循哪些原则？应采取哪些具体的实施流程？应如何撰写高水平的网络营销策划书？网络营销策划书的应用有哪些？本项目将对以上问题进行解答。

任务 13.1　认识网络营销策划

13.1.1　网络营销策划的含义与原则

1. 网络营销策划的含义

网络营销策划是指企业为了实现既定的网络营销目标而进行的策略规划和方案制定的过程。与计划相比，策划更加强调方案的谋略性和创意性，包含策略思考、布局规划和谋划制胜等内容；而计划是指企业为适应未来变化的环境，实施既定的经营方针和经营战略，而对未来的行动所做出的科学决策和统筹安排。

2. 网络营销策划的原则

为了提高网络营销策略的准确性和科学性，企业在制定网络营销策划方案时应遵循经济性、可操作性、协同性、创新性和权变性五大原则，如表 13-1 所示。

表 13-1　网络营销策划的原则

原则	描述
经济性	网络营销策划的核心目标是实现经济效益的最大化。能够在有限的资源下，寻求最有效的解决方案，以低成本来获取高收益是网络营销策划成功的重要标志
可操作性	网络营销策划方案必须是一系列具体的、明确的、直接的、相互联系的行动指南，所以网络营销策划需要详细规划每个步骤，确保企业各成员、部门能够明确自己的职责
协同性	网络营销营销策划不是某一种方法的应用，而是多种营销手段和方法的综合应用，如在网络营销策划中使用场景化营销、论坛营销、直播营销多种网络营销方法
创新性	随着网络给消费者带来的选择多样化和便利化，以及个性化消费需求的日益增长，创新对于企业提高效用、赢得市场份额变得尤为重要。在网络营销策划过程中，策划者应注重创新，创造出符合消费者个性化需求的产品或服务
权变性	市场随时都在波动变化，网络营销策划必须具有权变性，企业才能适应市场环境，在激烈的市场竞争中获胜

3．网络营销策划的分类

（1）按照网络营销策划的层次进行划分

按照网络营销策划的层次进行划分，网络营销策划可分为战略策划和战术策划两大类。网络营销战略策划注重企业的网络营销活动与企业总体战略之间的联系，由企业的高层做出，内容涉及企业营销活动的方向、营销的战略目标及行动方案等。其基本特点是涉及的时间跨度长、涉及范围广，策划的内容抽象、概括，策划的执行结果往往具有一定的不确定性。

网络营销战术策划是有关企业在网络营销战略策划的指导下如何实现总体目标的详细策划，是对战略策划的细化和落实。网络营销战术策划注重企业网络营销活动的可操作性，是为实现企业的营销战略所进行的战术、措施、项目和程序的策划，如产品策划、价格策划、渠道策划和促销策划等。网络营销战术策划的特点是策划涉及的时间跨度较短、覆盖的范围较小，内容较为具体，具有较强的可操作性。

（2）按照网络营销策划的具体内容进行划分

按照网络营销策划的具体内容进行划分，网络营销策划可分为网络营销市场调研策划、网络市场推广策划、网络营销品牌策划、网络营销节日活动策划、网络广告策划等。而网络市场推广策划又可细分为网站推广策划、App 推广策划、网店推广策划、搜索引擎营销推广策划、自媒体营销推广策划、网络事件营销推广策划、网络软文营销推广策划、网络论坛营销推广策划、网络社区营销推广策划、病毒式营销推广策划、二维码营销推广策划等。

 延伸学习

网络营销节日活动策划

节日往往是消费者购物的高峰期，因此，很多企业都会借助节日热点，策划节日营销活动，促进产品销售。

1．节日分类

节日通常是人们为了纪念某种民俗文化或适应某种需要而共同创造的重要日子，一般可以分为传统节日和新兴节日两种类型。

（1）传统节日

中国传统节日是中华民族悠久历史文化的重要组成部分，形式多样、内容丰富，是一个民族或国家的历史文化长期积淀凝聚的结果。不同的节日被赋予的意义也不同，所以网络营销活动策划的主题也应该与相应的节日相互契合。例如，除夕节是除旧迎新、阖家团圆的日子，远方的游子无论身处何地，都会赶回家和家人度过除夕夜。此时，家家户户都会置办年货，各大电商平台也会举办年货节和一些满减优惠活动来提高销量。

（2）新兴节日

随着互联网和电商的飞速发展，衍生出了越来越多的新兴节日。例如，淘宝"双 11 网上购物节""京东 6·18 店庆日""12·12 购物狂欢节""5·20 网络情人节"。在 2023 年"双 11 网上购物节"中，全网成交额达到了 2 434 亿元，再创新高。所以对于各种新兴节日的网络营销策划也不容忽视。

2．节日营销的优势

节日有非常高的热度和流量，企业策划节日营销的主要目的是借助节日的热度来进行产品销售或品牌曝光。节日营销的优势主要有以下 3 点。

（1）容易吸引流量

节日有聚集流量的属性，很容易获得大众媒体和公众的注意力，并将大家的注意力迅速集中到活动的主题上，吸引大量的消费者，从而提高了产品销量。

（2）能够引起情感共鸣

节日往往蕴含着人们对特定人物与事件的情感，具有丰富的文化内涵，过节是很多人的一种心理寄托。企业借助节日营销将自身的产品或服务与节日深度融合，有助于引发消费者内心的情感共鸣，激发他们的消费欲望与需求。

（3）可以刺激消费需求

在经济学中，有一个词叫作"弹性需求"，指的是在一定时期内商品或服务的需求量对于价格变动的相对反应程度。节日营销中一般都会有价格优惠或者赠送礼品等活动，以期吸引消费者，刺激消费者的潜在需求，使得消费者需求集中爆发，从而大大提高销量。

3．节日营销策划的要点

节日营销策划要想成功，必须掌握目标明确、主题突出及卖点节日化 3 个策划要点。

（1）目标明确

在进行节日营销策划时，策划者首先要明确此次节日营销的目标受众，因为不同的节日所对应的受众是不同的，如儿童节和妇女节；然后要分析消费者对产品的倾向程度、节日消费行为，对节日促销的接受程度等，制订相应的营销计划。

（2）主题突出

节日营销策划的主题要突出，有一定的冲击力和吸引力，以便使消费者看到之后记忆深刻并对其感兴趣，从而产生消费需求。2021 年端午节期间，思念食品策划了一场"思念就是家的味道"的节日营销。"思念"是人们的一种普遍情结，人们的思乡、思亲之情在佳节时尤其浓厚。思念食品在端午节用一语双关的手法以"思念就是家的味道"为主题与大众沟通，应时应情。思念借助传统节日的热度，巧妙地提出"思念就是家的味道"，将品牌与家庭场景、节日记忆强关联，使思念食品的产品成为家庭生活的重要参与者。

（3）卖点节日化

节日营销要找到节日与产品或服务的契合点，将产品或服务与节日联系起来，如情人节可以用鲜花表达爱意。这需要对节日和产品特点进行深度分析，然后再找出节日与产品之间的关联。例如，洛阳民俗博物馆结合 2024 年龙年，在春节推出了"祥龙贺岁——百人剪百龙"，以"龙"为主题，展出 100 幅来自全国各地的优秀剪纸作品，围绕龙文化内涵，展现人们对美好生活的向往。同时，该博物馆还推出了"龙行中华——甲辰龙年生肖文物大联展"，以图文形式集中展示与龙相关的文物。

13.1.2 网络营销策划的流程

微课堂

网络营销策划
的流程

网络营销策划需要按照一定的程序来进行。第一步是进行市场分析，以界定问题；第二步是在市场分析的基础上确定网络营销策划目标；第三步是调查目标消费人群，实现精准营销定位；第四步是构思网络营销策划创意，明确营销活动的方式和策略；第五步是拟定网络营销策划方案，并进行优选，同时完成网络营销策划书的撰写；第六步是实施网络营销策划方案和监测优化；第七步是评估网络营销策划效果。网络营销策划的流程如图 13-2 所示。

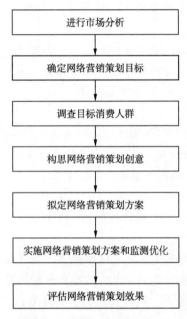

进行市场分析

确定网络营销策划目标

调查目标消费人群

构思网络营销策划创意

拟定网络营销策划方案

实施网络营销策划方案和监测优化

评估网络营销策划效果

图 13-2　网络营销策划的流程

1. 进行市场分析

网络营销策划的第一步是进行市场分析，其内容包括网络营销环境分析、目标消费者分析等。网络营销环境分析又可分为宏观环境分析、行业环境分析以及企业内部环境分析。企业可采用的分析法包括 PEST 分析法，即从政治（politics）、经济（economy）、社会（society）和技术（technology）4 个方面对企业的宏观环境进行分析；五力分析模型法，即从现有企业间的竞争、潜在竞争者的威胁、替代品的威胁、供应商的议价能力以及顾客的议价能力这 5 个方面对行业环境进行分析；SWOT 分析法，即将企业的优势（Strengths）和劣势（Weaknesses）与外部的机会（Opportunities）和威胁（Threats）相结合，对企业的内外部环境进行综合分析。目标消费者分析包括分析网络消费者的需求特点、影响网络消费者购买行为的因素及网络消费者的购买行为过程等。市场分析是开展网络营销策划的前提，也是界定网络营销策划问题的关键。

2. 确定网络营销策划目标

网络营销策划目标是指企业通过网络营销策划活动所要取得的预期营销成果，它对企业的网络营销策略和行动方案具有明确的指导作用。企业在确定网络营销策划目标时要基于市场分析的结果，制定切实可行的目标。企业在确定网络营销策划的目标时应明确以下几点。

（1）网络营销策划目标必须具有明确的实施主体，即"由谁来实现目标"。

（2）网络营销策划目标的实现要有明确的时间限定。不管是长期目标还是短期目标，都应该有一个预先规定的完成期限。

（3）网络营销策划目标应该有明确的预期成果描述。预期成果的描述包括要实现的销售增长目标、市场占有率目标、企业利润目标、企业品牌形象塑造目标等内容。

3. 调查目标消费人群

任何产品或服务都有明确的目标消费群体。例如，同为化妆品，高端产品与低端产品的目标消费群体有着明显的不同。调查目标消费人群，一般可采用网络问卷调查或者借助大数据平台分析"用户画像"来实现。调查目标消费人群的主要内容包括确定目标消费人群的基本信息、生活习惯和消费行为，如年龄、性别、产品偏好、当下需求和购买水平等信息。只有充分掌握目标消费人群的信息，企业才能有的放矢，拟定精准的网络营销策划方案。

4. 构思网络营销策划创意

网络营销策划创意是网络营销策划中的一系列思维活动，是对网络营销策划主题的提炼和对网络营销策划方案的综合思考与想象。

创意是网络营销策划的灵魂，创意水平的高低在很大程度上决定了网络营销策划的成败。构思网络营销策划创意是一项复杂而艰辛的创造性工作，但绝不是无中生有。它不仅需要策划者的灵感，更需要策划者扎实的营销功底、丰富的网络营销实战经验和科学严谨的创作过程。

5. 拟定网络营销策划方案

拟定网络营销策划方案是指在前期工作的基础上，对网络营销活动具体内容的计划与安排，如投入多少活动经费、采用何种网络营销方式、不同阶段应采取的营销手段等。需要注意的是，在此阶段，企业需先拟定多个备选方案，然后从中选择最优的方案，同时将网络营销策划方案落实到书面上，即完成网络营销策划书的撰写。

6. 实施网络营销策划方案和监测优化

在确定网络营销策划方案之后，企业下一阶段的工作是将网络营销策划方案付诸实践。企业在实施网络营销策划方案时，要注意以下两点。一是企业必须要严格按照此前确定的网络营销策划方案开展网络营销活动；二是企业要做好对网络营销策划方案的执行、监测和控制营销工作，一旦发现偏离了既定的策划目标，企业就需要立即采取纠偏措施，要根据监测结果优化调整策划方案，以实现更佳的营销效果。

7. 评估网络营销策划效果

网络营销策划的实施并不是整个活动的终结，企业还要对活动的最终效果进行评估。具体的做法是将实施效果与既定目标进行比较，如果存在问题，企业就要分析问题产生的原因并找出解决的办法，以便今后加以改进。

任务 13.2　学会撰写网络营销策划书

13.2.1　网络营销策划书的基本结构

网络营销策划书没有统一的形式和格式要求，企业可以根据具体情况灵活掌握。一份完整的网络营销策划书通常包括封面、前言、目录、摘要、正文、附录，其中前言、摘要、附录等部分可以根据需要进行合并或者删除。

阅读资料

××普洱茶网络营销策划书

1. 封面

封面作为一份策划书给人的第一印象，应当包括策划书的名称、策划人或机构的名称以及策划时间等要素。

2. 前言

前言类似于书或文章前面的序言，用来介绍策划书的背景和目的。通常情况下，策划人员可以从策划的宗旨和目标、策划的由来，策划的指导思想、理论依据等方面来撰写前言。

3. 目录

目录是正文的索引，位于封面的下一页。目录要列出网络营销策划书的组成部分和对应的页码，以方便读者快速了解网络营销策划书的大致内容及快速找到所需要的内容。

4. 摘要

摘要是对网络营销策划书的简短概述，涵盖了策划的核心要点，能够概括出网络营销策划书的内容，是对整个策划精华的浓缩。摘要应尽可能简明扼要，长度通常以 1 ~ 2 页为宜，同时要做到结构完整、语言流畅、表述准确且富有感染力。

5. 正文

正文是网络营销策划书的主体内容，包含策划背景及目标、市场分析、产品分析、网络营销策略、实施方案、费用预算、预期效果评估、风险评估与应对措施、结束语，网络营销策划书的正文组成及具体内容如表 13-2 所示。

表 13-2　网络营销策划书的正文组成及具体内容

正文组成	具体内容
策划背景及目标	介绍策划的背景信息，明确网络营销策划的目标和期望成果。这包括销售额、市场份额、品牌知名度等具体的量化指标
市场分析	对目标市场进行深入分析，包括市场规模、消费者行为、竞争对手情况等。通过市场分析，确定目标受众和市场定位
产品分析	分析产品的特点、优势、劣势以及竞争对手的产品情况。明确产品在市场中的定位，以及与其他竞品的区别

（续表）

正文组成	具体内容
网络营销策略	根据市场分析和产品分析，制定具体的网络营销策略，通常包括网络营销产品策略、价格策略、渠道策略、促销策略
实施方案	详细列出网络营销策划的具体实施步骤和时间表。确保策划方案能够按计划顺利执行，并明确各个阶段的责任人和任务分配
费用预算	制订详细的预算计划，包括人员工资、广告费用、运营成本等，以控制网络营销策划的实施成本
预期效果评估	预测实施网络营销策划后可能达到的效果，包括网站流量提升、品牌知名度提升、销售额增长等 同时，设定评估指标和评估周期，以便对策略效果进行监控和调整
风险评估与应对措施	分析可能出现的风险和问题，并提出应对措施，以确保网络营销策划的顺利实施
结束语	总结网络营销策划书的重点内容，强调方案的优势和创新之处，并表达对项目成功的信心和期待

6. 附录

网络营销策划书的附录部分通常包括补充材料、数据、图表、参考文献等，这些内容对于策划书的主体部分起到辅助说明和支持的作用。

13.2.2 网络营销策划书撰写的步骤与要点

1. 网络营销策划书撰写的步骤

网络营销策划书的撰写分为四个基本步骤。第一步是准备阶段，主要内容包括：①确定网络营销策划书的编写人员；②制订网络营销策划书的编写计划；③确定网络营销策划书的总体框架；④确定编写的日程安排与人员分工。第二步是确定网络营销策划书的主题。第三步是拟定网络营销策划书的提纲。第四步是成文与定稿，具体工作包括：①撰写成文；②修改完善；③定稿。

网络营销策划书撰写的具体步骤如表 13-3 所示。

表 13-3 网络营销策划书撰写的具体步骤

基本步骤	步骤详解
1. 准备阶段	①确定网络营销策划书的编写人员
	②制订网络营销策划书的编写计划
	③确定网络营销策划书的总体框架
	④确定编写的日程安排与人员分工
2. 确定网络营销策划书的主题	网络营销策划的主题就是网络营销策划书的主题，如节日活动策划中，针对"双 11"策划新媒体营销活动，网络营销策划书的主题可以定为《"双 11"新媒体营销策划》；进行品牌营销策划，网络营销策划书的主题可以定为《××品牌营销策划》
3. 拟定网络营销策划书的提纲	拟定网络营销策划书的提纲是在信息收集整理的基础上，将网络营销策划书的主要内容整理为大纲的形式。网络营销策划书的提纲应条理清晰、层次分明
4. 成文与定稿	① 撰写成文。策划者根据已经确定的网络营销策划书的主题和写作提纲，开始撰写网络营销策划书
	② 修改完善。对网络营销策划书初稿进行修改，使之不断完善
	③ 定稿。定稿指的是网络营销策划书经过多次修改和完善后，最终确定下来的版本。定稿后的网络营销策划书要确保观点明确、言之有理、表达准确及逻辑合理。网络营销策划书定稿后即可提交给决策者

2. 网络营销策划书的写作要点

要撰写出高水平的网络营销策划书，策划者需要具备扎实的理论功底、丰富的专业知识，以及严谨的写作态度。除此之外，策划者在撰写网络营销策划书时还需要注意以下写作要点。

（1）确保思路清晰、结构合理、内容全面、方案可行

网络营销策划书涵盖了市场分析、营销策略组合等多个方面，策划者要有清晰的写作思路，要确保网络营销策划书结构合理，内容全面，方案可行。

（2）明确核心目标，突出重点

在写作过程中，策划者需明确策划书的核心目标，并围绕这一目标展开分析，以统领全文。例如，若某企业的目标是开拓新品市场，策划书应以提升产品知名度为核心，结合多种营销手段，如投放网络广告、通过发布网络软文等来实现这一目标。

（3）提供充分的论据以增强说服力

策划者应提供理论支持和实际案例来证明其观点的有效性和可行性。成功案例的列举或反面案例的对比都能增强策划书的说服力。

（4）运用图表进行深入分析

图表相较于文字更直观、精练，能够增强内容的印象。策划者可通过图表展示比较、归纳和辅助说明等内容，帮助决策者更好地理解策划书的核心内容。

（5）注重细节，提升质量

策划者需仔细审查文案，避免错别字、语句不通顺等问题。同时，策划者要确保企业名称、专业术语等准确无误。一份精心编写的策划书能够给决策者留下专业且可信的印象。

（6）编排合理，装订美观

网络营销策划书中的封面、目录、实施概要、附录、图表等部分是否合理编排、美观整洁，会直接影响阅读者对网络营销策划书的评价。因此，网络营销策划书中切忌出现语法、书写、装订错误。

任务 13.3　分析网络营销策划应用实例

13.3.1　北大荒集团的借势营销活动策划

为迎接 2023 年"五一"小长假和端午节的到来，北大荒集团旗下各企业"借势营销"，借"节"发力，综合运用广告、公演、现场售卖等营销手段，开展产品、品牌推介活动，提高产品销售能力，不断提升北大荒品牌形象和市场占有率，使北大荒的优质食品走上更多百姓餐桌。

北大荒完达山乳业股份有限公司从"抢动销、扩声量、拓市场、树品牌、增效益"五个方面全面打响营销战役。策划开展"百日会战""亮翅行动"等决战终端的专项动销活动，通过试饮、促销、妈咪课堂、亲子嘉年华等活动提高终端成交率。同时以新国标婴幼儿奶粉产品上市为契机，加快铺市进度和形象焕新，提升终端形象和品牌认知。

完达山以"新品试饮+全城热卖"强化终端促销，重点围绕黑沃 0 脂高钙有机纯牛奶、乳此新鲜、益养 100、妍轻及艾菲娅产品开展终端试饮及买赠促销活动，实现新品快速导

入、老品加快动销。创新性开展"以景点打卡—蛋白质充电站"的方式吸引游客打卡拍照并参与游戏互动，利用网红效应，扩大品牌宣传面，提升产品关注度。线上与天猫、京东等各营销平台联合推广，共享用户流量。同时，开展"春意盎然之出游季"主题本地生活直播，提升品牌曝光度。将围绕重点单品和重点区域打造"电视+广播+新媒体+电梯楼宇"的传播矩阵，实现品牌力和动销力双轮驱动，联合央视朝闻天下、黑龙江卫视、山东齐鲁和安徽电视台共同策划"质选完达山、营养新选择"大型线下整合营销推广活动，形成"空中+地面"全方位立体式传播链路。完达山乳此新鲜旗舰店也结合节庆营销，主推网红竹筒冰淇淋等新品，与线上美团、饿了么平台开展应季活动，为门店引流，再创销售新高，引爆节庆营销。

北大荒旗下九三粮油工业集团开展"春意盎然新征程、九三昂首战春耕"主题营销活动，发挥品牌引领消费作用，抢占市场份额。强化中高端豆油、花色品类油种推广及宣传，突出"九三"黑土地优质源头、绿色健康等特点，全方位拉动"九三"品牌在消费人群中的活跃度。深耕线上平台优势，依托九三粮油工业集团自有京东、天猫、拼多多、抖音、快手等官方自营电商平台流量，强化全国化市场份额，加深平台渠道合作，深挖优惠利益点。

北大荒食品集团充分发挥品牌和资源优势，在全国 60 余个重点城市，有序开展 150 余场以"暮春好时光 健康北大荒"为主题的"五一"营销活动。在电商平台、新媒体平台以及自营平台"北大荒幸福生活网"小程序等平台上通过限时满减、百亿补贴、户外直播等方式加强产品推广力度，营造火热的营销氛围，重点推进以"酒敬春晖、山水共赢"为主题的招商会及铺市活动。截至 2023 年 4 月底，该集团的郑州公司已圆满完成一场酒水品鉴会，会议期间销售额突破 197 万元。线下依托社区或周边零售终端，开展社区外展、陈列有奖、促销品搭赠等营销活动，计划在端午节期间，开展社区香包 DIY 大赛、包粽子大赛等习俗互动活动，增设临促人员现场讲解、交流沟通，提高消费者对北大荒产品的认知度及好感度。北大荒优选超市也借势"五一"、端午节假日的营销热潮，计划开展夏季主题促销，推出夏日冰品、BBQ 烧烤（BBQ 烧烤，网络流行语，意指有趣的户外烧烤）等时令商品主题活动，以期取得更好的营销成果。

课堂讨论

请结合本案例谈一谈如何多渠道联动实施网络营销策划方案。

13.3.2 宝马汽车的网络营销策划

摄影师@摄影 ER 在其微博上发布了一条令人感到匪夷所思的消息："距离西宁开车 3 小时左右的戈壁上发现'沙漠怪圈'（见图 13-3）！"圆环和线条都十分规整且精确对称，沟壑很深，目测有 3 ~ 5 米。司机邹师傅说上周还没有出现，当身处这个巨大怪圈之内的时候，那种感觉实在难以用语言表达，出现这样的现象唯一可以接受的解释就是外星人所为！"这条消息随即引来众多好奇心强烈的网民的关注。

引擎中有超过 12 000 条相关链接，新浪微博中带有#沙漠怪圈#关键字的微博接近 20 万条，连续 3 天位列新浪微博热门转发评论榜第一，甚至还有"好事媒体"专门跑到事发地点进行航拍报道。一时间，"沙漠怪圈"成为众多媒体和网友关注的热点话题之一。

事实上，这是宝马公司为配合宝马 1 系汽车和计划于年底上市的全新 1 系汽车所做的精心策划。宝马 1 系之所以选择这样一种特立独行的悬念营销方式，是因为考虑到其目标消费者富有个性、具有活力，同时也喜欢探索未知事物，喜欢创新。另外，大家所看到的"沙漠怪圈"后来也被证实是"人为制造"的——3 辆宝马 1 系汽车加上导航仪，在经过精确计算并控制驾驶路线之后碾压而成的。

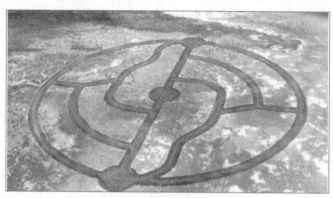

图 13-3　媒体航拍的"沙漠怪圈"

宝马的这次"沙漠怪圈"网络营销策划，从前期的预热、升级，到最后的揭秘，整个过程策划非常缜密。宝马运用多种媒体渠道联合发声，赚足了网民的眼球，吸引了各方的关注。

此次宝马"沙漠怪圈"网络营销策划活动充分表明，一次好的创意策划，胜过无数平淡无奇的广告宣传。宝马 1 系汽车的目标消费者为年轻群体，他们之前对宝马 1 系汽车的关注度并不高。但凭借这次别出心裁的营销策划，宝马出奇制胜，以较小的投入获得了目标消费群体的极大关注，获得了巨大的成功。

课堂讨论

　　此次宝马"沙漠怪圈"网络营销活动策划的成功之处有哪些？对我们的启示是什么？为什么说"一次好的创意策划，胜过无数平淡无奇的广告宣传"？

13.3.3　支付宝的蚂蚁森林产品策划

自成立伊始，支付宝不断尝试通过营销创新来解决用户需求和使用场景单一的问题。蚂蚁森林就是在这样的背景下产生的，通过号召低碳生活和收取能量、快速种树等，来实现用户对支付宝使用场景的延伸和提高用户的使用频次。

蚂蚁森林一经问世，迅速走红，受到广泛赞誉。2021 年蚂蚁森林用户数量达到 5 亿，总计减碳规模达 800 万吨，共种 1.2 亿棵树苗。2023 年，蚂蚁森林用户增至 5.5 亿户，共栽下树苗 2 亿株，总面积 280 万亩。

支付宝的产品策划思路值得我们讨论与学习。

1. 打造产品功能闭环

蚂蚁森林的核心功能是围绕绿色能量的产生和消费实现产品闭环。

（1）收集绿色能量

内部：行走、共享单车、公共交通（地铁/公交）、支付（实物产品，如外卖、衣服等）或虚拟产品（如基金、保险等）等。

外部："偷取"支付宝好友未及时收集的绿色能量。

（2）消费绿色能量

有效消费：将绿色能量兑现为线下植树，可选择树种、种植地区，每棵树都有唯一的编号。

无效消费：绿色能量因未被及时收集而消失或被"偷取"。

（3）简单的操作流程

关于实现产品核心功能的操作流程，蚂蚁森林也设置得极其简单。

蚂蚁森林的绿色能量自动化产生，通过各种提醒或支付宝首页入口进入，在点击进去的主页面就可以做绿色能量的采集和消费，操作方式极其简单。

蚂蚁森林的操作流程如图 13-4 所示。

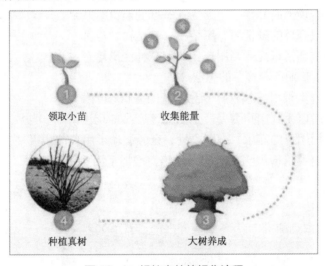

图 13-4　蚂蚁森林的操作流程

正是这种简单的操作流程设置，使用户可以直接、快速、有效地使用核心功能，从而完成功能闭环。

2. 巧妙利用人们的心理

（1）不花钱的公益

蚂蚁森林通过自行搭建的公益框架，扫清了用户做公益的障碍，加上不需要额外付费，受到绝大部分人的欢迎。

（2）竞争性

蚂蚁森林把人们不甘于人后的心理通过能量排行榜的方式结合起来，对用户起到了很好的刺激效果，增强了用户黏性。

3．创意的产品运营框架

（1）通过借势营销新产品

支付宝集五福，是 2016 年春节期间诞生的一个支付宝互动小游戏，目的是吸引更多用户使用支付宝软件，同时促进支付宝用户之间的社交活动。这个小游戏成了不少用户惦记的一份年味，一种新年俗。福文化也因此在更多人中传递开来。为了扫福集福，老年人贴起传统福字，年轻人则大开脑洞，用牙签、口红，甚至用鸡骨头摆出福字，通过这些方式来集福。在支付宝蚂蚁森林种树也是获得福卡的一种有效途径，蚂蚁森林借此活动新增了大批实名用户。支付宝集五福营销活动界面如图 13-5 所示。

可以说，支付宝集五福是借了春节的势，而蚂蚁森林种树则借了支付宝集五福的势。

（2）基于爱情/亲情/友情开展运营

许多情侣会不远万里到某某爱情圣地朝圣，带着美好的祈愿，种下爱情树，锁上同心锁。一家人、一群朋友也有共同祈福的习惯。蚂蚁森林的爱情树、亲情树、友情树，也都是大家在线上的一种感情寄托。当用户在蚂蚁森林浇灌培育树苗后，自然会产生长期"养育"的想法。

图 13-5　支付宝集五福营销活动界面

通过以上对支付宝推出蚂蚁森林产品运营的分析，可以看出，蚂蚁森林之所以受到用户喜爱，是因为该产品的玩法清晰、自然、易懂，营销方式有创意，能够把握目标用户的需求，把握人性，充分调动了用户的积极性，并引入适当的竞争元素，使用户产生自我价值被实现后的满足感，增加了用户使用频次，从而长期留住用户。

课堂讨论

请结合案例谈谈如何借助公益事业开展网络营销策划。

项目实训

【实训主题】设计网络营销策划方案

【实训目的】通过实训，提升学生的网络营销策划能力，并帮助学生掌握网络营销策划方案的撰写方法。

【实训内容及过程】

（1）以小组为单位组成任务实训团队。

（2）各实训团队经讨论选择某一特色产品，以"双 11 网络购物节"为背景，设计一份网络营销策划方案。

（3）各实训团队根据撰写的网络营销策划方案制作 PPT 汇报材料，并派代表在课堂汇报。

（4）授课教师对本次实训进行总评。

【实训成果】

请根据以上内容写作《某产品"双 11"网络营销策划方案》。

练习题

一、单选题

1. 网络营销策划需要详细规划每个步骤，确保企业各成员、部门能够明确自己的职责，这体现了网络营销策划的（　　）原则。

    A. 协同性　　　　　B. 经济性　　　　　C. 可操作性　　　　　D. 权变性

2. 网络营销策划按（　　）进行划分，可分为战略策划和战术策划两大类。

    A. 层次　　　　　B. 幅度　　　　　C. 关系　　　　　D. 内容

3. 网络营销策划的第一步是（　　）。

    A. 确定网络营销策划目标　　　　　B. 进行市场分析

    C. 调查目标消费人群　　　　　D. 拟定网络营销策划方案

4. （　　）是指在前期工作的基础上，对网络营销活动具体内容的计划与安排，如投入多少活动经费、采用何种网络营销方式、不同阶段应采取的营销手段等。

    A. 构思网络营销策划创意　　　　　B. 拟定网络营销策划方案

    C. 确定网络营销策划目标　　　　　D. 评估网络营销策划效果

5. （　　）是对网络营销策划的简短概述，涵盖了策划的核心要点。

    A. 前言　　　　　B. 附文　　　　　C. 封面　　　　　D. 摘要

二、多选题

1. 以下属于网络营销策划原则的是（　　）。

    A. 经济性　　　　　B. 可操作性

    C. 协同性　　　　　D. 创新性

    E. 权变性

2. 网络营销策划书的封面应当包括（　　）等信息。

    A. 策划书的名称　　　　　B. 策划人或机构的名称

    C. 策划时间　　　　　D. 前言

    E. 目录

3. 网络营销策划书的正文包括（　　）。

    A. 市场分析　　　　　B. 产品分析

    C. 实施方案　　　　　D. 费用预算

    E. 预期效果评估

4. 以下属于节日营销优势的有（　　）。

    A. 容易吸引流量　　　　　B. 能够引起情感共鸣

C. 可以刺激消费需求　　　　　　　D. 方便数据分析

E. 营销风险可控

5. 以下属于网络营销战术策划的是（　　　）。

A. 产品策划　　　　　　　　　　　B. 价格策划

C. 市场竞争策划　　　　　　　　　D. 渠道策划

E. 促销策划

三、名词解释

1. 网络营销策划　　2. 网络营销战略策划　　3. 网络营销战术策划　　4. 网络营销策划目标　　5. 网络营销策划创意

四、简答及论述题

1. 确定网络营销策划的目标应明确哪几点？

2. 一份完整的网络营销策划书通常会包括哪些部分？

3. 网络营销策划书的正文主要包含哪些内容？

4. 试论述网络营销策划的流程。

5. 试论述网络营销策划书的写作要点。

案例讨论

冰雪节开启，火出圈的"尔滨"再掀热潮

2024 年 1 月 5 日晚，在漫天烟花的照耀下、在欢快悠扬的歌声中、在此起彼伏的欢呼声中，第 40 届中国·哈尔滨国际冰雪节在哈尔滨冰雪大世界开幕，来自四面八方的游客共同领略这场冰雪盛宴。哈尔滨冰雪节盛况如图 13-6 所示。

冰雪节，对哈尔滨人来说，是一个特殊的日子。据《哈尔滨市人民政府办公厅关于2024 年哈尔滨市部分节假日安排的通知》，2024 年 1 月 5 日全市公休 1 天。

图 13-6　哈尔滨冰雪节盛况

2024 年哈尔滨冰雪节围绕冰雪节庆、冰雪文化、冰雪艺术、冰雪体育等七大板块，推出百余项特色活动。自 1985 年哈尔滨举办首个以冰雪活动为主题的国际性节庆活动以来，中国·哈尔滨国际冰雪节已成为与日本札幌冰雪节、加拿大魁北克冬季狂欢节和挪威奥斯陆滑雪节齐名的四大冬季庆典之一。

不仅有人流涌动的冰雪大世界，还有充满生活气息的红砖街早市，行李箱摆成小山的洗浴中心，排号起码一个小时才能品尝到的铁锅炖……冰雪节，只是为近年来火出圈的"尔滨"再添把火。

冰雪节期间，来自广西壮族自治区的 11 位"砂糖橘"引发网友关注。这群小朋友北上研学，受到"尔滨"无微不至的照顾。冰雪节当天，广西壮族自治区方面传来消息，多批砂糖橘紧急发往冰城，作为回报赠送东北"老铁"。

为了举办一场别开生面的"凤凰飞天秀"表演，沈阳将两台"金凤凰"造型的无人机借给哈尔滨，不仅为哈尔滨带来了新的活力，也加强了兄弟城市之间的交流与合作。

中国旅游研究院 2024 年 1 月 5 日发布的"2024 年冰雪旅游十佳城市"中，哈尔滨位列榜首。2024 年元旦 3 天假期，哈尔滨市累计接待游客 304.79 万人次，实现旅游总收入 59.14 亿元，均达到历史峰值。

有人说，"尔滨"出圈，缘于"尔滨"变了。切块摆盘的冻梨，新鲜出炉的索菲亚大教堂甜点，1.5 米长的冰糖葫芦，撒糖的豆腐脑，用勺子吃的烤红薯……这座东北城市似乎突然领悟到了什么，让人们感到"熟悉又陌生"。熟悉的是每年冰雪季节的喧闹，而陌生的是旅游业带来的各种各样的惊喜。

"南、北方人在饮食、语言习惯上存在不少差异，我们尽量满足游客的需求。"哈尔滨一家餐厅的服务员说，以往人们熟知东北人语言的直率和豪爽，如今出圈的"公主请上车""王子请吃饭"则代表着"尔滨"的热情与友善。

"以前旅游季人也多，但没今年这么火爆。现在最火的店一天翻台 400 桌左右，接待能力接近饱和。"山河屯铁锅炖创始人说，为了更好地照顾来自南方的游客，该公司组织了爱心车队，在各个景区提供免费接送服务。

看似偶然，"尔滨"的爆火实则有迹可循。"我姓哈，喝阿哈，五湖四海谁都夸……"2023 年 9 月以来，哈尔滨文化旅游部门策划推出颇具互联网气息的宣传片，"欢迎来到北方""霍格沃茨哈尔滨分校"等符合年轻人喜好的短视频密集发布，为冬季旅游积累人气。

一波波热度袭来，哈尔滨继续"走红"，"一天一个新花样"。地铁方面推出免费"地铁摆渡票"，文化旅游部门发布大雪人地图和旅游攻略，中央大街为地下通道铺设了地毯，交通指示牌被连夜更换，暖心志愿者免费提供红糖姜茶……哈尔滨"有求必应"，政府部门和普通市民满腔热忱，感染着四方游客。

"哈尔滨厚积薄发，为这波爆火做足了准备。"中国旅游研究院院长戴斌分析说，游客满意度高不高、经营主体竞争力强不强、发展动力新不新，是新时代旅游业高质量发展中必须回答的问题。哈尔滨以游客满意为导向，进一步完善冰雪旅游商业环境，打造更为便利的基础设施和高质量的公共服务。

哈尔滨国际冰雪节前夕，哈尔滨市委宣传部、市文明办在全市启动"激情迎亚冬·窗口展风采"文明服务品质提升专项行动。以客为先、以客为尊、以客为亲，并围绕服务品质提升开展"滨滨有礼"行业风采展示活动、"窗口服务体验官"活动等 6 项主题活动，聚焦"吃住行游购娱"，共同打造"冰雪文化之都"。

按照哈尔滨市有关发展规划，这里将打造冰雪旅游"吃住行游购娱"全产业链，同时着力提升旅游行业的市场化运营、标准化建设、规范化管理和智慧化赋能水平，推进各类景区景点提档升级，满足个性化、差异化消费需求。

期待哈尔滨和更多城市以更高的智慧、更久的耐心，夯实城市旅游发展的硬基础和硬实力，拥抱文旅消费的春天。

思考讨论题：

1. 请从网络营销策划的角度探讨哈尔滨冰雪节的成功。
2. 请结合本案例谈谈旅游景点如何才能从"网红"变"长红"。

参 考 文 献

[1] 赵溪，张艳，胡仕龙. 全媒体营销师. 北京：清华大学出版社，2021.

[2] 渠成. 全网营销实战. 北京：清华大学出版社，2021.

[3] 李东进. 广告实务：理论、案例与实训. 北京：人民邮电出版社，2023.

[4] 李东进，秦勇. 市场营销：理论、工具与方法. 北京：人民邮电出版社，2021.

[5] 郑昊，米鹿. 短视频：策划、制作与运营. 北京：人民邮电出版社，2019.

[6] 王玮. 网络营销. 北京：中国人民大学出版社，2022.

[7] 陈晴光. 网络营销. 2 版. 北京：北京大学出版社，2023.

[8] 李东进. 新媒体运营. 北京：人民邮电出版社，2022.

[9] 陈德人. 网络营销与策划：理论、案例与实训. 2 版. 北京：人民邮电出版社，2022.

[10] 徐俊华，赵建伟. 直播营销与运营. 2 版. 北京：人民邮电出版社，2024.

[11] 胡小英. 企业软文营销. 北京：中国华侨出版社，2017.

[12] 罗敏. 场景连接一切：场景思维＋场景构建＋场景营销＋案例实战. 北京：电子工业出版社，2018.

[13] 魏艳. 短视频直播：营销与运营. 北京：人民邮电出版社，2019.

[14] 迟梨君，袁洁. 网络营销策划与文案写作. 北京：人民邮电出版社，2022.

[15] 冯英健. 网络营销. 北京：高等教育出版社，2021.

[16] 余敏，陈可，沈泽梅. 营销策划. 北京：北京理工大学出版社，2020.

[17] 刘大勇. 场景营销：打造爆款的新理论、新方法、新案例. 北京：人民邮电出版社，2019.

[18] 营销铁军. 场景营销. 苏州：古吴轩出版社，2020.